Ein Handbuch der Buchbindekunst

mit vollständigen Anleitungen zu den verschiedenen Zweigen des Weiterleitens, Vergoldens und Veredelns. Außerdem die Kunst, Buchkanten und Papier zu marmorieren.

James B. Nicholson

Writat

Diese Ausgabe erschien im Jahr 2023

ISBN: 9789359254128

Herausgegeben von
Writat
E-Mail: info@writat.com

Inhalt

VORWORT.

Der Fortschritt der Buchbindekunst hat dazu geführt, dass fast alle zu diesem Thema verfassten Werke überholt sind. Ihre Beschreibungen gelten nicht mehr für die von den besten Arbeitern praktizierten Methoden . In diesem Werk wurden die Meinungen und Bemerkungen anderer Autoren unverändert übernommen, sofern sie nicht mit praktischem Wissen in Berührung kamen. Alles , was dieser Prüfung nicht standhalten würde, wurde abgelehnt, und stattdessen wurden die beschriebenen Vorgehensweisen beschrieben, die der junge Buchbinder erlernen und üben muss , wenn er die Fähigkeiten der besten Künstler nachahmen möchte.

Der Plan der Arbeit ist „Arnett's Bibliopegia " entnommen; und alles , was in diesem Werk enthalten ist und irgendeinen Nutzen hat, wird auf diesen Seiten zu finden sein. Es war zunächst lediglich beabsichtigt, diese Produktion zu überarbeiten; aber im Laufe der Revision wurde so viel abgelehnt, dass man es für besser hielt , gleichzeitig die Arbeiten anderer zur Kenntnis zu nehmen. „Cundalls Ornamental Art" hat die ersten Ereignisse in der „Skizze des Fortschritts der Buchbinderkunst" geliefert; und als beste Autorität auf diesem Gebiet wurde „ Woolnough's Art of Marbling" für dieses Land adaptiert. Mr. Leightons „Suggestions in Design" wurde in den Beitrag aufgenommen, um das Thema Ornamental Art zu bereichern. Die „London Friendly Finishers' Circulars" waren für den Autor eine wertvolle Anschaffung, und es ist zuversichtlich, dass diese Arbeit auch für den jungen Finisher eine wertvolle Bereicherung sein wird. „Cowie's Bookbinders' Manual", „Arnett's School of Design", „Gibb's Hand-book of Ornament" und „Scott's Essay on Ornamental Art" haben zusätzlich zu den im Hauptwerk genannten Quellen einige wertvolle Hinweise geliefert.

Es ist zu hoffen, dass sich dieser Band für diejenigen, die Bibliotheken gründen, als nützlich erweisen wird, indem er korrekte Informationen zu Themen vermittelt, die für den Büchersammler wichtig sind, und dass er dazu beitragen wird, die Liebe zur Kunst zu steigern und zu stärken.

JBN

PHILADELPHIA, 1856.

EINFÜHRUNG.

Skizze des Fortschritts der Buchbinderei.

Die frühesten existierenden Aufzeichnungen über das Buchbinden belegen, dass diese Kunst seit fast zweitausend Jahren praktiziert wird. In früheren Zeiten wurden Bücher auf langen Pergament- oder Papyrusrollen geschrieben, aufgerollt und mit einem Band aus farbigem Leder befestigt, das oft stark verziert war. Diese Rollen waren normalerweise an einer oder gelegentlich auch an zwei Rollen aus Holz oder Elfenbein oder manchmal auch aus Gold befestigt, ähnlich wie unsere großen Karten heute montiert sind, und die Vorsprünge am Ende der Rollen waren häufig reich verziert. Diese Dekoration kann als erster Schritt hin zur dekorativen Kunst auf der Außenseite von Büchern bezeichnet werden.

Ein gelehrter Athener namens Phillatius , dem seine Landsleute eine Statue errichteten, fand schließlich eine Möglichkeit, Bücher mit Leim zu binden. Die Pergament- oder Papyrusblätter wurden zu zweit oder zu viert zusammengenäht und weitgehend auf die gleiche Weise wie heute zusammengenäht; Und um diese Blätter zu erhalten, gab es natürlich noch einen Einband für das Buch.

Die Wahrscheinlichkeit ist groß, dass die ersten Bucheinbände aus Holz bestanden – vielleicht aus einfachen Eichenbrettern; Da es sich damals bei den Büchern ausschließlich um Manuskripte handelte und sehr wertvolle, geschnitzte Eicheneinbände an diejenigen verschenkt wurden, die darin am meisten verziert waren.

Das einfache Holzbrett mit Pergament oder Leder zu bedecken, wäre im Laufe der Jahre eine zu offensichtliche Verbesserung, als dass man sie vernachlässigen könnte; und Exemplare von so gebundenen Büchern, deren hohes Alter zweifellos bewiesen ist, existieren noch heute.

Es gibt Grund zu der Annahme, dass die Römer die Kunst des Bindens zu einer beträchtlichen Perfektion brachten. Einige der öffentlichen Ämter verfügten über Bücher , sogenannte Dyptichs * , in denen ihre Akten niedergeschrieben waren. Die Einfassung eines davon aus geschnitztem Holz wird wie folgt beschrieben: „In der Mitte jedes Brettes sitzt ein Konsul, der in einer Hand einen Schlagstock und in der anderen einen Beutel hält, als wäre er dabei, ihn zu werfen." es an einen Sieger der Spiele. Darüber sind Miniaturporträts, verschiedene andere Ornamente und eine Inschrift zu sehen; unten, auf einem Brett, sind zwei Männer zu sehen, die Pferde zum Rennen herausführen, und darunter eine Gruppe mit einer lächerlichen Darstellung von zweien andere Männer stellten ihre Schmerzausdauer unter

Beweis, indem sie Krabben erlaubten, sich an ihrer Nase festzusetzen. Ein kleiner Abdruck eines Elfenbeindyptichons aus dem fünften Jahrhundert in Mr. Arnetts „Books of the Ancients" kann als Muster für die damals verwendete Art von Ornament herangezogen werden. Ein alter Schriftsteller sagt, dass die Bücher der Römer etwa zur Zeit der christlichen Ära mit rotem, gelbem, grünem und violettem Leder überzogen und mit Gold und Silber verziert waren.

Wenn wir einige Jahrhunderte später weitergehen, stellen wir fest, dass die Mönche fast die einzigen Literaten waren. Sie schrieben hauptsächlich über religiöse Themen und legten größten Wert auf die innere und äußere Ausschmückung ihrer Bücher. Im 13. Jahrhundert waren einige der Evangelien, Messbücher und anderen Gottesdienstbücher für die griechischen und römischen Kirchen mit Silber und Gold verziert, offenbar mit dem Hammer geschmiedet; manchmal wurden sie emailliert und mit wertvollen Edelsteinen und Perlen angereichert. Auch geschnitzte Eichenfiguren der Jungfrau, des Erlösers oder der Kreuzigung waren häufige Verzierungen der Außenhüllen. Eines dieser antiken Relikte wird vom Bibliothekar Heinrichs VIII. so beschrieben.

„Alles, was ich tun muss, ist festzustellen, dass dieses Buch (das ich immer mehr bewundert habe, je mehr ich es angeschaut habe) zwei dicke Bretter hat, jedes etwa einen Zoll dick, für den Einband, und das waren sie auch Mit dem Buch sind große Lederriemen verbunden, deren Bretter mit der Zeit sehr locker geworden sind. Obwohl ich eine große Anzahl alter Bücher gesehen und oft ihre Einbände untersucht habe, kann ich mich nicht erinnern, jemals Bretter auf einem davon gesehen zu haben Sie waren von so großer Dicke wie diese. Dies war offenbar die Art des Bindens jener Zeit, besonders wenn es sich um Bücher von außerordentlichem Wert handelte, wie dies der Fall ist. Es war üblich , Buchstaben in die Einbände einzuschneiden, und solche Buchstaben waren es auch Sie blieben besser erhalten , wenn man sie in einem hohlen Teil platzierte, was sich leicht herstellen ließe, wenn die Bretter ziemlich dick wären. Ich nehme daher an, dass sogar die Kopien von *Gregorys Pastoral, die König Alfred* den Kathedralenkirchen schenkte , so dick waren Ich denke auch, dass die Außenseite eines der *Einbände* dieses Buches hohl ist und auf einer Messingplatte eine grobe Figur zu sehen ist die im hohlen Teil befestigt ist. Ich gehe davon aus, dass diese Figur für die Jungfrau *Maria* entworfen wurde , der die Abtei geweiht war. Darüber war einst eine weitere, viel größere Platte befestigt, wie aus den Nägeln hervorgeht, mit denen sie befestigt war , und aus einigen anderen kleinen Hinweisen, die heute noch vorhanden sind – und diese Platte war wahrscheinlich aus Silber, und vielleicht lag ein *Bann* gegen die Person vor, die dies tun sollte Ich nehme an, es zu verfremden, und ist darauf eingraviert – zusammen mit dem Namen der Person (vielleicht war es

Roger Poure), die der Spender des Buches war. Dies wird bedeuten, dass es nichts anderes als ein Æstal war , ein solches (wenn auch nicht so wertvolles), wie es *Gregorys Pastoral* beigefügt wurde . Aber das überlasse ich dem Urteil eines jeden." †

In späterer Zeit finden wir auf den Bucheinbänden Gold- und Silberverzierungen von sehr schöner Gestaltung, die Edelsteine von großer Vielfalt einschließen; geschnitzte Elfenbeintafeln, eingelassen in einen Rahmen aus geschnitzter Eiche; reich gefärbter Samt, mit Saffian eingefasst , mit Buckeln, Verschlüssen und Ecken aus massivem Gold; weißes Pergament mit Goldprägung und Blindprägung; und Marokko- und Kalbslederbezüge, die mit verschiedenen Farben eingelegt und auf jede erdenkliche Weise verziert sind. Dies geschah am Ende des 14. und im 15. und 16. Jahrhundert, als die Liebe zur Kunst allgegenwärtig war, in dem Land, in dem Michael Angelo, Raffaelle und Da Vinci ihre großen Werke schufen und wo unter der Schirmherrschaft der Medici, die Buchbinderkunst sowie alle anderen Künste wurden gefördert.

Herr Dibdin hat in seinem „Bibliographischen Decameron", dem wir zu großem Dank verpflichtet sind, einen Bericht über die Bibliothek von Corvinus, König von Ungarn, gegeben, der um das Jahr 1490 in Buda starb . Diese Bibliothek bestand aus etwa dreißigtausend Bänden. Es handelte sich größtenteils um Manuskripte griechischer und lateinischer Dichter und Historiker und befand sich in großen Gewölbegalerien, in denen sich neben anderen Kunstwerken zwei Brunnen befanden, einer aus Marmor und der andere aus Silber. Der Einband der Bücher bestand größtenteils aus Brokat und war mit Vorsprüngen und Verschlüssen aus Gold und Silber geschützt. und diese, leider! waren die spätere Ursache für die fast vollständige Zerstörung der Bibliothek; Denn als die Stadt Buda im Jahr 1526 im Sturm erobert wurde, rissen die türkischen Soldaten die kostbaren Bände aus ihren Einbänden, um der darauf angebrachten Verzierungen zu dienen.

Die allgemeine Verwendung von Kalbsleder- und Marokko -Bindungen scheint auf die Erfindung des Buchdrucks zurückzuführen zu sein. Es gibt viele noch gut erhaltene gedruckte Bücher, die Ende des 15. und Anfang des 16. Jahrhunderts in Kalbsleder mit Eichendeckeln gebunden wurden. Diese werden meist mit Gold- oder Blindwerkzeugen geprägt. Die frühesten dieser Werkzeuge stellen im Allgemeinen Figuren wie Christus, Paulus, die Jungfrau, Wappen, Legenden und Monogramme dar, je nach Inhalt des Buches. Später wurden Versuche unternommen, Bilder anzufertigen, diese waren aber zwangsläufig schlecht.

In England stammt der früheste Einband mit Ornamenten aus der Zeit Heinrichs VII., wo wir das königliche Wappen finden, das von zwei Engeln getragen wird; das heraldische Abzeichen der doppelten Rose und des Granatapfels, die Lilie, das Fallgitter, die Embleme der Evangelisten und kleine Ornamente aus grotesken Tieren. Im British Museum und im Record Office gibt es viele englische Einbände, die zweifellos zur Zeit Heinrichs VII. angefertigt wurden.

Unter Heinrich VIII., etwa im Jahr 1538, verpflichtete sich der Drucker Grafton, die große Bibel zu drucken. Da er in England nicht genügend Männer oder Typen fand, ging er nach Paris und begann dort mit der Arbeit. Er war jedoch noch nicht weit fortgeschritten, als die Arbeit an diesem ketzerischen Buch ihn aufhielt; Anschließend übernahm er die Pressen, Typen, Drucker und Buchbinder nach England und beendete das Werk 1539. Die Auflage umfasste 2500 Exemplare, von denen in jeder Kirche Englands eines aufgestellt und mit einer Kette an einem Schreibtisch befestigt war . Innerhalb von drei Jahren gab es sieben verschiedene Ausgaben dieses Werks; Unter der Annahme, dass jede Ausgabe aus der gleichen Anzahl von Exemplaren wie die erste besteht, würde sich dies auf 17.500 Foliobände belaufen. Allein schon das Binden einer so großen Anzahl dieser Bücher würde der damaligen Buchbindekunst eine gewisse Bedeutung verleihen. Wir wissen , dass Heinrich VIII. hatte viele prächtige, in Samt gebundene Bände mit Goldprägungen und Verzierungen. Unter seiner Herrschaft scheint das Prägen von Werkzeugen in Gold erstmals in England eingeführt worden zu sein; und einige schöne Rollen, wahrscheinlich nach Holbeins Entwürfen, wurden sowohl an den Seiten als auch an den vergoldeten Rändern noch existierender Bücher verwendet.

Unter Elisabeth wurden einige exquisite Einbände mit Stickereien hergestellt. Die Königin selbst fertigte Einbände mit Gold- und Silberfäden, Pailletten und farbiger Seide für Bibeln und andere Andachtsbücher an, die sie ihren Trauzeuginnen und ihren Freunden schenkte. Von diesen brillanten äußeren Dekorationen, von denen viele für ein Buch völlig ungeeignet sind, wenden wir uns einem reineren Geschmack zu, dessen Ausübung innerhalb der besonderen Grenzen der Kunst des Buchbinders liegt.

Wir kehren zur kontinentalen Bindung zurück und reisen in die Zeit des allseits berühmten Jean Grolier. Dieser Adlige war der erste, der einen Schriftzug auf der Rückseite einführte; und es scheint ihm besonders Freude bereitet zu haben, die Seiten seiner Bücher mit sehr schönen und kunstvollen Mustern schmücken zu lassen, die angeblich von ihm selbst gezeichnet wurden. Viele davon existieren noch heute, entweder Original- Groliers oder Kopien. Bücher aus seiner Bibliothek sind sehnsüchtig gesucht . Alle Bücher von Grolier waren in glattes Saffian- oder Kalbsleder gebunden, wobei das Muster aus sich kreuzenden Linien bestand, die von Hand mit einer feinen einzeiligen Leiste und entsprechenden Rillen versehen wurden, wobei gelegentlich eine konventionelle Blume eingefügt wurde. Manchmal waren die Muster auch mit Marokko in verschiedenen Farben eingelegt ; und wir sind der Meinung, dass seitdem kein Stil der Buchverzierung eingeführt wurde, der würdig wäre, den Grolier vollständig zu ersetzen, von dem wir bei der Behandlung des Stils ein Beispiel geben werden. Sehr viele Bände des Chevalier tragen die lateinische Inschrift „ Johanni" . Grolierii et amicorum " unten, was bedeutet, dass Grolier wollte, dass seine Bücher sowohl von seinen Freunden als auch von ihm selbst genutzt werden. Kenner freuen sich, wenn sie auf ein Werk aus der Bibliothek von Maioli , einem Schüler von Grolier, oder der von Diana treffen Poictiers , die Mätresse Heinrichs II., und deren Bücher aufgrund ihres Einflusses und Geschmacks elegant gebunden sind. Es wird angenommen, dass die Einbände für Diana von Poictiers von Petit Bernard entworfen wurden. Sie waren in Marokko aller Farben gebunden . und normalerweise mit den Emblemen des Halbmonds, des Bogens und des Köchers verziert.

Zu den frühesten französischen Buchbindern zählen Padeloup , Derome und De Seuil . Papst feiert De Seuil in einem seiner Gedichte. Die schlichten Marokko -Bindungen von Derome sind ausgezeichnet; sie sind auf erhabenen Bändern aufgenäht, sind fest und kompakt, und die solide Vergoldung an den Rändern ist lobenswert; Seine Zahnränder sind in Ordnung, aber leider hat er nicht auf den scharfen Stahl geachtet. Padeloups Werkzeuge oder Ornamente bestehen hauptsächlich aus kleinen Punkten, und die von ihm erfundenen Formen sind elegant. Wenn sie in gutem Zustand sind, sehen sie auf den Seiten und Rückseiten der Bücher aus wie goldene Spitzen.

Die Einbände der Bücher von De Thou sind hochgeschätzt. Er besaß eine prächtige Bibliothek, die größtenteils in glattem, dunkelrotem, gelbem und grünem Marokko gebunden war . De Thou starb im Jahr 1617. Der Chevalier D'Eon pflegte, Bücher in eine Art etruskisches Kalbsleder zu binden, dessen Ornamente den etruskischen Vasen nachempfunden waren. Durch die Verwendung der schwarzen und roten Farbstoffe kam es sehr häufig zu einer Korrosion des Leders.

Wir müssen nun unsere Darstellung der Bindung in England fortsetzen.

Zu Beginn des letzten Jahrhunderts waren die allgemeinen Einbände, mit Ausnahme der sogenannten Cambridge-Einbände (da sie an diesem Ort hergestellt wurden), von veraltetem Charakter, viele von ihnen waren sehr ungeschickt und in ihrer Verzierung geschmacklos . In der Mitte begann man , der Verbesserung der Einbände ein gewisses Maß an Aufmerksamkeit zu schenken, wobei die allgemeinen Arten bis zum Ende des 18. Jahrhunderts fast alle nach einem Muster ausgeführt waren, nämlich: die Seiten marmoriert, die Rückseiten farbig braun, mit marokkanischen Schriftzügen und vergoldet.

Die Künstler des früheren Teils der von uns behandelten Periode müssen zahlreich gewesen sein; aber nur wenige sind bekannt. Zwei deutsche Buchbinder namens Baumgarten und Benedict waren zu Beginn dieses Jahrhunderts in London von beträchtlichem Ansehen und in großem Umfang tätig. Auch die Einbände von Oxford waren zu dieser Zeit sehr gut. Wer die angesehenen Parteien in Oxford waren, ist nicht bekannt; Aber eine Person namens Dawson, die damals in Cambridge lebte, hat den Ruf, ein kluger Künstler zu sein, und kann als Einband vieler der umfangreichen Bände bezeichnet werden, die noch immer den charakteristischen Einband besitzen, auf den wir zuvor hingewiesen haben. Baumgarten und Benedict würden zweifellos in allen Einbandstilen ihrer Zeit eingesetzt werden, aber die Hauptmerkmale ihrer Bemühungen sind gute, umfangreiche Bände in Russland mit marmorierten Kanten.

Diesen folgten Herr John Mackinlay und zwei weitere Binder namens Kalthoeber und Staggemier ; aber Mackinlay kann vielleicht der erste Impuls zugeschrieben werden, der den Verbesserungen, die in die Einbände eingeführt wurden, gegeben wurde. Er war einer der größten und angesehensten Buchbinder in London in der Zeit, die wir hier behandeln. Mehrere Exemplare von ihm, die sich in öffentlichen und privaten Bibliotheken befinden, dienen noch dazu, den ihm zugeschriebenen Charakter zu rechtfertigen; und von den zahlreichen Künstlern, die sein Büro hervorbrachte, haben viele seitdem durch ihre Arbeit bewiesen, dass die Lektionen, die sie erhielten, von hohem Niveau waren. Die Exemplare sollen ein gewisses Maß an Sorgfalt, Einfallsreichtum und Geschicklichkeit an den Tag gelegt haben, was ihnen als Buchbindern große Ehre zu verdanken sei. Obwohl sie gut ausgeführt waren, widmeten sie später nicht die Zeit und Aufmerksamkeit, die sie der Endbearbeitung oder Vergoldung ihrer Arbeiten widmeten, und erst als Roger Payne die handwerkliche Arbeit vorführte, erhielt der Fortschritt einen entscheidenden Impuls der Kunst, die sich unter tüchtigen Nachfolgern von einer Verbesserung zur nächsten weiterentwickelt hat, bis es große Zweifel darüber gibt, ob wir jetzt, soweit es auf die mechanische Ausführung ankommt, nicht zur Perfektion gelangt sind oder nicht . Um das Jahr 1770 ging Roger Payne nach London, und da seine Geschichte eine Epoche in der Kunstgeschichte darstellt, werden wir ihm etwas Raum widmen.

Die persönliche Geschichte von Roger Payne ist eine der vielen Möglichkeiten eines Mannes, der durch die Zügellosigkeit seiner Gewohnheiten nahezu nutzlos wird . Er ist für die Jugend ein Beispiel für bloßes Talent, ohne Beharrlichkeit und Fleiß, das nie zu Auszeichnung führt, für großes Können, getrübt durch Unmäßigkeit und daraus resultierende Indiskretion, was die Welt nur dazu bringt, zu bedauern, wie viel verloren gegangen sein könnte hätte entwickelt werden können, wenn der Weg des

Einzelnen anders gewesen wäre und seine Leistungen so ausgerichtet gewesen wären, dass die besten Ergebnisse erzielt worden wären.

Roger Payne stammte aus Windsor Forest und wurde zunächst in die Grundlagen der Kunst eingeweiht, bevor er unter der Schirmherrschaft von Mr. Pote ein angesehener Professor des Buchhändlers am Eton College wurde. Von hier aus ging er nach London, wo er zunächst bei Herrn Thomas Osborne, dem Buchhändler aus Holborn, London, angestellt wurde. Da er sich in manchen Angelegenheiten nicht einig war, erhielt er anschließend eine Anstellung bei Herrn Thomas Payne vom King's Mews in St. Martin's, der sich seitdem als Freund für ihn erwies. Herr Payne eröffnete ihm um das Jahr 1769/70 herum ein Geschäft in der Nähe des Leicester Square, und die Ermutigung, die er von seinem Gönner und vielen wohlhabenden Bibliotheksbesitzern erhielt, ließ die erfreulichsten Ergebnisse und eine lange, erfolgreiche Karriere erwarten . Seine künstlerischen Talente, insbesondere im Bereich der Endbearbeitung, waren erstklassig und hatten bis zu seiner Zeit noch kein anderer seiner Landsleute entwickelt.

Er nahm einen ganz eigenen Stil an, der einen klassischen Geschmack bei der Gestaltung seiner Entwürfe und viel Urteilsvermögen bei der Auswahl solcher Ornamente vereinte, die auf die Art des zu verschönernden Werkes anwendbar waren. Viele davon fertigte er selbst aus Eisen an, und einige sind noch heute als Kuriositäten und Beispiele der Kunstfertigkeit des Mannes erhalten. Zu diesem Beruf wurde er möglicherweise zeitweise aus Geldmangel gezwungen, um sie von den Werkzeugschneidern zu beschaffen. Aber das kann man nicht allgemein behaupten, denn bei der Gestaltung der Entwürfe, in denen er sich so hervorgetan hat, ist es nur vernünftig anzunehmen, dass er sie, wenn man sich mit der Praxis einiger anderer in späteren Zeiten befasst, für besser und besser hielt zweckmäßig zur Herstellung bestimmter Linien, Kurven usw. anlässlich. Wie dem auch sei, es gelang ihm, das Binden auf eine so überlegene Weise auszuführen, dass es keine Konkurrenz gab und die Bewunderung des anspruchsvollsten Buchliebhabers seiner Zeit auf sich zog. Er hatte volle Anstellung bei Adligen und Reichen, und die Wertschätzung, die seine Bindungen immer noch genießen, ist ein ausreichender Beweis für die Zufriedenheit, die er seinen Arbeitgebern entgegenbrachte. Sein bestes Werk befindet sich in der Bibliothek von Earl Spencer.

Sein Ruf als Künstler von höchstem Verdienst wurde durch seine gemäßigten Gewohnheiten getrübt und ging schließlich fast verloren. Er liebte Getränke lieber als Fleisch. Von dieser Neigung wird eine Anekdote über ein Memorandum über ausgegebenes und von ihm aufbewahrtes Geld erzählt, das wie folgt lautet:

Für Speck .. .. ..   1 halber Penny.

Für Alkohol .. .. ..   1 Schilling.

Kein Wunder also, dass die Bemühungen seines Gönners, ihn zu reparieren, bei solchen Gewohnheiten erfolglos blieben. Anstatt den Rang zu erreichen, zu dem sein großes Talent geführt hätte, stürzte er durch sein ausschweifendes Verhalten in die tiefsten Tiefen des Elends und Elends. In seinem elenden Arbeitszimmer wurden die prächtigsten Einbandexemplare angefertigt; und hier auf demselben Regal waren alte Schuhe und kostbare Blätter vermischt – Brot und Käse, mit den wertvollsten und teuersten MSS. oder früh gedruckte Bücher.

Ob er charakteristisch oder exzentrisch war, lässt sich anhand dessen beurteilen, was über ihn erzählt wurde. Er scheint auch in Bezug auf seine unglückliche Neigung ein Dichter gewesen zu sein, wie der folgende Auszug aus einer Verskopie beweist, die mit einer Rechnung an Mr. Evans geschickt wurde, um „Barry on the Wines of the Ancients" zu binden.

„Homer, der Barde, der in den höchsten Tönen sang

Das festliche Geschenk, ein Kelch für seine Mühen;

Falernian gab Horaz, Virgil Feuer,

Und Barley Wine, meine britische Muse, inspiriert.

Gerstenwein zuerst von Ägyptens gelehrter Küste;

Und das ist das Geschenk von Calverts *Laden an mich* .

Der folgende Gesetzentwurf ist, wie er selbst, eine Kuriosität: –

„ Vanerii Prädium Rusticum . Parisiis . MDCCLXXIV.
In bester Manier im feinsten grünen Marokko gebunden. Die
Rückseite mit rotem Marokko gefüttert .

„Feines Zeichenpapier und sehr gepflegte Morrocco-
Verbindungen im Inneren. An der Kante waren ein paar Blätter   } 0 :
fleckig   } 0 :
, die gewaschen und gereinigt wurden ..."   6

„Da es sich bei dem Buch um Rusticum handelt , habe ich
es gewagt, den Weinkranz darauf zu kleben. Ich hoffe, ich habe   0 :
ihn nicht zu aufwendig für das Buch gebunden. Es nimmt viel Zeit   18

in Anspruch, diese Weinkränze anzufertigen. Ich schätze Ich bin   :
mir sicher, dass ich die verschiedenen und verschiedenen kleinen   0"
Werkzeuge, die zum Füllen des Weinrebenkranzes erforderlich
sind, innerhalb der Zeit abmessen und bearbeiten kann, so dass die
Arbeit allein für die Fertigstellung der beiden Seiten des Buches
fast drei Tage in Anspruch nimmt – aber ich wollte mein Bestes
für die Arbeit geben – und zwar Gleichzeitig kann ich nicht
erwarten, einen vollen und angemessenen Preis für das Werk zu
verlangen, und hoffe, dass der Preis nicht nur angemessen,
sondern auch günstig ist

Roger begann das Geschäft in Partnerschaft mit seinem Bruder Thomas
Payne und war anschließend in ähnlicher Weise mit einem gewissen Richard
Weir verbunden, war aber nicht lange mit einem von beiden einverstanden,
so dass die Trennung schnell erfolgte. Danach arbeitete er unter dem Dach
von Mr. Mackinlay, aber seine späteren Bemühungen zeigten, dass er einen
Großteil der Fähigkeiten verloren hatte, mit denen er so umfassend
ausgestattet war. Von Armut und Krankheit niedergedrückt, starb er am 20.
November 1797 im Duke's Court, St. Martin's Lane. Seine sterblichen
Überreste wurden auf dem Friedhof von St. Martin's-in-the-Fields beigesetzt
Kosten von Herrn Thomas Payne, der, wie bereits erwähnt, sein früher
Freund gewesen war und der ihn in den letzten acht Jahren seines Lebens
regelmäßig finanziell unterstützt hatte, sowohl für die Unterstützung seines
Körpers als auch für die Leistungsfähigkeit seines Lebens arbeiten.

Über die Vorzüge und Mängel seiner Einbände hat Dr. Dibdin in seinem
„Bibliographer's Decameron" seine Meinung folgendermaßen niedergelegt :

„Das große Verdienst von Roger Payne lag in seinem Geschmack – in der
Wahl der Ornamente und insbesondere in deren Ausführung. Es ist
unmöglich, ihn in diesen beiden Einzelheiten zu übertreffen. Sein Favorit. "
Die Farbe war *Olivgrün* , das er *venezianisch nannte* . Was das Futter, die Gelenke
und die Innenverzierungen betrifft, hat unser Held im Allgemeinen und
manchmal melancholisch versagt. Er liebte das, wie er es nannte, violette
Papier, dessen Farbe ebenso kräftig wie seine Textur grob war. Außerdem
neigte es dazu, sich zu verändern und fleckig zu werden, und da es eine mit
Oliv harmonierende Farbe hatte, war es abstoßend unharmonisch. Die
Verbindungen seiner Bücher waren im Allgemeinen *unzusammenhängend* ,
uneben, nachlässig bearbeitet und sahen sehr unvollendet aus. Sein Rücken
wird wegen seiner Festigkeit gerühmt. Seine Arbeit wurde hervorragend
weitergegeben – jedes Blatt war sauber und *ehrlich* in die Rückseite eingenäht,
die anschließend normalerweise mit Russland überzogen wurde ; aber seine
kleineren Bände hatten in der Folge keinen guten Anfang. Er liebte zu sehr

dünne Bretter, die bei Folianten unangenehm wirkten, weil er befürchtete, dass sie nicht ausreichen würden, um das Gewicht des Umschlags zu tragen.

Obwohl Roger Paynes Karriere für ihn persönlich nicht erfolgreich war, kam sie der gesamten Rasse der englischen Buchbinder zugute. Dem Gewerbe wurde ein neuer Aufschwung gegeben, und unter den begabteren Künstlern der Metropole wurde ein neuer und geläuterter Stil eingeführt. Die bedeutungslosen Ornamente, auf die wir zuvor angespielt haben, wurden verworfen und eine Reihe klassischer, geometrischer und hochentwickelter Designs übernommen. Die Zeitgenossen von Roger – Kalthœber , Staggemier , Walther , Hering , Falkner usw. – bemühten sich in großzügiger Rivalität darum, die anerkanntesten Einbände herzustellen.

Herr Mackenzie verdient es, unter den modernen Buchbindern mit Respekt erwähnt zu werden. Charles Lewis, der von Herrn Dibdin so hoch gelobt wurde , erlangte große Berühmtheit, und seine Einbände werden sehr geschätzt. Sein Verzierungsstil war sehr ordentlich, die Paneele der Rückseiten waren im Allgemeinen doppelt mit Gehrung versehen , und die Seiten waren entsprechend veredelt. Herr Clarke verdient besonderes Lob; Für baummarmoriertes Kalb ist er konkurrenzlos, obwohl Herr Riviere einige wunderschöne Exemplare angefertigt hat. Auch Herr Bedford genießt ein hohes Ansehen; aber es ist Mr. Hayday , dem heute allgemein die führende Position unter den Londoner Künstlern zugeschrieben wird. Seine urigen, altmodischen Marokko -Einbände sind unnachahmlich. Lady Willoughbys Tagebuch wurde ausgiebig kopiert, aber nicht erreicht . Seine Bibeln und Gebetbücher werden gut weitergeleitet; Die Kanten sind massiv mit Gold von sehr intensiver Farbe vergoldet , während die Verarbeitung reichhaltig und massiv ist, ohne aufdringlich zu wirken. Ein Buch in der Bibliothek von JW King Eyton , Esq., gebunden von Hayday , wird folgendermaßen beschrieben:

„Bei dem Werk handelt es sich um eine große Papierkopie von ‚Sheriffs of Shropshire‘ des verstorbenen Mr. Blakeway , im kaiserlichen Folioformat, mit wunderschön gefärbten Wappen . Der Einband ist blutfarben Marokko , das sich anderthalb Zoll rund um die Innenseite des Einbandes erstreckt, auf dem ein kräftiger, aber offener Rand mit Goldprägung angebracht ist, der ein feines Relief zum Rest der Innenseite bildet, die in Lila gehalten ist und überall elegant eingearbeitet ist Ineinanderlaufende Sechsecke im venezianischen Stil. In jedem Fach sind abwechselnd der zügellose Löwe und die Lilie platziert. Die Vorsatzblätter bestehen aus Pergament, sind mit zwei schmalen Goldlinien verziert und die Kanten sind bearbeitet. Die Rückseite besteht aus mit Purpur eingelegten Sechsecken, die den oben genannten Löwen und die Lilie enthalten, jedoch etwas kleiner als die im Inneren. Das Design an der Außenseite ist ein Triumphbogen, der die gesamte Seite einnimmt und mit seinen Gesimsen, Zierleisten usw. stark bereichert ist. in geeigneter kleiner Zierarbeit ausgeführt; An seinen Säulen (die mit Lorbeer bekränzt sind) und anderen Teilen der Struktur hängen die Schilde der Sheriffs, siebzig an der Zahl, deren Viertel mit ihren Bünden, Biegungen usw. merkwürdigerweise in verschiedenen Intarsien eingelegt sind Farben Marokkos , und mit den Zierteilen der Lager sind auf beiden Seiten des Bandes Wappen mit heraldischer Genauigkeit angebracht. Wenn wir feststellen, dass mehr als 57.000 Abdrücke von Werkzeugen erforderlich waren, um dieses wunderbare Beispiel an Einfallsreichtum und Können herzustellen , kann man sich vielleicht eine Vorstellung davon machen, wie viel Zeit und Arbeit für seine Ausführung nötig waren.“

Dieser Band wurde von Thomas Hussey fertiggestellt, der jetzt in Philadelphia arbeitet und in seinem Besitz die auf den Seiten und auf der Rückseite ausgeführten Muster besitzt.

Die Franzosen degenerierten in der Bindung seit der Zeit Ludwigs XIV. bis sie den Engländern weit unterlegen waren. Dies dauerte bis zum Beginn dieses Jahrhunderts; Die für Kaiser Napoleon gebundenen Bücher, bei denen anscheinend keine Kosten gescheut wurden, sind ungeschickt, unzusammenhängend und die Werkzeuge grob und ungleichmäßig bearbeitet. Sie waren im Allgemeinen in rotes Marokko gebunden , hatten Marokko- Verbindungen und waren mit violetter Seide gefüttert, auf der wiederholt die kaiserliche Biene aufgeprägt war. Thouvenin genießt die Ehre , die Kunst vor ihrem lange anhaltenden Verfall in Frankreich zu retten und eine Schule zu gründen, deren Schüler heute anerkanntermaßen zu den großen Meistern der Kunst zählen. Seine Werkzeuge und Muster wurden von für ihn angestellten Künstlern entworfen und geschnitten; seine Einrichtung war groß angelegt; Doch bei seinem Tod hinterließ er nichts als seinen Ruf als Künstler, um andere zu herausragender Kunstfertigkeit und einem kultivierten Geschmack in Ornamentik und Design anzuregen. Zu den berühmtesten Buchbindern der Gegenwart in Frankreich zählen Trautz et Bauzonnet , Niédré , Duru , Capé und Lortic . Die Bücher dieser Künstler zeichnen sich durch Solidität, Rechtwinkligkeit, Freiheit der Gelenke, Festigkeit der Köpfe und des Rückens sowie eine äußerst schöne Verarbeitung aus. Die Vorderkanten sind rund vergoldet, was ihnen ein solides, reichhaltiges Aussehen verleiht, das noch nie zuvor erreicht wurde. Das verwendete Material ist von erlesenster Art: weiches, edles Levante-Marokko ist der beliebteste Einband für erlesene Bücher. Dieses Leder würde in den Händen eines gewöhnlichen Arbeiters aufgrund seiner großen Dicke einen unhandlichen Belag abgeben; denn es kann von einem Hautzubereiter nicht abrasiert werden, ohne die natürliche Maserung des Leders und damit seinen samtartigen Reichtum und seine Schönheit zu zerstören; und doch wird es unter der Manipulation dieser französischen Künstler zu einem der plastischsten Materialien; seltene Bände kleinster

Abmessungen, die nur ein oder zwei Blätter enthalten, sind nicht nur außen, sondern auch innen mit Brettern und Fugen aus Levante- Marokko bedeckt . Es gibt viele Exemplare von Einbänden, die in Frankreich für geschmackvolle Herren und Kunstliebhaber in diesem Land hergestellt wurden; und wenn wir von den Produktionen französischer Künstler sprechen, beziehen wir uns auf diese. Als Bindemittel scheint Lortic am wenigsten bekannt zu sein; aber er wird es wahrscheinlich noch mehr werden . Capé erfreut sich immer größerer Beliebtheit . Duru wird für seine hervorragende Spedition gefeiert. In dieser Hinsicht ist er nicht zu übertreffen. Die vollständigen marokkanischen Exemplare, die wir gesehen haben, waren im Allgemeinen *à la Janseniste* gebunden und waren echte Vorbilder. Mit der Außenvergoldung ist er nicht so zufrieden wie einige seiner Brüder. Niédré besitzt einen feinen Geschmack; Seine Veredelungsstile sind vielfältig und anmutig im Design und die Ausführung bewundernswert. Der Ruf von Trautz et Bauzonnet wurde hauptsächlich durch den Seniorpartner Bauzonnet begründet , dessen Schwiegersohn Trautz war und dessen Name kürzlich an die Spitze der Firma gesetzt wurde, vielleicht um anderen zuvorzukommen, die sich als Erben ausgeben des Könnens und Schüler der Schule seines Schwiegervaters. Die Bindungen von Bauzonnet vereinen Exzellenz in jeder Hinsicht. Sie sind Beispiele der Kunst in höchstem Zustand, da sie in jedem Bereich der Speditionsabteilung solide, fest und quadratisch sind. Belag, Fugen und Innenverkleidung sind einzigartig. Die Vollendung kann getrost als Vollkommenheit bezeichnet werden, soweit irgendetwas durch menschliches Wirken möglich ist. Im Stil der Endbearbeitung beschränkt er sich im Allgemeinen auf Modifikationen des Grolier oder auf einen breiten Rand, der aus feinen Werkzeugen besteht; und in der Werkzeugausstattung ist die Ausführung tadellos. Diejenigen, die an englische Bindungen gewöhnt sind, neigen dazu, die Festigkeit seines Rückens zu bemängeln, da er sich nicht wie englische lose Rücken auswirft; aber dieses Thema des losen Rückens wird nur wenig verstanden; denn wenn man weiß, dass das, was allgemein als Vorzüglichkeit angesehen wird, oft nur ein Zeichen von Schwäche ist, dass, damit das Buch weggeworfen und flach aufgeschlagen werden kann, die Substanz, durch die die Blätter zusammengehalten werden, ein einziger Streifen ist aus Papier — und dass dort, wo das Band, auf das das Buch genäht ist, beim Öffnen des Bandes deutlich zu sehen ist, es einer Belastung ausgesetzt ist, die bei ständigem Gebrauch zum Bruch führen muss (a (Katastrophe, die keinem von Bauzonnets Büchern passieren wird) — der feste Rücken wird bevorzugt. Wenn wir den Fortschritt der Kunst verfolgen und die Verdienste der Künstler der Antike und der Neuzeit vergleichen, weisen wir den Modernen die Palme der Überlegenheit zu, insbesondere für die Perfektion der Details in der Ornamentik.

* „Das Alter der beleuchteten Messbücher lässt sich mutmaßlich sogar bis in die Zeit der Apostel selbst zurückverfolgen. Zu Beginn der christlichen Ära wurden Briefe üblicherweise auf Holztafeln geschrieben, die ausgehöhlt waren, um etwas von deren Aussehen zu vermitteln die Schiefertafel eines Jungen in einem Rahmen. Zwei davon wurden einander gegenübergestellt, um die Schrift zu bewahren, die auf Wachs war, und ein so vorbereitetes Paar Bretter wurde Dyptich genannt . Die Briefe des heiligen Paulus und der anderen Apostel bis zum Primitiv Bei den Kirchen handelte es sich in der Tat um Sendbriefe, die an ihre entfernten Gemeinden geschickt wurden ; und es ist sehr wahrscheinlich, dass imaginäre oder reale Porträts der Verfasser die Briefe begleiteten und den Inhalt der christlichen Dyptichen anführten , um ihnen das gleiche Maß an Sicherheit zu gewährleisten Ehrfurcht , die den Schreiben der Regierung erwiesen wurde, wenn an der Spitze die kaiserlichen Bildnisse standen.

„Die kompakte Form des Dyptichons passte hervorragend zu den Zwecken eines beweglichen Altarbildes. Und die Namen „ Dyptic " oder „Triptic ", die zunächst nur eine Doppel- oder Dreifachseite implizierten, wurden mit der Zeit zur Bezeichnung jener Faltaltarbilder, die in der Frühzeit so häufig zu finden waren Christliche Kirchen." – Essay von *Lady Calcott* .

† Lelands Itin . Bd. ii. P. 86, Oxford, 1769.]

TEIL I.

BLATTARBEIT.

Da das Zusammentragen der Blätter eines Buches, nachdem sie gedruckt und getrocknet wurden, fast immer in der Druckerei durchgeführt wird, ist es nicht notwendig, auf Einzelheiten zu diesem Thema einzugehen, sondern es als Beginn des Bindens zu betrachten , der Betrieb von

FALTEN,

Das ist von großer Bedeutung, denn die Schönheit eines Buches hängt davon ab, dass es richtig und richtig gefaltet ist, so dass beim Schneiden die Ränder der verschiedenen Seiten durchgehend einheitlich sind und keine Verwechslungen aufweisen, was für den Leser unangenehm ist und Verschlechterung der Arbeit.

Die verschiedenen Buchgrößen werden nach der Anzahl der Blätter benannt , in die das Blatt gefaltet ist; als Folio, Quarto, Oktav, 12 Monate, 16 Monate, 18 Monate, 24 Monate, 32 Monate usw. Jedes Formular besteht aus einer bestimmten Anzahl von Seiten, die so angeordnet sind, dass sie beim ordnungsgemäßen Falten des Blatts der numerischen Reihenfolge entsprechen. Wenn mit dem Falten eines Werkes begonnen wird, sollte beim Aufschlagen der Lagen oder Sätze besonders darauf geachtet werden, dass die *Signaturen* alphabetisch aufeinander folgen und, wenn sie aus zwei oder mehr Bänden bestehen, die Gesamtheit der Blätter dazugehört das richtige.

Obwohl jede Form auf unterschiedliche Weise gefaltet ist, ist es nicht erforderlich, das Ganze im Detail zu beschreiben, da eine Beschreibung des Oktav- und Zwölfmo-Typs ausreichend eine Vorstellung davon vermittelt, wie die größeren und kleineren Größen richtig gefaltet werden.

Oktav. — Die Blätter werden mit der Unterschrift, die unten auf der ersten Seite zu sehen ist, auf den Tisch gelegt und zum Tisch in der Ecke gedreht, die der linken Hand des Arbeiters am nächsten liegt, und zeigen die Seiten 2, 15, 14, 3 , unten und oben, mit umgekehrten Köpfen, Seiten 7, 10, 11, 6, (von links nach rechts gelesen). Das Blatt wird dann mit der linken Hand im Winkel nach rechts ergriffen und mit dem Ordner *gefalzt* in der rechten Hand, in Richtung der im Druck gemachten *Punkte* , und dabei durch Schattierung des Lichts darauf achten, dass die Figuren der Seiten genau aufeinander fallen, das heißt 3 auf 2 und 6 auf 7, und dabei die obersten Seiten 4 und 13 und darüber 5 und 12 präsentieren. Der obere Teil des Blattes wird dann nach unten geführt, wobei die linke Hand auf die untere, die Seiten 5 und 12 auf die 4 und 13 fällt, richtig ausgerichtet, und noch einmal gefaltet. Das Blatt weist dann die Seiten 8 und 9 auf, die dann gleichmäßig 9 auf 8 gefaltet werden, wodurch die dritte Falte entsteht und das Blatt fertiggestellt wird.

Zwölf Monate. – Die Unterschrift dieser Größe sollte, wenn sie vor dem Arbeiter platziert wird, oben auf seiner linken Hand und in Richtung des Tisches angebracht sein, wobei das Blatt die Seiten 2, 7, 11 zeigt; 23, 18, 14; 22, 19, 15; 3, 6, 10. Auf der rechten Seite sind die Seiten 11, 14, 15, 10 von den anderen durch einen größeren Raum getrennt, in dessen Mitte sich die Punkte befinden, die die richtige Stelle angeben, an der die Seiten abgeschnitten werden sollen. Die *Mappe* trennt diesen Teil ab, legt Seite 11 auf Seite 10 und faltet sie, und Seite 13 auf Seite 12, die zuoberst sein wird, vollendet die Faltung des sogenannten *Beiblatts*, das die Signatur des Blattes trägt, von dem es abgetrennt wurde ab, mit Zusatz einer Zahl oder eines Sternchens, als A5 oder A*. Die restlichen acht Seiten werden auf die gleiche Weise wie das Oktav gefaltet, und wenn Sie fertig sind, wird die Beilage in der Mitte platziert , wobei darauf zu achten ist, dass die Überschriften richtig angeordnet sind.

Bücher werden manchmal in sogenannten halben Blättern gedruckt, aber nach dem Aufschneiden werden sie auf die gleiche Weise gefaltet; das Oktav in Richtung der Spitzen, das Zwölfmo in *länglicher* Richtung des Papiers und auseinanderlegen. Es gibt auch längliche Oktavos, die in der Mitte in einer Linie mit den Spitzen gefaltet werden, wobei die zweite Falte in die gleiche Richtung zwischen den Kopfseiten der Seiten und die dritte auf der Länge des Papiers verläuft.

In der ersten Falte des Oktavblattes ist die Art und Weise der Faltung des Folios dargestellt, in der zweiten das Quarto; Das Zwölfmonat präsentiert uns auch die Achtzehner, nachdem das Blatt in drei Abschnitte geschnitten wurde. Beim Falzen in allen anderen möglichen Formaten treten kaum oder gar keine Schwierigkeiten auf, es muss lediglich auf die Anordnung der Seiten und Signaturen geachtet werden.

Es wird oft notwendig sein, ein Buch neu zu falten, das vor dem Binden möglicherweise zu Brettern verarbeitet, genäht oder auf andere Weise verarbeitet wurde. Darauf sollte in jedem Fall sorgfältig geachtet werden, nachdem das Buch zerlegt, der Rücken vom Leim und Faden befreit und die Ecken oder andere Teile, die möglicherweise verdoppelt wurden, nach oben gedreht wurden. Dies geschieht in der Regel dadurch, dass geprüft wird, ob der Rand an der Kopf- und Vorderkante durchgehend gleich ist, die zu kurzen Ränder an die richtige Stelle gebracht werden und die längeren als der allgemeine Rand abgeschnitten werden. Auf diese Weise wird nach dem Schneiden der Buchkanten eine Gleichmäßigkeit erzielt, die niemals erreicht werden könnte, wenn nicht in diesem Zustand des Buches darauf geachtet würde.

Die vollständig gefalteten Blätter des Buches werden dann in der regelmäßigen Reihenfolge der Unterschriften am Rand des Sammeltisches ausgelegt. Der Sammler beginnt dann mit dem letzten Blatt oder der letzten Unterschrift, nimmt ein Blatt vom Paket, eines vom nächsten und so weiter, bis das erste Blatt oder der erste Titel oben auf den Rest gelegt wird. Die Blätter werden dann locker in der Hand gehalten und man lässt sie leicht mit dem Rücken und dem Kopf auf ein glattes Brett fallen, bis sie sich gleichmäßig und gleichmäßig anordnen. Das sind sie dann

ZUSAMMENGESTELLT,

um zu sehen, dass die Gesamtheit der Blätter zum selben Werk und Band gehört und dass auch keines fehlt. Dies geschieht, indem man das Buch mit der rechten Hand an der oberen Ecke der Vorderkante nimmt und mit der linken die Blätter auf der Rückseite aufschlägt und sie nacheinander eines nach dem anderen fallen lässt . Die Signaturen werden daher in alphabetischer oder arithmetischer Reihenfolge angezeigt, als A , B , C usw. oder 1, 2, 3, 4 usw. bis zum letzten, was immer überprüft werden sollte, um sicherzustellen, dass es sich um die Vervollständigung handelt aus dem Buch. Dadurch wird auch ein falsch gefalzter Bogen erkannt. Bücher im Folio- und Quartoformat werden im Allgemeinen mit einer Nadel oder einem Stachel zusammengetragen, indem die Blätter einzeln vom Tisch abgehoben werden. Diese Praxis sollte jedoch so selten wie möglich angewendet werden, da die Gefahr besteht, dass das Werk beschädigt wird. Wenn ein Blatt fehlt, zu einem anderen Band gehört oder ein Duplikat ist, muss der weitere Fortschritt der Arbeit ausgesetzt werden, bis die Unvollkommenheit beschafft oder ausgetauscht wird. Falsch gefaltete Exemplare müssen korrigiert und etwaige im Werk vorkommende *Abstempelungen* herausgeschnitten und durch die Nachdrucke ersetzt werden, die in der Regel auf dem letzten Blatt des Buches zu finden sind. Auch bei manchen Ordnern ist es üblich, die zum Band gehörenden Tafeln in diesem Zeitraum zu platzieren; Da jedoch die Gefahr einer Beschädigung beim Schlagen *oder* Rollen groß ist, ist es viel besser, diesen Vorgang durchzuführen, nachdem das Buch vom Stein genommen wurde, wofür Anweisungen gegeben werden. Wenn das Buch für richtig befunden wird, ist es bereit für den Steinschlag, der, obwohl er durch die Einführung von Maschinen fast vollständig ersetzt wurde , für einen Buchbinder mit begrenzten Mitteln immer von unschätzbarem Wert sein wird; und der Amateur wird feststellen, dass es ein wesentlicher Prozess ist, um die erste große Voraussetzung einer guten Bindung zu gewährleisten: Festigkeit

SCHLAGEN, DRÜCKEN USW.

Der erste Vorgang beginnt damit, dass das Volumen auf dem Stein am Rücken und am Kopf geschüttelt wird, um das Ganze gleichmäßig zu machen und die Aufteilung in so viele gleiche Teile, die *Abschnitte* oder *Schläge genannt werden* , zu erleichtern, wie es je nach Bedarf für notwendig erachtet wird abhängig von der Dicke und anderen Umständen. Dann wird ein Abschnitt genommen und gut geschlagen, wobei man ihn mit der Hand zum Körper hin zieht, um die verschiedenen Teile nacheinander unter den Hammer zu bringen, wobei man sorgfältig vermeidet, auf einen Teil mehr Schläge auszuüben als auf den anderen, außer den Kanten ein wenig mehr zu verleihen rundherum tippen. Anschließend wird der Abschnitt gewendet und derselbe Vorgang durchgeführt. ebenso auf jeder Seite, nachdem es abgetrennt und der untere Teil auf den oberen gelegt wurde, wobei die Mitte des Abschnitts dadurch unter die Wirkung des Hammers gebracht wurde. Nachdem dies geschehen ist, werden die Bleche in der richtigen Reihenfolge zurückgelegt und zwei oder drei Hammerschläge ausgeführt, damit sie gleichmäßig liegen. Beim Schlagen von Büchern , bei denen aufgrund ihres Wertes größere Sorgfalt erforderlich ist, ist es üblich, auf jeder Seite des Abschnitts ein Schutz- oder Abfallblatt Papier anzubringen, um Flecken oder Markierungen zu vermeiden, die der Stein oder Hammer verursachen könnte machen.

Das Schlagen erfordert mehr Geschick als tatsächliche Kraft, da das Gewicht des Hammers für viele Arbeiten nahezu ausreicht. Es muss darauf geachtet werden, dass der Hammer parallel zur Steinoberfläche absinkt, um Markierungen oder Schnitte an der Kante der Platten zu vermeiden.

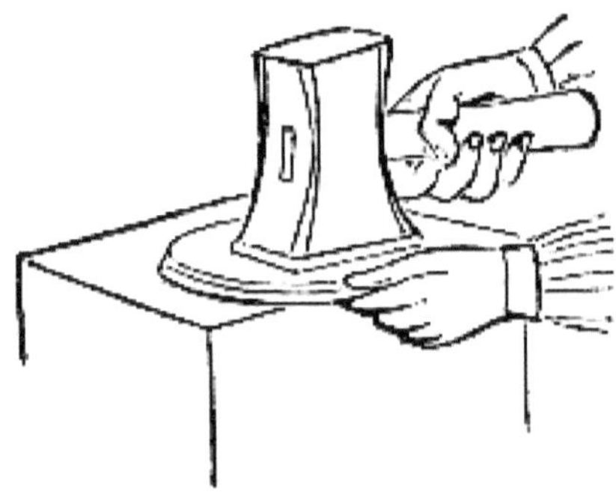

Vor dem Schlagen eines Buches sollte darauf geachtet werden, ob es kürzlich gedruckt wurde, da es sonst durch zu starkes Schlagen *in Gefahr geraten würde*. Dies lässt sich leicht feststellen, indem man sich das Datum am Fuße des Titels ansieht oder indem man an der Tinte riecht, mit der er gedruckt wurde, da sie zum Teil aus Öl besteht und daher wahrscheinlich nicht ganz trocken ist. Dies wird insbesondere bei maschinengedruckten Werken der Fall sein. Da es jedoch häufig notwendig ist, einen Band sofort nach dem Druck zu binden, müssen alle Vorkehrungen getroffen werden, um zu verhindern, dass er gelöscht wird, da dies die Schönheit des Werkes zerstören würde. Manche legen das Buch in einen Ofen, nachdem das Brot herausgenommen wurde, oder in einen Ofen, der ausreichend erhitzt ist, um die Tinte zu trocknen und sie in das Papier eindringen zu lassen. Da diese Mittel jedoch nicht ohne

Gefahr sind, dass das Papier geschwärzt oder beschmutzt wird, ist es besser, die Blätter mit weißem Papier zu durchtrennen, das die gesamte abgesetzte Tinte aufnimmt. Sollten die Blätter heißgepresst worden sein , was leicht zu erkennen ist, ist diese Vorsichtsmaßnahme nicht erforderlich.

Bei der Arbeit am Schlagstein sollte der Arbeiter seine Beine eng zusammenhalten, um *einen Bruch zu vermeiden* , dem er häufig ausgesetzt ist, wenn er sich in der Absicht, sich wohler zu fühlen, angewöhnt, sie auseinander zu legen.

Als Ersatz für das Schlagen, das Bücher vor dem Binden benötigen, wurde eine Rollmaschine erfunden. Das Buch ist entsprechend der Buchdicke in Teile unterteilt; Jeder Teil wird dann zwischen Dosen oder Sohlenlederstücken platziert. Anschließend werden die Rollen in Bewegung gesetzt und das Teil hindurchgeführt. Dies wird wiederholt, bis der erforderliche Grad an Festigkeit erreicht ist. Die großen Einwände gegen die Walzenmaschine bestehen darin, dass sie durch die Reibung, die durch den Durchgang zwischen den Walzen entsteht, einen Abdruck oder eine Übertragung der Druckfarbe auf die gegenüberliegende Seite verursachen kann, und das bogenartige Aussehen, das entsteht Sie geben das Buch ab, und das ist für den Spediteur ein ernstes Ärgernis, und manchmal reicht sein ganzes Können und seine Sorgfalt nicht aus, um das durch die Walzen verursachte Übel zu beheben.

Eine leistungsstarke Prägepresse, technisch gesehen Smasher, wird in letzter Zeit mit großem Vorteil eingesetzt. Ein Buch wird zwischen die Dosen gelegt, die Walze wird auf die richtige Höhe eingestellt und die großen Schwungräder werden in Bewegung gesetzt. Die Platte senkt sich senkrecht ab; dann wird beim Anheben mit einem kleinen Griff der Abstand zwischen den Platten verringert; Während die Räder noch in Bewegung sind, wird das Buch beim Herabsinken der Walze stärker zusammengedrückt als zunächst. Der Vorgang wird wiederholt, bis das Buch die ganze Kraft der Presse erfahren hat. Es wurde berechnet, dass bei diesem Vorgang ein einzelnes Volumen bei Bedarf einem Druck ausgesetzt wird, der einem Gewicht von fünfzig bis achtzig Tonnen entspricht.

Dieses Verfahren hat einen Vorteil gegenüber allen anderen bisher angewandten Verfahren, bei denen Maschinen zum Einsatz kamen; und in mancher Hinsicht ist es dem Schlagen vorzuziehen, da das Buch in jedem Teil die gleiche Dicke hat, während beim Schlagen die Gefahr groß ist , dass die Kanten dünner als die Mitte geschlagen werden ; und die Luft scheint so vollständig herausgedrückt zu werden, als ob der Schlaghammer benutzt worden wäre; und es scheint keine Neigung in dem Buch zu geben, nach diesem erdrückenden Prozess wieder anzuschwellen.

In manchen Buchbindereien wird zum Komprimieren der Bleche eine hydraulische Presse eingesetzt, ohne dass sie einem Schlag- oder Walzvorgang unterzogen werden. Es hat sich herausgestellt, dass es für die Arbeit von Verlegern den Zweck erfüllt, für den es eingesetzt wird, da die Presse gefüllt werden kann, indem die Bücher in Lagen von eins bis vier oder acht, je nach ihrer Größe, zwischen Eisenplatten gelegt werden; und die enorme Kraft der Presse wird so gleichmäßig auf eine große Menge an Bogen gleichzeitig verteilt.

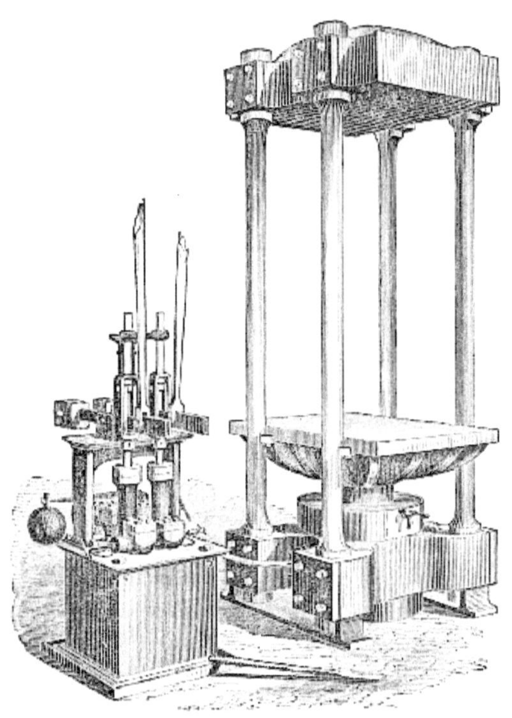

HYDRAULISCHE PRESSE, AUS DER MANUFAKTUR VON
ISAAC ADAMS & CO., BOSTON.

Die Kompressionskraft wird von der Pumpe links von der Presse abgeleitet, die aus einer darunter versenkten Zisterne mit Wasser versorgt wird. Das auf diese Weise über das Rohr, das von dort aus zur Mitte des Fußes der Presse gelangt, geleitete Wasser bewirkt, dass der Zylinder, an dem das Bett befestigt ist, angehoben wird und die Bücher oder das Papier zwischen dem Bett und dem Kopf der Presse fest zusammendrückt . Wenn es mit Hilfe des sichtbaren Pumpgriffs so hoch wie möglich gedrückt wird, wird eine größere Stange angebracht und von zwei Männern bearbeitet. Die außerordentliche Leistung dieser Presse ist so groß, dass sie, insbesondere bei der allgemeinen

Arbeit, zu einer Zeitersparnis von mehr als drei Vierteln der Zeit führt, die erforderlich ist, um Bücher durch die gewöhnliche Presse zu einer angemessenen Festigkeit zu bringen. Wenn man die Bücher herausnehmen möchte, wird der kleine Hahn am Ende des Rohrs am Fuß der Presse gedreht, das Wasser fließt in die darunter liegende Zisterne und das Bett mit den Büchern gleitet sanft vor dem Arbeiter herab. Häufig werden zwei Pressen von derselben Pumpe betrieben, eine auf jeder Seite.

Die hydraulische Presse wird von fast allen Pressenherstellern hergestellt und unterscheidet sich nur in der allgemeinen Konstruktion, wobei die Kraftanwendung gleich ist.

Sollten nach dem Schlagen Platten zum Werk vorhanden sein, müssen diese, wie bereits erwähnt, nun in den Text eingefügt werden. Es muss sehr darauf geachtet werden, dass der Blocksatz der Tafeln mit dem Text übereinstimmt, indem man alles Überflüssige am Kopf oder an der Rückseite abschneidet und sie genau gegenüber den Seiten platziert, auf die sie sich beziehen, wobei der Rand neben der Rückseite eingeklebt wird. Alles, was am Kopf zu kurz sein könnte, muss abgesenkt werden, um die Gleichmäßigkeit zu wahren. Es ist ratsam, vor jede Platte ein Blatt *Seidenpapier zu legen* , insbesondere wenn sie frisch gedruckt ist, da die Tinte von Kupferplatten länger trocknet als die von Buchdruckplatten. Wenn ein Werk eine große Anzahl von Platten enthält, die am Ende platziert werden sollen, werden sie durch Überwendeln an die Bänder genäht, ein Vorgang, der in Kürze vollständig behandelt wird.

Das nun zum Pressen bereite Buch wird entsprechend der Arbeit und dem Ermessen des Arbeiters in Abschnitte genommen, zwischen Pressbrettern in der Größe des Bandes übereinander gelegt und zur Standpresse *befördert* . der durch den *Pressstift* oder das Schwungrad, je nach Art der Standpresse, so fest wie möglich nach unten gezogen wird ; Allerdings muss davon ausgegangen werden, dass ein Buch, nachdem es den Zerkleinerer durchlaufen hat, nicht weiter gepresst werden muss, bis es in die Hände des Spediteurs gelangt.

Nachdem das Buch ausreichend gepresst wurde, muss es erneut zusammengestellt werden , um eventuelle Unordnung zu korrigieren, die während des Pressens und Pressens entstanden sein könnte. Anschließend ist es bereit zum Aussägen.

SÄGEN DER RÜCKSEITE.

Dieser Vorgang wird durchgeführt, um die Kosten für das Annähen von erhabenen Bändern zu sparen und um zu verhindern, dass die Bänder, an denen ein Buch genäht ist, auf der Rückseite erscheinen. Nachdem man das Buch am Rücken und am Kopf gut angeschlagen hat , wird es zwischen zwei *Schneidebretter gelegt, wobei der Rücken ein wenig über die dicke Kante hinausragt, und die Lege-* oder *Schneidepresse* festgeschraubt , wobei das Ganze so weit angehoben wird, dass es das verhindert sah, wie die Wangen der Presse beschädigt wurden. Dann wird mit einer *Säge* die richtige Anzahl an Rillen in Tiefe und Breite entsprechend dem Durchmesser des zu verwendenden Bandes hergestellt, der von der Größe des Buches abhängt. Auch über dem ersten und unter dem letzten Band muss ein leichter Schnitt gemacht werden, um die *Kette* oder *den Kesselstich unterzubringen* . Es ist sehr wichtig, dass die Säge parallel zur Presse gehalten wird. Ohne diese Vorsichtsmaßnahme wird das Werkstück, wenn es geöffnet wird, optisch einen Defekt darstellen, da die Rillen auf einer Seite tiefer sind als auf der anderen.

Die *Vorsätze* , die aus vier Blatt leerem Papier bestehen sollten, das entsprechend der Größe des Buches gefaltet ist, werden nun vorbereitet und jeweils eines an den Anfang und das Ende jedes Bandes gelegt.

NÄHEN.

Je nach Anzahl der gewünschten *Bänder* müssen an den Schlaufen an der Querstange der *Nähpresse* möglichst viele Kordelstücke in der richtigen Länge und Dicke befestigt und mit Hilfe der *Schlüssel* in der Nut der Nähpresse befestigt werden möglichst nahezu gleich dicht sein . Wenn dies erledigt ist, wird die Rückseite des ersten Blatts im Buch an die Schnüre gelegt, die nach oben oder entgegen den Markierungen der Säge bewegt werden müssen, während die kleinen Schrauben an jedem Ende unter der Querstange bewegt werden müssen nach oben, bis die Saiten gleichmäßig fest sitzen. Nachdem dies alles erledigt ist, beginnt man mit dem Nähen des Buches, indem man das Vorsatzpapier, das keine Spuren der Säge aufweist, vor dem Ablegen auf das Blatt legt und es durchgehend vernäht, wobei nach dem Nähen ein kleines Fadenende übrig bleibt, um den Knoten zu bilden das erste Blatt, das dann von unten entnommen und in voller Länge vernäht wird.

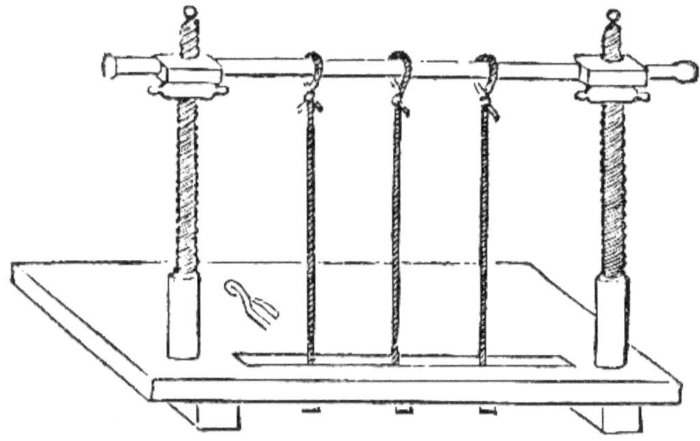

Je nach Größe und Dicke der Buchblätter gibt es verschiedene Nähmethoden. Ein aus dicken Blättern bestehender Band oder ein Blatt, das eine Tafel oder eine Karte enthält, sollte einzeln über die gesamte Länge genäht werden, um das Werk sicherer und stabiler zu machen. Außerdem sollte darauf geachtet werden, dass der Faden am Kopf- und Fußende des Buches nicht zu fest gezogen wird. Damit das Buch an den Enden und in der Mitte die gleiche Dicke behält, sollte der Faden parallel zur Bank gezogen werden und nicht nach unten, wie es allzu oft der Fall ist. Von der richtigen Schwellung des Rückens hängt vor allem die Regelmäßigkeit der Rundung und die Festigkeit des Rückens in den Nachstadien des Bindens ab.

auf zwei Seiten zusammengenäht wird , werden im Allgemeinen drei Bänder verwendet. Man nimmt das Blatt und befestigt es an den Bändern. Die Nadel wird in die für den Kesselstich vorgesehene Markierung eingeführt und durch das erste Band herausgezogen. Dann wird ein weiteres Blatt aufgelegt und die Nadel auf der anderen Seite des Bandes eingeführt, so dass der Faden darum herumgeführt wird, auf die gleiche Weise mit dem mittleren Band vernäht und mit dem dritten fortgefahren, wo man wiederum das erste Blatt nimmt und es fertig ist Vom dritten Band zum anderen Kesselstich genäht, wo es befestigt wird, und eine weitere Reihe von zwei Blättern begonnen und so bis zum vorletzten Blatt fortgesetzt, das über die gesamte Länge genäht wird, wie für das erste Blatt angegeben, as auch das Schlusspapier. Drei Bänder sind besser als zwei, da das Buch durch die Befestigung in der Mitte fester ist, was den einzigen Unterschied zwischen dem Annähen von zwei und drei Bändern darstellt.

Um ein zu starkes Anschwellen des Rückens zu verhindern, werden halbe Laken normalerweise auf vier Bänder genäht, die drei in einer Reihe zulassen : Das erste Laken wird wie in drei Bändern genäht, vom Kesselstich bis zum ersten Band neben dem zweiten und der dritte nimmt den mittleren Platz ein; dann das zweite Blatt wieder vom dritten bis zum vierten Band und das erste von dort bis zum anderen Kesselstich. Da das dritte Blatt nur eine Naht hat, muss beim Sägen der Abstand vom zweiten zum dritten Band wesentlich länger bleiben als zwischen den anderen. Quartos werden im Allgemeinen auf fünf Bänder genäht, um die Arbeit fester zu machen, aber wenn in halben Blättern, wie bei der Foliogröße, sechs oder mehr verwendet werden, näht man so viele Blätter wie Bänder auf, wobei jedes Blatt nur eine Heft- oder Nahtstelle erhält, und Stechen Sie mit der Nadel an jedem Ende durch die gesamte Maschenreihe oder machen Sie einen Doppelstich, bevor Sie den Faden befestigen. Dies sorgt für ausreichende Festigkeit und ist notwendig, um ein Anschwellen des Rückens zu verhindern, das durch eine geringere Anzahl von Blättern in einer Reihe entstehen und das Aussehen der Bindung beeinträchtigen würde.

Wenn das Buch aus einzelnen Blättern, Tafeln oder Karten besteht, oder, wie im Fall von Musik, wo es notwendig ist, vom verfallenen Zustand des Rückens auf die beschriebene Weise mit dem Pflug einen Teil abzuschneiden

Schnittkanten, das Ganze muss durch sogenanntes Schlagen oder Umwickeln an den Bändern befestigt werden . Dies geschieht, indem man einen der Dicke des Papiers entsprechenden Abschnitt nimmt und die Nadel durch das Ganze am Kesselstich und auf jeder Seite aller Bänder in einem ausreichenden Abstand sticht, um zu verhindern, dass die Stiche reißen, wodurch die ... Fädeln Sie jedes Band wie zuvor beschrieben um und befestigen Sie es am Ende, bevor Sie mit einer weiteren Reihe fortfahren. Um die Gesamtheit der Blätter gleichmäßig zu halten, wird die Rückseite manchmal direkt nach dem Schneiden verklebt und nach dem Trocknen in Abschnitte unterteilt. Atlanten und Druckbücher müssen, wenn sie in der Mitte gefaltet sind, mit einem Schutzstreifen oder einem Stück Papier beklebt werden, damit sie sich flach öffnen lassen, was nicht möglich wäre, wenn sie auf der Rückseite befestigt würden würde die Gravur zerstören. Diese Schutzvorrichtungen müssen aus starkem Papier mit einer Breite von etwa einem Zoll und auf die richtige Größe gefaltet sein. Sie werden wie oben beschrieben durch Versäubern genäht.

Eine bessere Methode für Plattenbücher oder Einzelblätter besteht darin, den Rücken nach dem gleichmäßigen Schneiden mit dem Pflug zwischen Brettern zu legen und den Rücken gleichmäßig mit dünnem Leim zu bekleben. Nachdem es trocken und hart geworden ist, teilen Sie es in dünne Abschnitte; Anschließend wird es wie gewohnt ausgesägt. Anschließend sollte es genommen und ausgepeitscht oder in einzelnen Abschnitten mit feinem Faden umwickelt werden. Beim Auspeitschen der Abschnitte sollte darauf geachtet werden, dass es gleichmäßig und sauber erfolgt. Nachdem alle Abschnitte geschlagen sind, sollten sie auf die gleiche Weise wie gefaltete Laken an die Bänder genäht oder befestigt werden.

Die alte Art des Annähens von erhabenen Bändern vereint viele Vorteile. Dieser Stil wird immer noch bei vielen Werken übernommen, insbesondere bei solchen mit geringem Rand; Tatsächlich ist es sowohl hinsichtlich der Elastizität als auch der Haltbarkeit allen praktizierten Methoden weit überlegen ; es handelt sich jedoch um einen sehr langsamen und zwangsläufig teuren Prozess; Und viele Buchbinder, die vorgeben, auf diese Weise zu binden, lassen, um dies zu vermeiden, ihre Bücher auf die gewöhnliche Art und Weise nähen und geben ihnen dann, indem sie falsche Bänder auf die Rückseite kleben, den Anschein, als seien sie auf erhabene Bänder genäht worden. Wenn ein rein flexibles Buch genäht werden soll, sollte es gleichmäßig und rechtwinklig aufgeschlagen, zwischen zwei Pappstücke gelegt und in eine Legepresse gelegt werden; Zeichnen Sie dann eine Linie über den Rücken, in der Nähe des Kopfes, wo der Spediteur ihn beim Schneiden der Kanten schneiden wird. Nehmen Sie als nächstes einen Zirkel und teilen Sie den Rücken der Länge nach in sechs gleichmäßige Teile, mit Ausnahme der Unterseite oder des Schwanzes, die länger als der Rest sein sollten, um eine ordnungsgemäße Symmetrie des Aussehens zu bewahren; Zeichnen Sie dann mit einem schwarzen Bleistift aus den Himmelsrichtungen der fünf inneren Unterteilungen quadratische Linien auf der Rückseite für die Stellen, an denen die Bänder angenäht werden sollen. Machen Sie dann mit einer Säge einen leichten Kratzer etwa einen Viertel Zoll innen an der Stelle, an der das Buch geschnitten werden soll, für den Kesselstich am Kopf und am Ende. Nehmen Sie das Buch aus der Legepresse, nehmen Sie die Pappe und sägen Sie sie an den mit dem Bleistift markierten Stellen so tief, dass die Schnüre, an denen das Buch angenäht werden soll, hineinpassen. Die Bretter dienen dann als Orientierungshilfe für die Einstellung der Bänder der Nähpresse zu Beginn des Arbeitsvorgangs und werden sich anschließend während des Arbeitsfortschritts als nützlich erweisen, um etwaige Abweichungen zu regulieren, die unbeabsichtigt auftreten können. Nachdem die Nähpresse richtig eingestellt und das Vorsatzpapier wie zuvor beschrieben genäht ist, sollten die Blätter einzeln in ihrer regulären Reihenfolge genommen und entlang der gesamten Länge, von einem Ende des Blattes bis zum anderen, vernäht werden. oder, genauer gesagt, von einem Kesselstich zum anderen, wobei man besonders darauf achtet, dass beim Nähen jedes Blattes, nachdem der erste Kesselstich gefangen wurde, die Nadel dann auf die am weitesten entfernte Seite des nächsten Bandes geführt werden muss wird an die andere Seite des Bandes weitergegeben und so weiter für jedes nachfolgende Band. Auf diese Weise wird der Faden jedes Band vollständig umrundet haben, auf dem sich das Blatt wie auf einem Scharnier dreht, ohne dass das Band oder der Faden im geringsten belastet wird. Der Innenrand bleibt somit in seiner vollen Größe erhalten und die Freiheit des Volumens wird deutlich vergrößert.

Wenn Sie den vollen Genuss eines flexiblen Rückens genießen möchten, lassen Sie ihn mit Seide auf Seidenbändern oder -schnüren nähen, und Sie erhalten eine Kombination aus Elastizität und Festigkeit, die nicht zu übertreffen ist.

Bei großen Stichmengen besteht die beste Bindungsmethode darin, die Platten mit Leinen auf Schutzvorrichtungen zu befestigen, um die Stabilität zu gewährleisten und auch zu ermöglichen, dass die Platten flach liegen, wenn der Band geöffnet ist. Um dies richtig zu machen, wählen Sie Papier mit der gleichen Dicke wie die Platten aus, schneiden Sie es in Streifen mit einer Breite von 1 bis 1,5 Zoll und kleben Sie die hintere Kante der Platte von oben nach unten in einer Tiefe von etwa einem Viertel Zoll ein. Legen Sie dann einen Streifen dünnes Leinen oder Papier-Musselin entlang der beklebten Kante des Tellers und reiben Sie ihn so, dass er festklebt. Die Leinenstreifen müssen so breit sein, dass sie um die Breite der Papierschutzvorrichtungen über die Platte hinausragen. Eines davon wird dann gleichmäßig überklebt und auf den überstehenden Leinenstreifen gelegt, sorgfältig geglättet und zum Trocknen zwischen die so montierten Pappkartons gelegt. Die Platten werden dann entlang der Hinterkante des Schutzes geschlagen und auf die übliche Weise vernäht.

M. Lesne, Buchbinder aus *Paris*, schlug in einer von ihm am 18. Januar 1818 der „ *Société d'Encouragement* "vorgelegten Abhandlung vor , dass, um Büchern die drei wesentlichen Eigenschaften Bindung, Elastizität und Festigkeit zu verleihen, und Eleganz sollten sie ähnlich der niederländischen Methode genäht werden, die auf Pergamentstreifen statt auf Packfaden basiert; Um jedoch die Unannehmlichkeiten zu beheben, die sich aus der Tatsache ergeben, dass ein Streifen nicht ausreicht, um der Rückseite eine angemessene Festigkeit zu verleihen, außerdem leicht brechen kann und, wenn er verdoppelt oder verdreifacht wird, eine schlechte Auswirkung auf die Rückseite hat, wenn er bedeckt ist, schlug er die Einführung von vor Seide für die Bänder, die in einem viel kleineren Durchmesser viel stärker ist als Packfaden mit doppelter Dicke. Bei Laken, die über die gesamte Länge genäht werden müssen, empfiehlt es sich außerdem, Seide zu verwenden, da diese viel stärker als Faden ist und dem Werk eine größere Festigkeit verleiht. Es fällt auf, dass die Schnitte der Säge, die in anderen Einbänden zu sehen sind, beim Öffnen des Bandes nicht zu sehen sind. Wenn der Band vollständig genäht ist, werden die Schrauben gelöst, die Kordeln von den Schlüsseln gelöst und etwa zwei Zoll der Kordel auf jeder Seite des Buches übrig gelassen, um die Bretter zu befestigen, die die Seiten bilden sollen.

INDIEN-GUMMI-RÜCKEN.

In den Fällen, in denen die Blätter eines Buches durch Kautschukzement statt durch Nähen zusammengehalten werden, werden die Blätter in einzelne Blätter zerschnitten und jedes Blatt an den Rändern gerade und rechtwinklig gemacht. Die hintere Kante wird dann in eine abgerundete Form gebracht, indem die Blätter sich in einer gerillten Aussparung oder Form anordnen ; und in diesem Zustand werden alle Blätter an den Hinterkanten mit einem Kleber aus flüssigem Kautschuk oder Kautschuk befeuchtet. Die so aufgetragene Menge ist sehr gering. Nach ein paar Stunden ist es ausreichend trocken, um eine weitere Schicht einer etwas stärkeren Kautschuklösung aufzutragen. In 48 Stunden können vier Auftragungen des Kautschuks durchgeführt und getrocknet werden. Die Rückseite und der angrenzende Teil der Seiten werden anschließend mit dem üblichen, mit Kautschuk aufgeklebten Stoffband oder -streifen überzogen; Danach ist das Buch bereit, die Bretter zu befestigen und je nach Wunsch mit Leder oder Pergament zu überziehen.

TEIL II.

WEITERLEITUNG.

Dieser Zweig der Kunst kann in mehrere Teile unterteilt werden. Wir werden dem Speditionszweig oder der Speditionsklasse den Vorrang geben, der höchste Präzision erfordert und dem ambitionierten Spediteur ein Betätigungsfeld eröffnet, das seiner besten Anstrengung würdig ist. Der Arbeiter, der in seiner Kunst herausragende Leistungen erbringen möchte, soll bedenken, dass seine Arbeit durch die Hände von Kritikern und Richtern geht; dass es möglicherweise mit den Produktionen der berühmtesten Künstler verglichen werden kann. Lassen Sie ihn also stolz auf seine Lorbeeren sein, wenn er einen erstklassigen Job übernimmt oder

KUNDENARBEIT.

Das Buch wird aus der Nähpresse genommen, die Vorsätze und das erste Blatt werden dann zurückgedreht. Um zu verhindern, dass sich die Paste ungleichmäßig verteilt, wird ein Streifen Papier etwa einen Zentimeter von der Rückseite entfernt angebracht und dann mit dem Finger entlang der Kante des Blattes aufgetragen. Das Blatt wird umgedreht und der gleiche Vorgang wird auf dem ersten und zweiten Blatt des Vorsatzpapiers wiederholt, wenn das Buch mit braunem oder braunem Papier liniert werden soll. Nachdem die Papiere auf die richtige Größe zugeschnitten und gleichmäßig gefaltet wurden, werden sie auf die gleiche Weise wie die Vorsatzpapiere entlang der gefalteten Kante geklebt. Dann wird das erste Blatt des Vorsatzpapiers umgedreht und das Einbandpapier bis zur Hinterkante des Buches aufgelegt. Wenn dies nachlässig geschieht oder nicht von einem Ende zum anderen ganz gerade und gerade ist, wird das zukünftige Erscheinungsbild des Buches erheblich beeinträchtigt. Da die Schönheit der Verbindung zu einem großen Teil von der Art und Weise abhängt, wie die Auskleidung ausgeführt wurde, platzieren Sie die Auskleidung, wenn Sie sie mit marmoriertem Papier auskleiden möchten, nach dem Umdrehen des Endblatts so nah wie möglich an der Hinterkante , um fast das gesamte Vorsatzblatt, das auf dem Buch liegt, der Wirkung des Pinsels auszusetzen. Kleben Sie dies leicht darüber; Dann legen Sie das Futter darauf und reiben es mit der Hand gleichmäßig und glatt. In jedem Fall sollte man es trocknen lassen, bevor man das Vorsatzpapier an seinen Platz faltet, da es sonst dazu führen kann, dass das Vorsatzpapier von hinten herausgedrückt wird. Eine bessere Methode besteht darin, das Marmorpapier auf das weiße Vorsatzpapier zu kleben, bevor es in das Buch eingefügt wird. Anschließend können die Papiere leicht angedrückt werden, um sie vollkommen glatt zu machen, und zum Trocknen an Leinen aufgehängt werden. Bei diesem Verfahren besteht keine Gefahr, dass das Buch durch die

Feuchtigkeit des Einbandpapiers zerknittert . Es ist darauf zu achten, dass nur solche Papiere verwendet werden, die gut mit der Farbe des für den Bezug vorgesehenen Leders harmonieren.

Wenn eine Verbindung aus Kalbs- oder Safranleder erforderlich ist, muss der Spediteur lediglich die Hinterkante des Einbands, das neben dem Buch verläuft, ganz leicht ankippen, um es lediglich zu sichern, bis es den Finisher erreicht, und es platzieren ein oder zwei Streifen dickes Papier entlang der Verbindungsstelle, die anschließend vom Finisher herausgerissen werden.

Nachdem diese Dinge angepasst worden waren, drehte man das Vorsatzpapier wieder an seinen Platz und zog die Schnur, an der das Buch festgenäht war, fest. Dabei wurde darauf geachtet, dass die Schnur nicht gegen die Vorsatzpapiere drückte, da diese leicht reißen könnten In der Nähe der Bänder müssen die Bänder, die in die Bretter geschnürt werden sollen, geöffnet werden, oder die Stränge müssen mit einer Schnur abgetrennt und mit einem stumpfen Messer abgekratzt werden, um sie an eine Spitze zu bringen und das Durchführen durch die Bretter zu erleichtern die die Seitendeckel bilden sollen.

Das Buch wird nun zwischen die Hände genommen und an der Rückseite und am Kopf auf einem glatten Brett oder auf der Legepresse gut angeschlagen, um die Blätter in allen folgenden Arbeitsgängen eben und rechtwinklig zu machen, was die Schönheit des Buches ausmacht. hängt stark von der Sorgfalt und Aufmerksamkeit ab, die diesem Ort gewidmet wird. Anschließend wird der Band vorsichtig mit der Rückseite an die Kante des Bretts auf ein Brett gelegt, ein Streifen Pappe auf die Oberseite gelegt, das Buch in die Legepresse gelegt und die Rückseite gleichmäßig verleimt. Der Kleber sollte gut zwischen den Blättern verrieben werden, wobei darauf zu achten ist, dass die Blätter auf der Rückseite gleichmäßig sind und das Volumen über die gesamte Länge gleich dick ist. Anschließend wird es zum Trocknen auf ein Brett gelegt, darf jedoch nicht vor das Feuer gestellt werden, da der Leim sonst hart wird und dabei leicht reißt

RUNDUNG.

Zu Beginn dieses Vorgangs wird das Buch mit der Vorderkante zum Arbeiter hin auf die Legepresse gelegt; Die linke Hand sollte dann flach und offen darauf gelegt werden, der Daumen zeigt zur Vorderkante. Mit den vier Fingern wird das Volumen leicht gebogen und der obere Teil des Rückens zum Arbeiter hin gezogen. Anschließend klopft die rechte Hand mit einem Hammer leicht auf die Laken und bewegt sie von der Mitte des Rückens aus nach oben. Anschließend wird der Band auf die andere Seite gedreht und der Vorgang wiederholt, bis ersichtlich ist , dass das Buch eine ausreichende Rundung erreicht hat. Die linke Hand wird nach hinten gehalten, während mit den Fingern der rechten Hand die Kugel in die Vorderkante gedrückt wird. Dann wird das Volumen hochgehalten und die Rückseite sorgfältig untersucht, um festzustellen, ob die Runde vollkommen regelmäßig ist. Ist dies nicht der Fall, muss es erneut leichten Hammerschlägen ausgesetzt werden, bis die Rückseite einen Teil eines perfekten Kreises beschreibt. Es sollte darauf geachtet werden, dass die Rundung nicht zu flach für die Dicke des Bandes ist, oder dass sie andererseits nicht zu dem wird, was man „Pigback" nennt – eine schreckliche Monstrosität beim Binden, die einen scharfen Grat hat die Mitte des Rückens. Wenn die Rundung nicht regelmäßig und gleichmäßig von der Mitte bis zu den Rändern sowie vom Kopf bis zum Schwanz und völlig frei von Drehungen ist, kann keine nachträgliche Geschicklichkeit oder Sorgfalt das Übel überwinden, sondern es bleibt immer der Beweis für den Mangel an Sorgfalt oder Arbeitsunfähigkeit des Arbeitnehmers. Der nächste, ebenso wichtige Prozess ist der von

UNTERSTÜTZUNG,

Dies geschieht, um die Nut für die Aufnahme der Bretter zu bilden. Eines der Trägerbretter wird im gleichen Abstand von der Rückseite auf das Volumen gelegt, wobei der Abstand von der Dicke des Brettes abhängt; dann wird durch Drehen des Volumens das andere auf die gleiche Weise platziert; Die Bretter werden dann mit der linken Hand auf der Rückseite fest gegriffen und mit Hilfe der rechten Hand wird das Ganze vorsichtig in die Legepresse gelegt, wobei die Kante der Bretter, die der Rückseite des Bandes am nächsten ist, auf gleicher Höhe mit den Wangen liegt in die Presse eingelegt und mit dem Pressstift so fest wie möglich verschraubt. Dann nimmt man den Hinterhammer in die rechte Hand und dreht die Bleche von der Mitte aus über die Untergründe, um die nötige Nut zu bilden. Zu diesem Zweck sollten die ersten Schläge in der Nähe der Mitte des Volumens beginnen und so leicht wie möglich sein, wobei die Schläge zum Rand hin gerichtet sein sollten, um lediglich mit dem Wenden der Blätter zu beginnen, ohne irgendwelche Vertiefungen oder Falten auf der Innenseite zu verursachen des Volumens. Dies sollte in Längsrichtung des Bandes erfolgen, wobei jede Reihe von Schlägen allmählich näher an die Kante oder das Trägerbrett heranwächst und mit zunehmender Annäherung fester wird, bis die Blätter über das Trägerbrett gedreht werden, um sie zu formen eine regelmäßige und solide Rille. Der Vorgang wird auf der anderen Seite wiederholt, wobei das Volumen untersucht wird, um zu sehen, ob der Rücken durchgehend gleichmäßig und in seinem Kreis gleichmäßig ist, und etwaige leichte Unregelmäßigkeiten durch leichte Schläge mit dem Schlaghammer korrigiert werden; Aber nichts kann einen Arbeiter rechtfertigen, einen schweren Schlag nahe der Mitte des Rückens auszuführen, da dieser unweigerlich das Papier auf der Innenseite zerdrücken und zerknittern muss . Es dient lediglich dazu, seine Unkenntnis des Prinzips zu beweisen, auf dem die gesamte Operation basiert. Es gibt nichts, was mit der Weitergabe eines Buches mehr Aufmerksamkeit, Geduld und Geschick erfordert als das Abrunden und Unterlegen, und nichts trägt mehr zum Gesamterscheinungsbild des Bandes bei. Wenn es gut gemacht ist, gibt es allen nachfolgenden Vorgängen Charakter und Ton; Wenn es schlecht gemacht wird, kann keine Sorgfalt oder Fähigkeit, die später angewendet wird, es verbergen. Es bleibt ein bleibendes Zeichen eines nachlässigen oder ineffizienten Arbeiters. Der Band ist nun bereit für die zuvor vorbereiteten Platinen. Dies geschieht durch Zuschneiden der gefrästen Pappbögen entsprechend der Buchgröße mit der Tisch- oder Patentschere. Anschließend wird eine Seite des Bretts mit Papier ausgelegt, dessen Schrumpfung dazu führt, dass sich das Brett zur Seite hin wellt. Wenn das Volumen groß ist oder eine dicke Platte benötigt wird, müssen zwei oder mehr Plattenstärken zusammengeklebt werden. Legen Sie sie unter Druck in die Standpresse, bis sie trocken sind. Nehmen Sie sie dann heraus und legen Sie sie auf die Seite des Bretts, die beklebt wurde, oder, wenn ein Brett dünner als das andere ist, auf das dünne Brett, auf die gleiche Weise wie das einzelne Brett. Auf diese Weise hergestellte Platten sollten vor der Verwendung immer einige Zeit vorbereitet werden. Wenn die Bretter bereitliegen, wird das Volumen genommen und eine Spitze des Zirkels in die Mitte der Rückseite gelegt und die andere Spitze zur Vorderkante hin ausgestreckt, bis sie die Kante des kleinsten Bolzens erreicht. Dadurch erhalten Sie die richtige Größe zum Zuschneiden der Bretter, da die Nut oder Verbindung den Vorsprung oder das Quadrat des Bretts ergibt. Wenn das Buch selten und wertvoll ist, soll der Arbeiter im Umgang mit seinem Stahl gnädig sein, denn die Beschneidung durch unwissende Arbeiter hat den Wert so mancher wertvoller Bücher beeinträchtigt. Wenn die Blätter ungeschnitten bleiben sollen, nehmen Sie vor dem Abrunden des Volumens ein großes Metzgermesser und schneiden Sie die äußersten Enden der überstehenden Blätter vorsichtig ab. Nachdem die Größe ermittelt wurde, erfolgt der nächste Vorgang

Die Bretter rechtwinklig ausrichten.

Dies geschieht durch Schneiden der Hinterkante der Bretter mit einem Pflug in der Legepresse; Anschließend werden die Bretter mit dem Zirkel von der rechtwinkligen Kante nach vorne markiert; Das vordere Schneidebrett wird an den Zirkellöchern platziert und erneut in die Presse eingesetzt, wobei das vordere Schneidebrett oder die Kufe auf gleicher Höhe mit der Wange der Presse liegt und das hintere Brett etwas höher ist, um den Pflug zu ermöglichen -Messer, um dagegen zu schneiden. Der grobe Teil wird mit dem Pflug wie nachstehend beschrieben abgeschnitten, mit dem Unterschied , dass der Arbeiter beim Zuschneiden von Pappen in seine Richtung schneidet. Dann werden die Bretter aus der Presse genommen, das Quadrat auf den Kopf gelegt und mit der Spitze eines Bodkin markiert; dies wird auf die gleiche Weise abgeschnitten. Dann wird das Volumen geöffnet und untersucht, um ein Blatt von durchschnittlicher Länge zu finden, das gemessen wird, indem man den Daumen der linken Hand an die Kante des Kopfes legt und eine der Spitzen des Zirkels dagegen anlegt, während man das Blatt trägt der andere so weit über das Ende des Blattes hinaus, dass das Quadrat der Bretter am Schwanzende möglich ist; und wenn das Volumen für einen Teil des Quadrats an der Spitze groß ist, wird der überflüssige Teil mit dem Pflug abgeschnitten. Bei der Größenbestimmung muss der Handwerker grundsätzlich bedenken , dass jedes Buch so groß wie möglich geschnitten werden sollte, damit er nicht in den Verdacht gerät, mehr auf den Rasiertopf als auf seinen Ruf als Buchbinder zu achten. Unter den frühen Buchbindern ist De Rome für sein gnadenloses Zuschneiden bekannt. Aber nur wenige Bände haben die Integrität ihrer Ränder bewahrt, nachdem sie der grausamen Behandlung seines Stahls ausgesetzt waren. Ein Volumenschnitt im Druck soll ausbluten; Achten Sie daher darauf, die geringste Annäherung an die Begehung eines solchen Vandalismus-Aktes zu vermeiden. Nachdem die Rückseite, die Vorderseite, der Kopf und der Schwanz der Bretter zurechtgelegt wurden, werden sie mit der linierten Seite des Bretts neben das Buch gelegt, um das Buch vorzubereiten

EINSCHNÜREN.

Anschließend wird jedes Brett mit einem Bodkin gegenüber den Slips markiert, die eingeschnürt werden sollen. Dann wird ein Loch in vertikaler Position durch das Brett gebohrt und ein weiteres auf die gleiche Weise in der Nähe des ersten gedreht. Die oben geklebten und eingeführten Bänder werden durch das andere Loch zurückgeführt, und wenn sie festgezogen werden, stehen die Bretter zwangsläufig senkrecht zur Rückseite und werden in der Nut festgehalten. Nachdem man die Enden der Schnüre in der Nähe der Spitzenlöcher abgeschnitten hat, müssen sie gut und gleichmäßig in das Brett geschlagen werden, indem man den unteren Teil auf ein Eisen (das so genannte *Schlageisen*) legt, das am Ende der Legepresse befestigt ist und oben mit dem Hinterhammer schlagen.

Wenn es gewünscht ist, dass die Bänder im Inneren nicht zu sehen sind, kann das Loch so vertikal gemacht werden, dass durch Einsetzen des Bodkin auf der anderen Seite eine weitere Kante in entgegengesetzter Richtung zur ersten hergestellt werden kann , und das Band, der in diesem einen durchgehenden Loch passiert, ist darunter nicht zu sehen. Die Gefahr, dass es herausgerissen wird, ist jedoch ein Einwand, und aus diesem Grund ist die übliche Methode mit Vorsicht beim Niederschlagen vorzuziehen.

Nachdem die Riemchen gut angeschlagen wurden, muss die Rundheit der Rückseite überprüft und jede spürbare Verdrehung mit dem Hinterhammer korrigiert werden. Dann muss ein Stück glattes Blech, das größer als das Volumen ist, zwischen jedes Brett und das Buch gesteckt werden, wobei eine Kante des Blechs bis zur Verbindungsstelle voll sein muss. Anschließend wird das Volumen mit der Fuge zwischen Pressbretter gelegt und in die Standpresse gelegt, die fest und gleichmäßig festgeschraubt werden muss. Stewarts Doppelschnecken-Stehpresse aus Eisen ist für diesen Zweck gut geeignet und wird sehr allgemein verwendet. Nach dem Festschrauben der Presse wird die Rückseite des Bandes dann mit dünner Paste angefeuchtet, je nach Festigkeit der Naht und des Buches gerieben und geschabt und schließlich mit Papierspänen glatt gerieben und trocknen gelassen möglichst lange in der Presse. Bei einem großen Volumen ist es üblich, etwas Kleber auf die Rückseite aufzutragen. Beim Herausnehmen aus der Presse müssen die Bretter von den Vorsatzpapieren, an denen sie haften , gelöst werden , damit sie sich beim Schneiden frei auf und ab bewegen können.

DIE KANTEN SCHNEIDEN.

unangenehmes Erscheinungsbild ergibt . Es müssen alle Vorsichtsmaßnahmen getroffen werden, um sicherzustellen, dass das Volumen perfekt rechtwinklig geschnitten wird. Das Vorderbrett ist gerade so weit vom Kopf heruntergezogen, dass das Messer beim Schneiden darauf arbeiten kann. Ein Stück Trindle wird zwischen dem Band und der Rückwand eingefügt, damit die Messerspitze gegenschneiden kann. Der Band wird dann mit der Rückseite zum Arbeiter auf ein Schneidebrett in der linken Hand gelegt; Die *Kufe* oder das glattkantige Brett wird dann auf der anderen Seite mit der rechten Hand gerade und rechtwinklig zur Kante des Fräsbretts befestigt und das Ganze, mit der linken Hand festgehalten, in die Schneidpresse gegeben . auf die Höhe der rechten Wange derselben, wobei darauf zu achten ist, dass das Volumen senkrecht zu den Wangen der Presse hängt. Nachdem er mit dem Stift festgeschraubt ist, nimmt der Arbeiter den Pflug mit der rechten Hand am Kopf der Schraube, legt ihn auf die Nut der Presse und beginnt mit dem Schneiden des Buches, wobei er das andere Ende der Schraube festhält Mit der linken Hand führt er das Messer schrittweise durch das Buch, indem er die Schraube beim Schneiden vorsichtig dreht. Dies sollte nur in eine Richtung erfolgen, nämlich wenn die Arme vom Körper entfernt werden. Der Pflug muss fest in der Nut oder den Führungen der Presse gehalten werden, um zu verhindern, dass das Messer springt oder die Kanten ungleichmäßig schneidet; und sollte festgestellt werden, dass das Messer nach oben oder unten läuft, muss der Fehler dadurch behoben werden, dass etwas von dem Papier oder den Brettern entfernt wird, die unter dem Messer liegen, wo es am Pflug befestigt ist. Wenn es nicht erforderlich ist, das Messer mit dem Pflug in Einklang zu bringen, muss ein Stück auf die Seite des *Bolzens gelegt werden* , die für den Defekt erforderlich ist. Nachdem der Kopf abgeschnitten wird, wird der gleiche Vorgang für den Schwanz wiederholt.

Beim Schneiden der Vorderkante ist große Vorsicht geboten. Markieren Sie das Buch mit einem Bodkin auf dem vorstehenden Teil der Vorsatzblätter und auf jeder Seite, am Kopf- und Fußende, in der Nähe der quadratischen Seite der Bretter, und zeichnen Sie eine Linie von einem zum anderen; Legen Sie dann die Bretter offen und führen Sie an jedem Ende des Bandes unter der Rückseite ein Trindle ein , um die Runde herauszuwerfen. Wickeln Sie dann ein Stück feine Kordel mehrmals rund um den Kopf bis zum Schwanz, um zu verhindern, dass die Blätter zurückkommen, nachdem der Rücken flach gemacht wurde, und um die Rinne an der Vorderkante zu bilden. Wenn das erledigt ist, klopfen Sie die Rückseite flach auf die Presse und legen Sie eines der Schneidebretter an das Ende des Buches, gerade mit der zuvor gemachten Linie; Drehen Sie es und platzieren Sie den Läufer so weit unterhalb der Linie auf der Titelseite, wie es für das Quadrat an der Vorderkante zulässig ist. Nimmt man das Ganze in die linke Hand, muss das Volumen untersucht werden, um eventuelle Mängel zu beheben, falls es auf beiden Seiten nicht regelmäßig und gleich ist, und dann in die Presse gelegt werden, wobei der Läufer wie zuvor auch mit der rechten Wange versehen ist, wobei darauf zu achten ist, dass er erhalten bleibt Das andere Brett ragt über die linke Seite hinaus und entspricht dem vorn erlaubten Quadrat, so dass beim Durchschneiden die Vorderkante mit den Brettern auf beiden Seiten ebenso rechtwinklig sein kann. Nachdem die Vorderkante abgeschnitten ist, wird die Schnur abgenommen, die Rückseite nimmt wieder ihre kreisförmige Form an und die Kante weist infolgedessen ein gerilltes Aussehen auf, das den Uneingeweihten rätselt, herauszufinden, wie es hergestellt wird. Die oben beschriebene Methode nennt sich „Bretter einschneiden" und ist allen anderen überlegen.

Für den jungen Arbeiter ist es von größter Bedeutung, dass er bei allen seinen Tätigkeiten ein methodisches System verfolgt und sich aneignet. Wählen Sie selbstverständlich die beste Methode und halten Sie sich dann daran. Führen Sie einen bestimmten Vorgang nicht jedes Mal auf eine andere Art und Weise durch. Zum Beispiel: Wenn Sie Ihre Bücher zurücklegen oder aufschlagen, ist es besser, immer den Kopf zu sich selbst zu haben; beim Schneiden von Kopf und Schwanz, damit der Rücken Ihnen am nächsten liegt. Wenn Sie Ihre Arbeit niederlegen, tun Sie dies immer auf eine Art und Weise. Wählen Sie diesen Weg, um ihn am bequemsten wieder aufzunehmen. Durch die Unaufmerksamkeit gegenüber diesen Einzelheiten, durch unnötige Handhabung und verwirrte Arbeitsweise kann viel Zeit verschwendet werden. Man wird feststellen, dass die besten und zügigsten Arbeiter diejenigen sind, die ihre Arbeit systematisch erledigen. Beim Abschied aus dieser Abteilung lautet unsere Abschiedsermahnung an den jungen Arbeiter: STREBEN SIE NACH HÖCHSTLEISTUNGEN . Geben Sie sich nicht damit zufrieden, wenn Ihre Arbeit einfach vorübergeht, und sagen Sie sich: „Oh, das ist gut genug!" Wenn es Ihnen möglich ist, es besser zu machen, ist es nicht gut genug. Setzen Sie sowohl Ihr Denkvermögen als auch Ihre körperlichen Kräfte ein, damit Sie nicht in einer bloßen Maschine versinken. Stellen Sie sich bei der Durchführung eines Prozesses die Frage: „Warum wird dies getan? Was ist der Zweck? Kann der Prozess verbessert werden?" Sie werden feststellen, dass die Hand ein geeignetes Instrument des Geistes und Willens ist und dass Sie schnell als intelligenter Arbeiter anerkannt werden. Habe zumindest so viel Ehrgeiz.

Der nächste Prozess, den das Volumen durchlaufen muss, ist das Vergolden oder Färben

DIE KANTEN.

Färben der Ränder mit einer Farbe , gleichmäßiges Bestreuen, Marmorieren und Vergolden; und der Verzierungsstil dieser Beschreibung muss von dem für die Arbeit erlaubten Preis abhängen und wird je nach Geschmack des Arbeiters und Wunsch des Arbeitgebers variieren.

VOM FÄRBEN UND BESTREULEN.

Die am häufigsten verwendeten Farben sind Braun und Rot, für deren Zubereitung es notwendig ist, sie in sehr feinem Wasser auf einer Platte mit einem Mahlwerk zu mahlen. Anschließend wird jede Farbe in eine separate Vase gestellt und mit etwas Paste und Wasser auf die richtige Gebrauchskonsistenz gemischt. Um einen besseren Rand zu erzielen, können zwei Tropfen Öl und etwa die gleiche Menge Essig und Wasser mit der Paste vermischt werden.

Um die Ränder gleichmäßig zu färben , müssen die Bretter am Kopfende des Bandes mit den Rändern glatt geschlagen werden und das Buch muss auf der Kante der Presse oder des Tisches liegen; Halten Sie dann das Buch mit der linken Hand fest und tragen Sie die Farben mit einem kleinen Schwamm oder Pinsel gleichmäßig auf den Rand auf, wobei Sie in der einen Richtung nach hinten und in der anderen Richtung zum Zwischensteg vorgehen, um zu vermeiden, dass sich eine Farbmasse festsetzt im Winkel der Vorderkante. Nachdem dies geschehen ist, sind die anderen Teile ähnlich gefärbt , wobei die Vorderkante von den Brettern freigelegt und eine Kufe darüber festgehalten wird, um zu verhindern, dass die Farbe in das Buch eindringt. Man erkennt, dass ein Dutzend Bände gleichzeitig erstellt werden können, wobei kaum mehr als die zusätzliche Mühe erforderlich ist, sie übereinander zu platzieren. Zur weiteren Sicherheit und um ein Eindringen der Farbe in die Bücher zu verhindern, empfiehlt es sich, diese in die Legepresse zu legen und mäßig fest zu verschrauben. Tatsächlich muss dies für jede gute Arbeit getan werden.

Beim Streuen ist es üblich, mehrere Bände mit einem Brett auf jeder Seite der äußeren Bücher zusammenzubinden oder sie zuerst mit den Köpfen nach oben in die Legepresse zu legen; Dann mit einem großen Pinsel, ähnlich einem Malerpinsel, in die gewünschte Farbe tauchen und mit der Drucknadel gut über den Topf schlagen, bis der Spritzer fein wird und die Ränder bedeckt sind. Halten Sie die Nadel und den Pinsel ausreichend über dem Buch, und besprühen Sie den Rand, indem Sie zunächst leicht und dann stärker klopfen , wenn der Pinsel weniger mit Farbe aufgeladen ist . Dabei ist darauf zu achten, dass die Flecken so fein wie möglich sind, damit die Streuung dadurch schöner wird .

Die sauberste Methode und gleichzeitig die sicherste Methode zur Erzeugung feiner Streusel ist die Verwendung eines Drahtsiebs und einer steifen Bürste, etwa einer Schuhbürste. Das Sieb sollte eine ovale Form haben, mit einem sehr dicken Draht, der um den Rand herum verläuft, bis sie sich treffen, und dann etwa einen Fuß aus dem Sieb herausragt, um einen Griff zu bilden, wobei das Ganze in seiner Form ein wenig dem von Ballspielern verwendeten Schläger ähnelt. Für das Sieb eignet sich am besten feiner Messingdraht. Der Draht sollte etwa einen Viertel Zoll voneinander entfernt sein. Nachdem alles fertig ist, tauchen Sie den harten Pinsel in die Farbe , legen Sie das Sieb über die Pfanne und reiben Sie mit dem Pinsel darüber, um die überschüssige Farbe zu entfernen , die in die Pfanne tropfen wird. Klopfen Sie dann alle am Sieb haftenden losen Farben ab. Halten Sie dann das Sieb über die Bücher und reiben Sie mit der Bürste über die Drähte, zunächst leicht und dann stärker, wenn die Bürste die Farbe verliert . Die Farbe wird wie ein feiner Nebel herabsteigen, und der am Rand erzeugte Effekt kann mit der alten Methode nicht erreicht werden. Manchmal werden mehrere Farben mit sehr ansprechender Wirkung verwendet; Einige dieser Kombinationen werden beschrieben, und viele andere werden dem Handwerker je nach Geschmack leicht in den Sinn kommen.

FARBEN.

Von den oben angegebenen Pflanzenfarben und Ockerfarben, den Mischanweisungen, ist es nur notwendig, die am meisten zugelassenen und am häufigsten verwendeten Substanzen im Einzelnen zu benennen. Die flüssigen erfordern eine ausführlichere Beschreibung.

BLAU. — Indigo und Preußischblau, mit Weißfärbung für hellere Farbtöne.

GELB. – Holländisches Rosa, Königsgelb und gelbes Orpine.

BRAUN. – Umber, über dem Feuer verbrannt.

ROT. -Zinnober; oder Oxford-Ocker, in einer Pfanne gebrannt.

ROSA. - Rosa; Um es heller zu machen, fügen Sie See hinzu.

GRÜN. — Die erste und die zweite Farbe werden zu einem beliebigen Farbton gemischt.

Die flüssigen oder Spiritusfarben eignen sich am besten, da die Kanten nicht reiben, was bei allen anderen Farben wahrscheinlich der Fall ist. Einige der Belege sind bekannt; Da es jedoch notwendig ist, eine getreue Darstellung der Kunst zu liefern, werden die gesamten verwendeten Farben und Zubereitungsarten vorgestellt.

BLAU.

Zwei Unzen bestes Indigo, fein pulverisiert, gemischt mit einem Teelöffel Salzspiritus und zwei Unzen bestem Vitriolöl. Geben Sie das Ganze in eine Flasche, lassen Sie es sechs bis acht Stunden lang in kochendem Wasser stehen und mischen Sie es nach Bedarf mit Wasser, bis der gewünschte Farbton erreicht ist.

GELB.

Französische Beeren, Safran oder Faustic -Chips. Mit einer kleinen Portion Alaun kochen; abseihen und zur Verwendung in eine Flasche füllen.

GRÜN.

Die beiden oben genannten Farben ergeben ein hervorragendes Grün, wenn sie in den Proportionen entsprechend dem gewünschten Farbton verwendet werden. Ein weiteres Grün kann durch Kochen von vier Unzen Grünspan und zwei Unzen Weinstein hergestellt werden, bis eine gute Farbe entsteht.

ORANGE.

Zwei Unzen brasilianischer Staub, eine Unze zerdrückte französische Beeren und etwas Alaun. In Wasser aufkochen und abseihen.

ROT.

Brasilienstaub, ein halbes Pfund; Alaun, zwei Unzen, gut gepulvert; in einem Pint Essig und einem Pint Wasser gekocht, bis ein Pint erreicht ist. Abseihen und in Flaschen abfüllen. Die jetzt im Trend liegenden roten Ränder bestehen aus Zinnoberrot, gemischt mit Pergamentleim. Die bessere Klasse wird vor dem Färben geschabt und anschließend brüniert.

LILA.

Scheitholzspäne im Verhältnis von einem halben Pfund zu zwei Unzen Alaun und ein kleines Stück Copperas, gekocht in drei Pinten weichem Wasser, bis es auf ein Drittel reduziert ist, ergeben ein gutes Purpur.

Brasilstaub, der Einwirkung von starkem Kaliwasser ausgesetzt, ergibt ein gutes Purpur für den sofortigen Gebrauch, bleibt aber nicht erhalten.

BRAUN.

Ein Viertel Pfund Scheitholz und die gleiche Menge französischer Beeren wurden zusammen gekocht. Wenn Sie einen dunkleren Farbton wünschen, fügen Sie etwas Kupfer hinzu. Einfache braune Ränder werden mit gebranntem Umbra hergestellt, auf die gleiche Weise wie für rote Ränder beschrieben.

Mit diesen Farben lassen sich Buchkanten in nahezu unendlich vielen Mustern bestreuen. Ein paar werden gegeben; Denn obwohl ausgefallene Streusel selten verwendet werden, wenn der Binder die Ränder zusätzlicher Bücher marmorieren kann, werden sie für diejenigen von Nutzen sein, die das Marmorieren an Stellen, an denen es für eine kleine Anzahl von Büchern vorhanden ist, als Arbeit mit zu großem Vorbereitungs- und Kostenaufwand für eine kleine Anzahl von Büchern empfinden würden kein Marmorierer .

REISMARMOR.

Dieses Muster hat seinen Namen von der Verwendung von Reis; aber Leinsamen oder Semmelbrösel erfüllen den gleichen Zweck. Der Reis wird nach Lust und Laune auf den Rand des Buches gelegt und der Rand mit einer beliebigen Farbe bestreut, so dass der Reis Leerstellen bildet. Der Rand kann vorher vollflächig eingefärbt oder mit einem helleren Farbton bestreut werden.

WEISSER FLECK.

Nehmen Sie weißes Wachs und schmelzen Sie es in einem Topf. dann mit einem Pinsel etwas auf den Rand des Buches werfen; Wenn es ausgehärtet ist, färben Sie den Rand mit einem Schwamm. Nehmen Sie das Buch und klopfen Sie es zwei- oder dreimal kräftig auf das Ende der Presse, bis das Wachs abfliegt und ein schöner weißer Fleck zurückbleibt. Dieses Muster kann stark variiert werden, indem man zwei oder drei Farben verwendet oder den Rand vor dem Auftragen des Wachses bestreut und danach noch einmal mit anderen Farben bestreut .

Konsistenz vermischter Wittling erfüllt nahezu denselben Zweck und ist kostengünstiger als Wachs.

AUSGEZEICHNETER MARMOR.

Nehmen Sie eine kleine Portion Rosa, Grün oder eine andere Pflanzenfarbe und mahlen Sie sie mit dem Mixer gut auf der Platte, bis ein feines Pulver entsteht. Bereiten Sie eine Schüssel oder ein anderes Gefäß vor, das groß genug ist, um die Vorderkante des Buches aufzunehmen, und das mit klarem Wasser gefüllt ist. Dann mische mit dem *Spachtel* einen Teil der Farben mit Weingeist, trage mit dem Messer etwas davon in die Mitte des Gefäßes und lasse es allmählich auf die Wasseroberfläche fließen. Der Geist des Weins wird dazu führen, dass er sich in einer Vielzahl angenehmer Formen ausbreitet, wenn der Rand des Buches auf die gleiche Weise wie zum Marmorieren eingetaucht werden muss, und ein sehr schönes Muster wird zu geringen Kosten erzeugt, da keine Farbe mehr vorhanden ist muss jedes Mal gemischt werden als gewünscht.

GOLDSTREUER.

Nachdem die Kanten des Buches mit einer der oben beschriebenen Farben befleckt wurden , kann ein guter Effekt durch Besprühen mit einer Goldflüssigkeit erzielt werden, die auf folgende Weise hergestellt wird: Nehmen Sie ein Buch aus Gold und eine halbe Unze Honig und reiben Sie es ein sie zusammen in einem Mörser zerstoßen, bis sie sehr fein sind; Fügen Sie dann einen halben Liter klares Wasser hinzu und vermischen Sie alles gut. Nachdem das Wasser klar geworden ist, gieße es ab und gib mehr hinein, bis der gesamte Honig herausgezogen ist und nur noch das Gold übrig bleibt. Mischen Sie ein Körnchen ätzendes Sublimat mit einem Teelöffel Weingeist, geben Sie es nach dem Auflösen mit etwas dickflüssigem Gummiwasser zum Gold und füllen Sie es in Flaschen ab, wobei Sie es vor dem Gebrauch immer gut schütteln. Nach dem Trocknen die Kante polieren und mit Papier abdecken, bis die Arbeit abgeschlossen ist.

Marmorierung.

Marmorieren ist eine Kunst, die darin besteht, bestimmte Muster und Effekte mithilfe von Farben zu erzeugen , die so vorbereitet sind, dass sie auf einer schleimigen Flüssigkeitszubereitung schwimmen, bestimmte antagonistische Eigenschaften gegenüber den zu diesem Zweck hergestellten Farben besitzen und die Farben , wenn sie so zubereitet werden, Schwebende und auf der Oberfläche der Flüssigkeit zu Mustern geformte Teilchen werden entfernt, indem man ein Stück oder ein Blatt Papier darauf legt oder die glatt geschnittenen Kanten eines Buches darin eintaucht.

Es ist ein Prozess, der nicht ganz einfach zu beschreiben ist; Und doch erscheint für jeden, der es zum ersten Mal sieht, nichts einfacher oder einfacher in der Ausführung. Dennoch gibt es viele Schwierigkeiten; und je länger jemand sie praktiziert , desto mehr wird er davon überzeugt sein, dass es noch viele weitere Entdeckungen zu machen gibt, bevor die Kunst zu irgendeiner Perfektion gebracht werden kann oder Effekte erzielt werden kann, die mit der Sicherheit erzielt werden können, die sich der Handwerker nur wünschen kann. Kurz gesagt, es steckt noch in den Kinderschuhen.

Wann die Kunst zum ersten Mal entdeckt wurde und von wem oder in welcher Stadt oder in welchem Land sie erstmals ausgeübt wurde , lässt sich kaum bestimmen. Es wird angenommen, dass wir seinen Ursprung nicht weiter zurückverfolgen können als bis zum Beginn des 17. Jahrhunderts, und dass Holland die Ehre hat , der Geburtsort der Kunst zu sein — der altniederländischen und einiger gezeichneter und antiker Muster, mit Stormont und anderen Flecken und gilt als das originellste.

Vor vielen Jahren wurde dieses alte holländische Papier in der Größe eines Narrenpapiers nach England importiert, um kleine Pakete mit holländischem Spielzeug gewickelt und so zollfrei eingeführt. Als es abgenommen wurde, wurde es sorgfältig geglättet und zu einem hohen Preis an Buchbinder verkauft, die nur für bessere Arbeiten verwendet wurden. Tatsächlich war die Auswahl so groß, dass man in einigen alten Büchern noch immer die Innenauskleidung sehen kann, die aus sorgfältig zusammengefügten Teilen besteht. Leider ist seitdem etwas von der Kunst verloren gegangen, denn sowohl die Farben als auch die Ausführung einiger dieser alten Exemplare übertreffen bei weitem die besten Bemühungen der berühmtesten modernen Marmorierer .

Es wird jedoch vorgeschlagen, so klar und kurz wie möglich zu zeigen, wie es heutzutage von den besten englischen Arbeitern durchgeführt und praktiziert wird, und die verschiedenen Prozesse so zu beschreiben, dass es jedem Einzelnen, der über eine verfügt, möglich ist gemeinsamer Anteil an Verständnis und Urteilsvermögen, es selbst zu tun; und wo es zwei Möglichkeiten gibt, wird beschrieben, welche Erfahrung sich als die einfachste und beste erwiesen hat.

Bei der Beschreibung eines Musters wird davon ausgegangen, dass es ausreicht, alle Muster derselben Klasse einzuschließen oder auf die gleiche

Weise ausgeführt zu werden, obwohl unterschiedliche Farben verwendet werden können. Beispielsweise kann ein Braun beschrieben werden, und Grün, das hinsichtlich der Mischung und Verarbeitung der Farben in jeder Hinsicht gleich ist , kann an die Stelle des Brauns gesetzt werden; und so im Hinblick auf andere Farben .

FARBEN.

Die zum Marmorieren erforderlichen Farben sind die gleichen, die normalerweise für die Öl- und Leimfarbenmalerei verwendet werden. Sie sollten in trockenem Zustand, so wie sie produziert bzw. verarbeitet werden, beschafft und vom Marmorer selbst gemahlen werden. Eine Liste ist beigefügt:

ROT.

Drop Lake.

Pfirsichholzsee.

Zinnober.

Rosa.

Oxford Ocker, gebrannt.

BLUES.

Indigo.

Chinesisches Blau.

Ultramarin.

Preußischblau.

GELB.

Zitronenchrom.

Niederländisches Rosa.

Oxford Ocker, Roh.

SCHWARZ.

Gemüselampe-Schwarz.

Drop Elfenbein-Schwarz.

BRAUN.

Truthahn-Umbra gebrannt.

ORANGE.

Orangefarbenes Blei .

Orangefarbenes Chrom.

WEISS.

China-Ton.

Pfeifenton.

Flockenweiß.

Paris Weiß.

TROPFENSEE.

Dies ist der schönste, aber teuerste aller Rottöne und wird nur für Buchkanten und die anspruchsvollsten Arbeiten verwendet. Es gibt verschiedene Schattierungen dieser Farbe , nämlich Scharlach, Purpur und Lila. Das Scharlachrot ist das teuerste, sieht an den Rändern am besten aus und besitzt einen Glanz, den keine andere Farbe hervorbringen kann. aber es gibt eine große Menge eines sehr minderwertigen Tropfensees, der für einen Marmorierer überhaupt keinen Nutzen hat , denn wenn er bearbeitet wird, stellt sich heraus, dass er keinen Körper besitzt.

Um festzustellen, ob der Artikel, den Sie kaufen möchten, geeignet ist, nehmen Sie ein Stück Farbe , zerbrechen Sie es und legen Sie den zerbrochenen Teil auf die Zunge. Wenn es auf der Zunge haften bleibt , ist es sehr zweifelhaft, ob es ausreicht; aber wenn es die Feuchtigkeit ohne Neigung zum Anhaften hält, kann es mit besseren Erwartungen versucht werden. Dieser Farbstoff wird in Form von kleinen Zapfen oder Tropfen verkauft, von denen er seinen Namen hat, und ist ein Präparat aus Cochenille; Daher hängt sein Wert stark vom Preis dieses Artikels ab.

ZINNOBER.

Diese Farbe wird aufgrund ihres großen spezifischen Gewichts nur selten und selten ohne Kombination mit einer anderen Farbe verwendet . Es handelt sich um ein Quecksilberpräparat, und obwohl es nominell einen viel niedrigeren Preis als Seesalz hat, aber so wenig davon in ein Pfund gelangt, ist es fast so teuer wie dieser Artikel.

ROSA.

Dies ist eine sehr nützliche, wenn auch häufig vorkommende Farbe . Es besteht aus mit Brasilholz gefärbter Kreide oder Wittling; Daher handelt es sich um eine sogenannte flüchtige Farbe , bei der das Rosa sehr schnell verblasst, wenn es der Atmosphäre oder Hitze ausgesetzt wird. In Kombination mit Indigo oder etwas chinesischem Blau ergibt es ein gutes Lila.

GEBRANNTER OCKER.

Diese Farbe wird in ihrem ursprünglichen Zustand aus Erdgruben in der Nähe von Oxford gewonnen; daher wird es Oxford-Ocker und manchmal auch Stein-Ocker genannt. Es handelt sich tatsächlich um eine Art Ton, der, wenn er glühend heiß wird, eine Art rote Farbe annimmt . Es ist eine der nützlichsten Farben und wird aufgrund des niedrigen Preises häufig verwendet. Mit etwas Schwarz ergibt es ein gutes Braun; mit etwas Blau oder Indigo ergibt es ein gutes Oliv; oder es handelt sich um eine gute Farbe , die allein verwendet wird und sich nicht ändern kann.

HOLZSEE.

Dabei handelt es sich um ein Präparat aus Pfirsichholz, das erst in den letzten Jahren der Aufmerksamkeit der Marmorierer bekannt wurde . Es wird in Birmingham hergestellt. Diese Farbe stellt eine Ausnahme von der Regel dar, da sie im Brei oder feuchten Zustand verkauft wird und gemischt und sogar ohne Mahlen verwendet werden kann, da sie fast ausschließlich zum Marmorieren verwendet wird. Es ist das beste Rot, das für allgemeine Zwecke verwendet werden kann und in puncto Aussehen dem Tropfensee am nächsten kommt.

CHINESISCHES BLAU.

Dies ist eine sehr schöne, aber nicht sehr haltbare Farbe . Es ist jedoch für den Marmorierer fast unverzichtbar , da es durch die Zugabe bestimmter Weißanteile nahezu jeden Blauton erzeugen kann. Diese Farbe erfordert, wie alle Blautöne, eine besonders gute Grundierung. An manchen Orten wird es auch im breiigen oder feuchten Zustand verkauft. Es sind einige sehr gute feuchte Blues entstanden.

INDIGO.

Diese Farbe ist ein äußerst wertvoller Artikel, auf den man unter keinen Umständen verzichten kann. Es ist zu bekannt, als dass es einer Beschreibung bedarf. Obwohl es sich nicht um eine leuchtende Farbe handelt, ist es eine der langlebigsten und für das Mischen und Erzeugen dauerhafter Grün- und Purpurtöne von unschätzbarem Wert. Ohne es kann auch kein gutes Schwarz erzeugt werden. Es sollte jedoch darauf geachtet werden, dass es sich um die beste Qualität handelt.

ULTRAMARIN.

Dies ist eine sehr schöne Farbe , die jedoch sehr sparsam verwendet werden muss, da sie weder glasiert noch irgendeine Art von Politur annimmt und immer zum Abfärben neigt. Die derzeit allgemein gebräuchlichen Sorten sind die französische und die deutsche, wobei der Originalartikel für diese Art von Arbeit viel zu teuer ist.

PREUSSISCHBLAU.

Diese Farbe wurde in letzter Zeit fast vollständig durch das chinesische Blau ersetzt, das eine viel hellere Farbe ist , während Preußischblau dunkler und schwerer aussieht und eine sehr schlechte Farbe für Glasuren ist.

NIEDERLÄNDISCHES ROSA.

Dies ist eine häufige, aber sehr nützliche Farbe . Es handelt sich um ein Präparat aus Wittling und Querzitronenrinde und wird zur Herstellung von Grünpflanzen verwendet, da keine andere Farbe diesen Zweck so gut erfüllt. Es ist auch sehr nützlich beim Mischen mit Chrom, um die verschiedenen erforderlichen Gelbtöne zu erzeugen.

CHROM.

Es gibt verschiedene Farbtöne, die von einer hellen Zitronenfarbe über ein tiefes Orange bis hin zu einem Rot reichen. Es ist eine nützliche Farbe ; Aber wenn Sie es nicht echt haben, ist es sehr schwierig, es richtig zum Laufen zu bringen.

ROH Ocker,

Oder Oxford-Ocker in seinem Heimatstaat. Dies kann in bestimmten Anteilen zur Herstellung von Olivtönen in Kombination mit holländischem Rosa und Blau oder Schwarz verwendet werden. In kleinen Mengen eignet es sich auch zum Mischen mit Gelb, wenn es zum Auslaufen neigt, da diese Farbe sehr klebend ist.

TROPFEN ELFENBEIN-SCHWARZ.

Diese Farbe kann alleine nicht gut verwendet werden. Es kann daher nur als Hilfsmittel für andere bezeichnet werden.

PFLANZLICH-SCHWARZ.

Hierbei handelt es sich um eine hochwertigere Art von Lampenruß, der jedoch aus pflanzlichen statt tierischen Stoffen hergestellt wird. Es ist überraschend leicht, kann nicht allein verwendet werden und ergibt kein Schwarz zum Marmorieren, außer in Kombination mit dem doppelten Gewicht an gutem Indigo.

Truthahnumbra, verbrannt.

Diese Farbe erzeugt ein sehr gutes Braun, ist jedoch nicht erforderlich, wenn Sie den gebrannten Oxford-Ocker haben, da mit Hilfe dieser Farbe und etwas Indigo und Schwarz jeder Braunton erzeugt werden kann.

ORANGE LEITUNG .

Dies ist eine sehr kräftige Farbe und wird, abgesehen von den Rändern von Geschäftsbüchern, nur wenig verwendet.

WEISS.

Hierzu wird ein Artikel namens China Clay verwendet; für einige Zwecke auch der gewöhnliche Pfeifenton.

GUMMI.

Von allen Gummiarten gibt es nur eine, die für den Marmorierer von Nutzen ist , und zwar Tragantgummi oder Drachengummi. Bei der Auswahl dieses Artikels kann man nicht allzu viel Sorgfalt walten lassen, da ein großer Teil der Qualität der Arbeit davon abhängt. Es sollte groß, weiß und schuppig sein. Gelegentlich findet man einige sehr gute kleine weiße Flocken; Aber das in dunkelbraunen Klumpen soll sofort abgelehnt werden, egal zu welchem Preis es angeboten wird. Wenn es überhaupt verwendet würde, wäre es nur für die gängigsten Arbeiten geeignet; Aber in Wirklichkeit gibt es bei einem minderwertigen Artikel keine Ersparnis, da ein Pfund einer wirklich guten Sorte so weit reicht wie zwei Pfund einer schlechten Sorte und zu einem weitaus zufriedenstellenderen Ergebnis führt. Guter Kaugummi sollte sich in kaltem Wasser auflösen; Es muss mindestens 48 Stunden lang eingeweicht werden und in regelmäßigen Abständen gut umgerührt werden. Bei manchen Zahnfleischarten dauert es jedoch länger, bis sie sich auflösen. Gutes Gummi ergibt eine glatte Oberfläche, schlechtes Gummi führt jedoch oft zu einer rauen, was dem Zweck abträglich ist. Wiederum werden einige eine glatte

Oberfläche ergeben und dennoch keine Festigkeit besitzen; Die Farben werden gut darauf fließen und sich richtig formen, und wenn das Papier abgenommen wird, wird es zunächst sehr schön aussehen, aber wenn man es fünf oder zehn Minuten nach dem Aufhängen betrachtet, erkennt man die Farben weglaufen, was unbeschreiblichen Ärger und Demütigung verursacht.

ANWEISUNGEN ZUR VORBEREITUNG DES GUMMI.

Besorgen Sie sich einen großen Tontopf mit Glasur auf der Innenseite, der acht bis zwölf Gallonen Wasser fassen kann. Geben Sie ein Pfund Tragantgummi hinein und gießen Sie etwa zwei Gallonen weiches Wasser darauf. Rühren Sie es alle paar Stunden mit einem sauberen Birkenbesen um, der speziell für diesen Zweck bereitgestellt wurde, brechen Sie die Klumpen auf und fügen Sie mehr Wasser hinzu, während es dicker wird oder das zuvor hinzugefügte aufnimmt. In etwa achtundvierzig Stunden können Sie es wagen, es zu verwenden; aber zweiundsiebzig Stunden wären besser. Etwas Gummi ist über einen längeren Zeitraum umso besser, da zwar ein beträchtlicher Teil des Gummis aufgelöst werden kann, seine besten Eigenschaften jedoch erst dann entfaltet werden, wenn das Ganze aufgelöst ist. Vor der Verwendung muss es durch ein feines Haarsieb gesiebt werden. Wenn noch Klumpen vorhanden sind, geben Sie diese zurück in die Pfanne, bis sie sich vollständig aufgelöst haben.

AUS LEINSAMEN.

Es ist möglich, einige Muster auf Leinsamenschleim zu marmorieren, aber es ist ein sehr unangenehmes Mittel, mit dem man arbeiten kann und das nie zu einem zufriedenstellenden Ergebnis führen kann. Es wird entweder durch Kochen eines Liters Leinsamen in sechs bis acht Gallonen Wasser oder durch Übergießen des kochenden Wassers über die Leinsamen und Rühren hergestellt, bis die schleimigen Eigenschaften des Samens extrahiert werden. aber es zersetzt sich sehr bald oder verwandelt sich in Wasser.

CARRAGEEN ODER IRISCHES MOOS.

Dies ist ein Artikel, der von einigen verwendet wird und auf den ganz verzichtet werden kann: Es handelt sich nicht um einen notwendigen Artikel. Wenn es verwendet wird, sollte es gepflückt werden (das Weiße ist das Beste) und gut gewaschen werden; Anschließend bei sanfter Hitze ein bis zwei Stunden köcheln lassen, durch ein feines Haarsieb passieren und schon ist es gebrauchsfertig; aber es wird ein Teil der Traganth-Gummilösung nötig sein, um damit viel anfangen zu können.

FLOHSAMEN.

Dies ist ein Artikel, der jedoch kaum bekannt ist, außer denen, die Gelegenheit haben, ihn zu verwenden. Es ist ein kleiner, brauner, harter Samen in Größe, Form und Farbe Es ähnelt stark dem lästigen kleinen Insekt, dessen Namen es trägt und von dem es möglicherweise seine Bezeichnung ableitet. Es produziert einen sehr starken und kraftvollen Schleim – viel stärker als der, der aus Leinsamen gewonnen werden kann; Und was seinen Wert steigert, ist, dass es nicht so schnell seine Kraft verliert oder sich in Wasser verwandelt, sondern mehrere Tage haltbar ist. Mit Gummi gemischt ist es ein großartiger Helfer bei der Herstellung französischer und spanischer Murmeln, ist jedoch ein absoluter Feind von unvergleichlichen und gezeichneten Mustern.

Um es zuzubereiten, geben Sie ein Viertel Pfund Samen in einen Topf, gießen Sie eine Gallone kochendes Wasser darüber, lassen Sie es zehn Minuten lang gut umrühren und lassen Sie es eine halbe Stunde lang stehen; dann rühre es noch einmal zehn Minuten lang um und füge nach einer weiteren halben Stunde eine weitere Gallone kochendes Wasser hinzu und rühre es wie zuvor in Abständen eine Stunde lang um; Lassen Sie es anschließend stehen, damit sich die Samen am Boden der Pfanne absetzen. Wenn es kalt ist, schütten Sie es zum Gebrauch aus dem Deckel ab, dann verträgt der Samen noch mehr kochendes Wasser, wenn auch nicht mehr so viel wie am Anfang. Manchmal liefert der Samen einen dritten Extrakt; Dies muss jedoch durch Ihr Urteilsvermögen entschieden werden, da der Samen, wenn er erschöpft ist, seine zähflüssige Eigenschaft verliert und dann weggeworfen werden muss. Der Samen sollte nach dem Abkühlen niemals umgerührt werden , da er sich setzt, ohne erneut erhitzt oder mit kochendem Wasser versetzt zu werden.

Ochsengalle.

Der sicherste Weg, dieses Produkt echt zu erhalten, besteht darin, es in der Blase zu beschaffen, wenn es dem Tier entnommen wird, sofern Sie einen Metzger kennen, auf den Sie sich verlassen können. Die Galle einiger Tiere ist sehr dick, wird aber nach einiger Zeit dünner, ohne ihre Eigenschaften zu verlieren; Tatsächlich ist es umso besser, Galle aufzubewahren, und ein starker Geruch macht sie nicht schlechter.

WASSER.

Weiches Wasser oder Regenwasser ist, wenn es verfügbar ist, für alle Vorbereitungen beim Marmorieren am besten geeignet.

DER VORBEREITUNGEN ODER FAHRZEUGE, DIE FÜR DIE MARMBIERUNG ERFORDERLICH SIND.

Für spanische, französische, italienische, West-End- und britische Muster ist eine Mischung aus Traganthgummi und Flohsamenschleim im Verhältnis von einem Liter des letzteren zu zwei Gallonen des ersteren erforderlich.

Schlagen Sie alles gut durch, bis es gründlich vermischt bzw. miteinander vermengt ist , passieren Sie es durch ein feines Haarsieb in den Trog und schon ist es gebrauchsfertig.

Für Holländer, Nonpareil, Locken, Antiquitäten und, kurz gesagt, alle Muster, die mit irgendeinem Instrument auf der Präparation im Trog geformt werden müssen, verwenden Sie nichts als die reine Lösung des Gummi-Traganths; Tatsächlich können Sie alle Muster allein darauf marmorieren, so dass Sie, wenn es irgendwelche Schwierigkeiten bei der Beschaffung der anderen Artikel gibt und Sie guten Kaugummi beschaffen können, einige oder alle Muster darauf anfertigen können, obwohl dies bei einigen der Fall ist verbessert durch die Zugabe des Flohsamenschleims.

Da einige Gummiarten stärker sind als andere, ist es kaum ratsam oder möglich, einer bestimmten Menge Wasser ein genaues Gummigewicht zuzuordnen. Dies muss durch Übung und eigenes Urteilsvermögen ermittelt werden. Wenn das Zahnfleisch außerdem nicht ausreichend eingeweicht oder zerschlagen wird, wird es nicht so viel oder so gute Größe ergeben, wie es im richtigen Zustand der Fall wäre. Das Folgende soll Ihnen eine Orientierung geben: Wenn beim Überstreichen der Oberfläche und beim Aufstreuen der Farben diese ihre Form verlieren und sich auf der Lösung zu drehen scheinen, insbesondere in den Ecken des Trogs, ist das ein Zeichen dass es zu dünn ist; Wenn andererseits beim Abstreichen beim Ziehen des Abstreichers ein großer Widerstand auftritt und die Farben beim Aufstreuen platzen und sich lange ausbreiten, ist das ein Zeichen dafür, dass sie zu dick sind; aber ein wenig Übung wird es dem Lernenden bald ermöglichen, sich in dieser Angelegenheit ein richtiges Urteil zu bilden.

DES MAHLENS DER FARBEN.

In diesem Punkt müssen Sie in der Tat sehr genau sein; Denn wenn die Farben nicht fein oder richtig gemahlen sind, kann nicht erwartet werden, dass das Werk gut aussieht. Wenn große Mengen benötigt werden, ist eine Farbmühle die vorteilhafteste Methode; Wenn es sich jedoch um einen kleinen Maßstab oder um Kanten handelt, eignen sich gewöhnlicher Stein und Müller am besten für diesen Zweck. Tatsächlich sollten alle Farben, die für Kanten benötigt werden, ganz besonders gut auf einer Platte gemahlen werden, und zwar mit einem Mahlwerk, wobei die Mühle nicht so fein mahlt wie bei dieser Methode.

Die Farben müssen alle mit einer Zubereitung aus Bienenwachs gemahlen werden, im durchschnittlichen Verhältnis von einer Unze des zubereiteten Bienenwachses zu einem Pfund Farbe . Blau- und Grüntöne erfordern etwas mehr. Dadurch wird verhindert, dass die Farbe auf der Hand abfärbt, und die Hand lässt sich leicht polieren oder glasieren.

ANWEISUNGEN ZUR VORBEREITUNG DES WACHSES ZUM SCHLEIFEN.

Der Versuch, Bienenwachs in seinem ursprünglichen Zustand zu mahlen, wäre eine erfolglose Aufgabe, da es an den Steinen haften bleiben und sich nicht mit den anderen Zutaten verbinden würde. Um dies zu vermeiden, bereiten Sie es folgendermaßen vor: Nehmen Sie zwei Pfund des allerbesten Bienenwachses, geben Sie es in einen irdenen Pipkin und dazu ein Viertel Pfund der allerbesten Kernseife, geschnitten in kleine oder dünne Stücke; Stellen Sie es auf eine mäßige Hitze, und wenn sich Seife und Wachs vollständig aufgelöst haben (aber achten Sie darauf, dass sie nicht kochen), stellen Sie das Pipkin mit der heißen Flüssigkeit auf einen Tisch, nehmen Sie in einer Hand einen Topf mit kaltem Wasser und Rühren Sie das geschmolzene Wachs vorsichtig mit dem anderen um, gießen Sie das Wasser nach und nach unter ständigem Rühren hinein, bis es allmählich dicker wird, bis es sich schließlich kaum mehr rühren lässt. Beim Einfüllen des Wassers ist darauf zu achten, dass es nicht zu heiß wird, da sonst die Gefahr besteht, dass es aus dem Pipkin herausfliegt und den Arbeiter verbrüht. Wenn es richtig gemischt ist, kann es nach dem Abkühlen zwischen Finger und Daumen pulverisiert werden; In diesem Zustand lässt es sich leicht mit der Farbe vermischen oder vermahlen , sollte aber mit der trockenen Farbe eingerieben oder eingearbeitet werden , bevor man sie zum Vermahlen anfeuchtet.

Tröge.

Die Tröge sollten aus Holz sein, am Boden vollkommen flach und glatt sein und ausreichend dick sein, damit sie sich nicht verziehen. Sie sollten innen etwa 5 cm tief und etwa 5 cm größer als das Blatt Papier sein, das Sie marmorieren möchten, sonst werden Ihre Kanten unvollkommen. Auf der rechten Seite sollte eine schräge Trennwand von etwa 7,5 cm vorhanden sein, die sich etwa 2,5 cm unter den Seiten befinden sollte, damit der Abfall darüber abgeschöpft werden kann, ohne dass er über die Oberseite läuft. Das Ganze sollte vollkommen eben und wahr sein; und wenn die Fugen mit weißem Blei verschlossen werden, stellen Sie sicher, dass es ganz trocken und hart ist, sonst wird es die Lösung völlig verderben und das Muster mit Weiß füllen.

FRANZÖSISCHER ODER MUSCHELMARMOR.

Um mit den einfachsten und gebräuchlichsten Arten marmorierter Papiere zu beginnen: Nachdem die Farben richtig gemahlen wurden und der Trog auf einen ebenen Tisch oder eine feste Bank mit geeigneter Höhe gestellt wurde, mit etwas Platz auf jeder Seite, stellen Sie die Töpfe mit den Marmorpapieren auf auf der rechten Seite die Farben und auf der linken Seite das zu marmorierende Papier bzw. die zu marmorierenden Bücher. Lassen Sie in jedem Topf mit den Aderfarben einen kleinen Pinsel und in der letzten oder Körperfarbe einen größeren . Legen Sie einen kleinen Eisenstab oder eine Eisenstange von etwa 30 bis 45 Zentimetern Länge so hin, dass Sie ihn bei Bedarf mit der linken Hand greifen können. Füllen Sie den Trog bis etwa einen halben bis dreiviertel Zoll über dem Rand mit der Lösung aus Tragantgummi und Flohsamen, wie zuvor beschrieben, und fahren Sie mit dem Mischen der Farben fort .

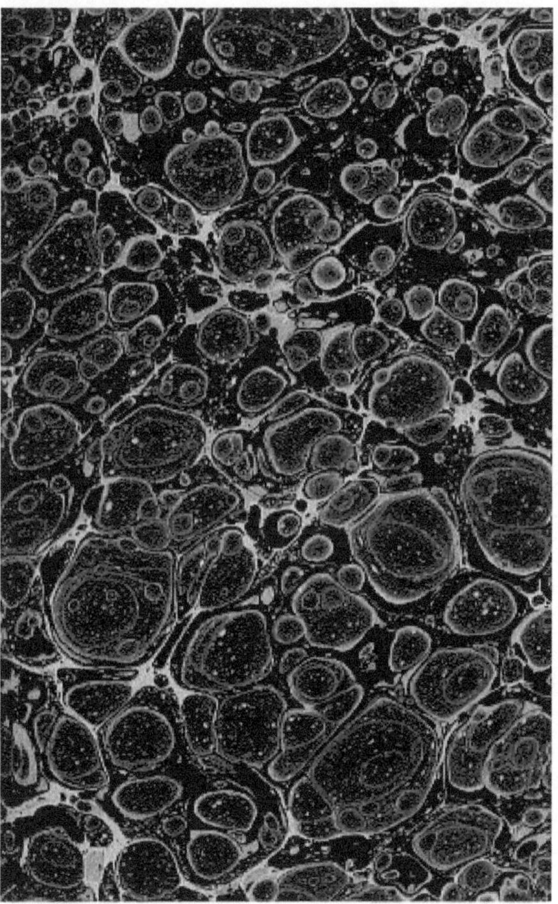

Der Einfachheit halber werden die verschiedenen beschriebenen Muster und verwendeten Prozesse nummeriert.

Nr. 1. – GROẞE BRAUNE SCHALE ODER SCHALE MIT DREI ADERN, NÄMLICH: ROT, GELB UND SCHWARZ.

Mischen Sie Ochsengalle und Wasser im Verhältnis von einem Achtel der ersteren zu sieben Achtel der letzteren. Mischen Sie die Aderfarben mit dieser Mischung, geben Sie sie nach und nach hinzu und rühren Sie sie vorsichtig mit dem Pinsel um (aber achten Sie darauf, dass sie nicht durch zu schnelles Rühren schäumen), bis Sie die richtige Konsistenz erreicht haben, die sein muss Dies lässt sich feststellen, indem man etwas Farbe auf die Lösung im Trog streut. Wenn die Farbe einsinkt und sich nicht ausbreitet, fügen Sie etwas reine Galle hinzu; Sollte es sich jedoch zu weit ausbreiten und sich zu weit öffnen, mischen Sie etwas mehr Farbe nur mit Wasser und geben Sie es auf die Stelle, die sich zu stark ausbreitet.

Für das braune Öl benötigen Sie mehr Galle, weniger Wasser und ein paar Tropfen bestes Olivenöl, wodurch es sich zu Ringen oder Schalen formt, wenn es auf die Lösung im Trog fällt. Diese Farbe muss dicker sein als die Aderfarben und sollte, wenn sie geworfen oder gestreut wird, die anderen Farben in die Form von Adern treiben oder zwingen . Durch Erhöhen der Gallenmenge in der letzten Farbe werden die Adern auf nahezu jeden Feinheitsgrad gebracht; Aber es gibt einen Punkt, über den man nicht hinausgehen sollte. Wenn das Braun nicht genügend Schalen bildet, sondern Löcher bildet, fügen Sie noch ein paar Tropfen Öl hinzu und vermischen Sie es gut. Wenn jedoch zu viel Öl vorhanden ist, wird die Wirkung der Schale völlig zerstört, was nicht anders behoben werden kann, als indem man etwas mehr Farbe ohne Öl hinzumischt und hinzufügt.

Wenn Sie nun alles vorbereitet haben, streichen Sie die Oberfläche der Lösung zunächst leicht über die gesamte Oberfläche und streuen Sie sofort (denn wenn Sie beginnen, schnell vorzugehen, bis alle Farben aufgetragen sind) die Farben darüber , beginnend mit der roten Farbe gelb, drittens schwarz; dann mit der Haupt- oder Körperfarbe gut und gleichmäßig auf der ganzen Fläche verteilen und darauf achten, dass auf einen Teil der Oberfläche so viel Farbe aufgetragen wird wie auf den anderen; Nehmen Sie dann ein Blatt Papier an den beiden gegenüberliegenden Ecken und lassen Sie die Ecke zwischen Finger und Daumen der rechten Hand zuerst die Oberfläche berühren, während Sie das Papier mit der linken allmählich nach unten senken, bis es flach auf der Flüssigkeit liegt. Wenn das Papier zu schnell heruntergelassen wird oder das Papier zerknittert, sodass die Luft darunter gelangen kann, entstehen beim Herausnehmen aus der Wanne weiße Flecken; und wenn man das Papier lange genug auf dem Leim liegen lässt, um die Blasen herauszuziehen, werden die Markierungen immer noch sichtbar sein.

Um das Papier herauszunehmen, legen Sie eine Latte oder einen dünnen Stab quer über die Mitte des in der Mulde liegenden Papiers; Lassen Sie es lang genug sein, damit die Enden auf den Rändern des Trogs aufliegen können. Fassen Sie dann das Papier an den beiden parallelen Ecken, legen Sie es wieder über den Stock, heben Sie es am Stock aus der Mulde, so wie es an einer Leine hängen würde, und legen Sie es zum Trocknen auf ein Gestell.

Nr. 2. – KLEINER BRAUNER FRANZOSE .

Dieses Muster wird mit genau den gleichen Farben wie Nr. 1 unter Verwendung des zuvor beschriebenen Eisenstabs hergestellt. Man hält es in der linken Hand und klopft mit dem Pinsel dagegen, wodurch die Farbe in kleine Flecken fällt und das Muster Nr. 1 sozusagen im Miniaturformat reproduziert.

Nr. 3. – BRAUNES FRENCH , MIT HELLEM FLECK.

Dieses Muster hat nur zwei Aderfarben – das Rot und das Schwarz. Diese werden mit der Mischung aus Galle und Wasser vermischt, wie für die Adern von Nr. 1 beschrieben. Es hat auch zwei andere Farben . Das Braun wird auf ähnliche Weise wie das Braun für Nr. 1 gemischt, jedoch mit nicht ganz so viel Galle und Öl, damit die andere Farbe darauf ausfließen kann; und der letzte oder helle Fleck besteht aus rohem oder ungebranntem Oxford-Ocker und ist mit Galle, Wasser, ein paar Tropfen Olivenöl und einer Portion Terpentingeist vermischt.

Nr. 4. – KLEINE GELBE MUSCHEL.

Dies geschieht hinsichtlich des Mischens und der Verarbeitung auf die gleiche Weise wie Nr. 2, der einzige Unterschied besteht in der Körperfarbe .

Nr. 5. – BRAUNE UND VIOLETTE SCHALE.

Dieses Muster hat drei Adern und zwei französische Farben oder Farben , die als französische Farben gemischt wurden – das heißt mit Öl darin –, wobei die letzte davon in diesem Fall das Lila ist. Wenn ein Marmorierer mit etwas mehr Galle und Öl vermischt wird, damit es herausfließt, über die anderen Farben fließt und diese hervorhebt , kann er, wenn er diese Anweisungen befolgt , jedes französische Muster nachahmen , ob mehr oder weniger Farben darin sind .

Nr. 6. – BLAUER STORMONT

Ist ein altes Muster, aber es lohnt sich durchaus, wiederbelebt zu werden. Obwohl es scheinbar sehr einfach und leicht durchzuführen ist, ist es aufgrund der schnellen Verdunstung und der chemischen Veränderungen, die ständig zwischen den Zutaten stattfinden, mit denen es vermischt wird, sehr schwierig, die Ordnung beizubehalten. Es erfordert große Schnelligkeit und scharfe Beobachtungsgabe des Arbeiters.

Es gibt nur eine Aderfarbe (Rot) und die Grund- oder Körperfarbe ist blau. Hierzu wird das gleiche Präparat aus Gummi und Flohsamen verwendet wie für den französischen Marmor. Mischen Sie das Venenrot wie gewohnt mit Galle und Wasser. Die andere Farbe muss allein aus gutem Indigo bestehen, ohne das der richtige Effekt nicht erzielt werden kann. Nachdem der Indigo gemahlen wurde, wie zuvor in den Anweisungen zum Mahlen der Farben beschrieben , mischt man den Indigo mit Galle, Wasser und Terpentingeist , wobei man von dieser letzten Zutat einen beträchtlichen Anteil benötigt, um ihn voll aufzubrechen aus kleinen Löchern. Der Höhepunkt dieses Musters besteht darin, es wie ein feines Netzwerk aussehen zu lassen. Manchmal kommt es vor , dass das Mischen beim ersten Mal nicht funktioniert, aber nach ein oder zwei Tagen Stehenlassen funktioniert es gut, während es manchmal sofort funktioniert. Wenn die Löcher durch einen Überschuss an Terpentin zu groß werden (denn manchmal werden sie zu groß, weil nicht genug vorhanden ist), fügen Sie etwas mehr Galle und etwas frisches Indigo hinzu und fügen Sie ein paar Tropfen Alaunwasser hinzu. aber seien Sie dabei sehr vorsichtig; denn wenn zu viel davon vorhanden ist, wird die Farbe dick und klumpig; in diesem Fall nehmen Sie Zuflucht zu etwas von der Kalilösung; Am besten ist es jedoch, wenn möglich, auf beides zu verzichten.

Nr . 7. – LEICHTES ITALIENISCH .

Ein sehr hübsches, wenn auch einfaches Muster, das jedoch große Sauberkeit bei der Arbeit erfordert, um es gut zu machen. Nachdem die Farben wie oben beschrieben gemahlen wurden, vermischt man sie nur mit Galle und Wasser, als wären sie für Adern gedacht. Die letzte Farbe ist Weiß; Dies erfordert einen größeren Gallanteil als die anderen Farben und einen größeren Pinsel, wie bei den französischen Mustern.

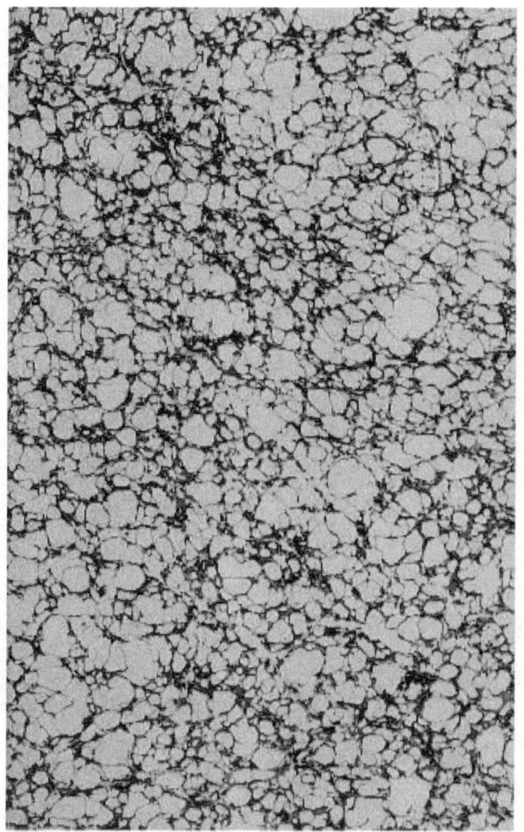

Farben schlagen oder klopfen , nämlich: Rot, Grün und Schwarz, wie in kleinem Französisch, und achten Sie dabei besonders darauf, dass die Ringe der Pinsel frei von Farbansammlungen sind , sonst werden sie es tun große Flecken oder Flecken verursachen, die das Erscheinungsbild der Arbeit beeinträchtigen. Ein Unterschied zu den kleinen French-Tönen besteht darin, dass in keiner der Farben Öl verwendet wird .

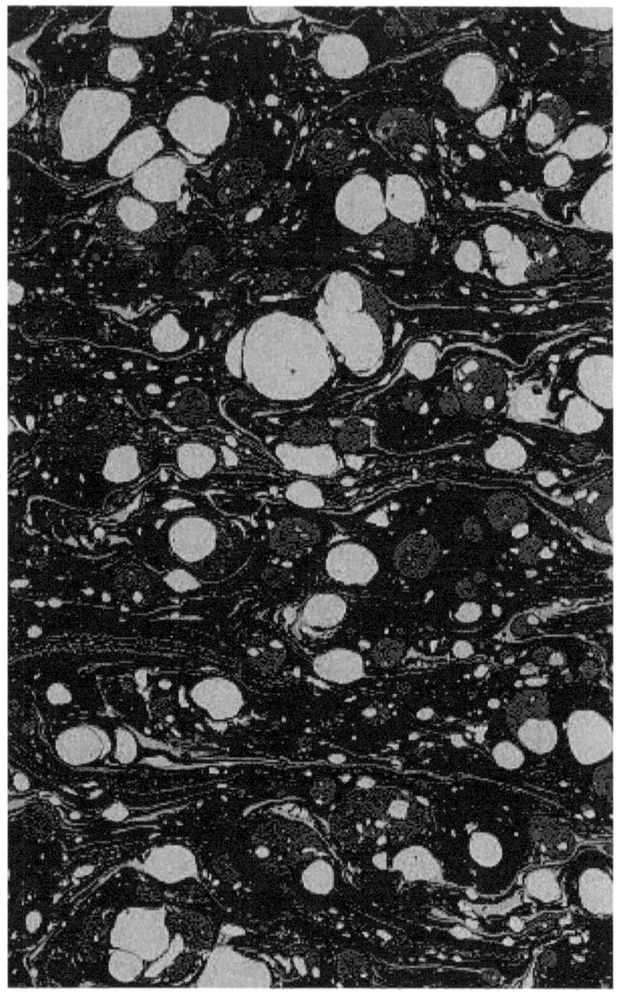

Eine andere Methode besteht darin, anstelle der weißen Farbe eine Mischung aus schwacher Galle und Wasser zu verwenden , die kräftig aufgeklopft oder geschlagen werden muss, je nach Urteil des Marmorierers . Für Kanten ist diese Methode der ersteren vorzuziehen und eignet sich auch für Papier.

NEIN. 8. – KLEINER GRÜNER ITALIENER .

Farbe hergestellt werden , die mit Galle und Wasser ausreichend stark gemischt werden muss, um die gesamte Oberfläche der Lösung auf dem Trog zu bedecken; Danach das Eiweiß oder Galle und Wasser wie zuvor aufschlagen. Hierfür genügt die gleiche Größe oder Zubereitung aus Gummi und Flohsamen wie bei den vorherigen Murmeln; Es muss jedoch sauber gehalten werden, damit das Werk schön und hell aussieht.

Nr. 9. – WESTENDE, (BRAUN, MIT HELLEM FLECK.)

Dieses Muster besteht neben den Adern aus zwei markanten Farben ; einer davon ist dunkel und überall mit kleinen weißen Flecken übersät; Die andere, die letzte oder oberste Farbe , ist hell und wird hergestellt, indem man einen Teil der dunkleren Farbe nimmt und eine ausreichende Menge Weiß damit mischt, um den gewünschten Farbton zu erzielen. Mischen Sie die Venenfarben auf die übliche Weise, nämlich mit den üblichen Anteilen von Galle und Wasser; Mischen Sie dann das Braun mit einem größeren Anteil Galle und streuen Sie es so voll auf, dass die anderen Farben in die Adern treiben. Nehmen Sie dann das Eiweiß oder Galle und Wasser, wie auf Italienisch, und schlagen Sie es überall fein und gleichmäßig, aber nicht so stark wie beim italienischen Muster. Nehmen Sie zum Schluss die helle oder obere Farbe , die einen stärkeren Gallengehalt als alle anderen haben muss und leicht und gleichmäßig über das Ganze gestreut werden muss; so schnell wie möglich auf das Papier legen.

Dieses Muster ist unter dem Namen West End bekannt und ähnelt in jeder Hinsicht dem spanischen in der Verarbeitung, nur ist es nicht schattiert.

Nr. 10. – WESTENDE, (GRÜN, MIT LICHTFLECK.)

Ein ausgezeichnetes Muster kann in allen Einzelheiten des Mischens, Bearbeitens und Auftragens der Farben ähnlich wie Nr. 9 hergestellt werden . Der einzige Unterschied besteht in den Farben , die aus zwei Grün- oder Olivtönen bestehen können, und den roten Adern , Gelb und Blau.

Nr. 11. – LOCKEN.

Das Muster, das nach der Beschreibung des französischen Marmors (siehe Nr. 1) „French Curl" genannt wird, bedarf keiner großen Erklärung, der einzige Unterschied in der Arbeitsweise besteht darin, dass es keine Zubereitung des Flohsamens mit dem Gummi geben darf ; aber es muss nur mit der Lösung des Gummis ohne Beimischung erfolgen. Außerdem benötigen Sie einen Rahmen mit so vielen Stiften, wie Sie Locken auf dem Papier benötigen; Diese Stifte müssen etwa drei Zoll lang und etwa so dick wie eine kräftige Gänsefeder sein und sich zu einer Spitze hin verjüngen. Überziehen Sie die Farben mit den gleichen Farben wie für Nr. 1 großes French; Nehmen Sie den Rahmen mit den Stiften, halten Sie ihn mit beiden Händen fest, setzen Sie die Stifte auf den Boden des Trogs, führen Sie eine leichte Drehbewegung aus und heben Sie ihn dann schnell heraus, damit keine Tropfen von den Stiften in den Trog fallen. und wie gewohnt auf das Papier legen, dabei darauf achten, dass es gerade und gleichmäßig aufliegt, sonst wird das ganze Muster schief.

Nr . 12. – BRAUNE LOCKE.

Ein Lockenmuster darf nur aus einer Farbe bestehen und mit den gleichen Zutaten wie das gewöhnliche französische Muster gemischt werden. es ist das einfachste von beiden.

NEIN. 13.- ROTE LOCKE.

Ein Lockenmuster kann aus denselben Farben bestehen , die auch für Nonpareil verwendet werden, nur dass die Farben und das Gummi etwas dicker verwendet werden als für das French Curl, und die Farben dürfen kein Öl enthalten.

SPANISCH.

Dieser Marmor unterscheidet sich von allen anderen dadurch, dass er eine Reihe heller und dunkler Farbtöne aufweist, die sich diagonal über die gesamte Ausdehnung des Blattes Papier erstrecken. Und da das Design dieser Arbeit so weit wie möglich vereinfacht werden soll, wird der Marmorierer bedenken, dass alle einfachen spanischen Muster natürlich ohne die Hilfe anderer Mittel als Ochsengalle und Wasser bearbeitet und verwaltet werden können vorausgesetzt, dass die Farben wie zuvor gemahlen und vorbereitet werden.

Nr. 14. – OLIV ODER HELLGRÜN, SPANISCH .

Eines der einfachsten und unkompliziertesten Muster heißt Olive Spanish mit roten und blauen Adern. Die Adern werden wie bei den vorherigen Marmorierungsarten mit Galle und Wasser vermischt, bis sie die richtige Konsistenz haben; und da es nicht möglich ist, ein bestimmtes Maß für das genaue Verhältnis von Galle und Wasser anzugeben , da einige Galle stärker sind als andere, muss dies durch Beobachtung der Wirkung bestimmt werden, die in den Farben entsteht , wenn sie auf die Lösung aufgetragen werden. Aber jede nachfolgende Farbe erfordert mehr Galle als die vorangegangene, und die Haupt- oder Körperfarbe muss sowohl in sich dicker als auch stärker in der Galle sein als alle anderen. Diese Regel gilt fast ausnahmslos.

Nachdem Sie also die Farben gemischt und vorbereitet haben – nachdem Sie Gummi und Flohsamen im Trog vorbereitet haben –, fahren Sie fort, zuerst das Rot, dann das Blau und schließlich mit einem großen Pinsel voller Farbe das aufzutragen Olive; Beginnen Sie an der linken Ecke des Trogs, die am weitesten von Ihnen entfernt ist, und arbeiten Sie sich überall dicht nach unten und oben vor, wobei Sie darauf achten, nicht zweimal über dieselbe Stelle zu gehen, sonst entstehen durch das Fallen einer Stelle auf die andere Ringe, die gilt als bedenklich. Ganz vermeiden lässt es sich jedoch nicht. Nehmen Sie nun das Papier an den beiden gegenüberliegenden Ecken und halten Sie es so fast aufrecht wie möglich, aber mit einer Leichtigkeit und Lockerheit, die nur durch Übung erreicht werden kann, und lassen Sie die Ecke in der rechten Hand sanft die Farbe auf der Mulde berühren , während Sie es gleichzeitig schütteln oder in regelmäßigen Bewegungen hin- und herbewegen , während Sie gleichzeitig mit der linken Hand das Blatt regelmäßig und allmählich senken, bis es flach auf der Oberfläche der Lösung liegt. Um die Streifen oder Schattierungen sicher und regelmäßig zu erzeugen, ist Übung erforderlich. Als nächstes nehmen wir ein Muster mit drei Adern.

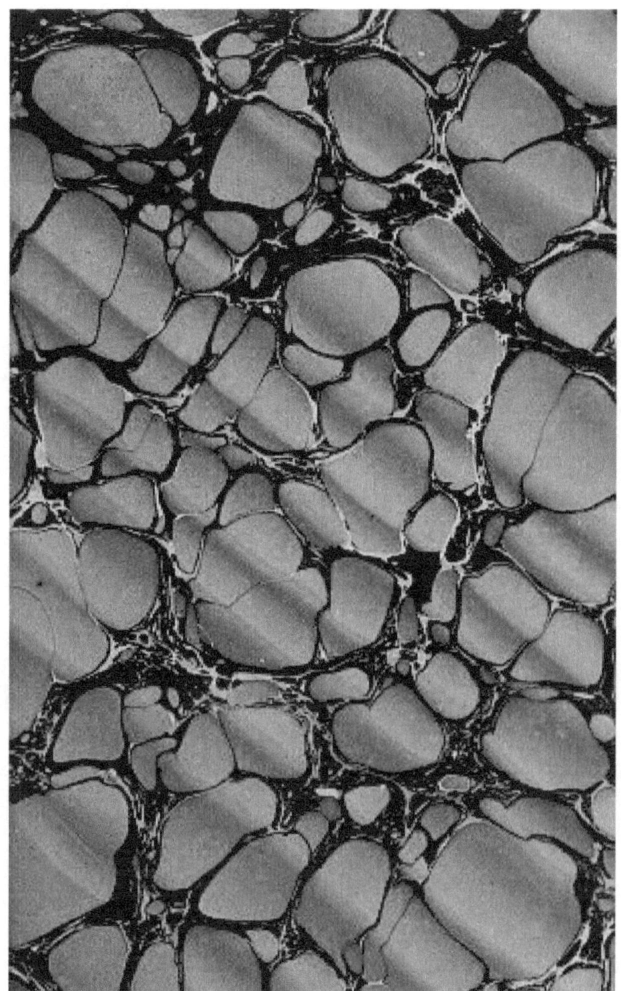

Nr. 15. – BLAUES ODER SCHIEFERFARBENES SPANISCH .

Dies erfolgt auf ähnliche Weise wie gerade beschrieben. Zuerst wird Rot
aufgetragen, dann Gelb, als Drittes Blau und zuletzt die Schiefer- oder
Körperfarbe , die aus Indigo, chinesischem Blau und einem Teil Weiß
besteht. Wir gehen nun einen Schritt weiter und greifen ein Muster mit vier
Adern auf.

Nr. 16. – BRAUNES SPANISCH .

Dies ist ein bekanntes Muster. Vielleicht ist davon genauso viel oder mehr
gemacht worden als von jedem anderen, und es wird immer ein beständiges
Muster sein. Gehen Sie genauso vor wie zuvor und werfen Sie zuerst das
Rote auf; dann gelb; drittens blau; viertens schwarz; und schließlich das

Braun, das aus gutem gebranntem Ocker bestehen sollte, abgedunkelt mit etwas Schwarz.

Nr. 17. – DOPPELTES BRAUNES SPANISCH .

Dieses Muster hat vier Farben für die Adern und zwei Körperfarben , wobei die letzte oder oberste Farbe eine Verdünnung der anderen mit Weiß ist. Die Adern werden in der folgenden Reihenfolge angelegt : – zuerst rot; dann schwarz; als nächstes Gelb (einige arbeiten das Gelb vor dem Schwarz;) viertens Grün; dann das Braun, das nicht ganz so kräftig oder schwer sein darf wie bei braunem Spanisch, und darauf die helle oder obere Farbe streuen , die kräftiger als die anderen sein muss.

Nr. 18. – SCHICKES SPANISCH .

Das so bezeichnete Muster sieht so aus, als würde ein spanisches über ein italienisches Muster gearbeitet. Um dieses Muster auszuführen, sind sieben Farben und Pinsel erforderlich , obwohl es möglicherweise aus weniger Farben besteht. Beginnen Sie wie üblich zuerst mit Rot; dann schwarz; drittens gelb; viertens blau; fünftens grün. Diese werden alle geworfen oder besprenkelt, als nächstes werfen Sie auf das Weiß, indem Sie die Eisenstange verwenden, wie bei West End oder Italienisch, und schlagen oder klopfen Sie damit sehr fest auf alle diese Farben , aber nicht so stark, wie Sie es bei Italienisch tun würden ; und schließlich die Haupt- oder Körperfarbe , etwa dunkles Olivgrün. Schattieren Sie es, indem Sie das Papier schütteln oder bewegen, genau wie bei anderem Spanisch.

Nr. 19. – SCHICKES SPANISCH .

Ein weiteres zusammengesetztes oder ausgefallenes spanisches Muster entsteht durch die Einführung eines kleinen französischen Musters anstelle von Adern. Achten Sie dabei darauf, nicht so viel Gallerte oder Öl in den Farben zu haben , als ob Sie nur French machen würden, und die Deck- oder Körperfarbe benötigt mehr Galle als jedes der Unimuster, damit sie funktioniert über der französischen Farbe .

Durch das Falten des Papiers in Quadraten oder das Biegen der Blätter an verschiedenen Stellen vor dem Schattieren lassen sich schöne Effekte erzielen, die teilweise dazu führen, dass die Schattierungen ein wellenförmiges Aussehen annehmen, als ob sie wie Seide gewässert worden wären.

Nr . 20. – DRAG ODER EXTRA -SPANISCH .

Dazu benötigen Sie eine Mulde, die doppelt so lang ist wie das Blatt Papier. Denn um die längliche Form der Flecken zu erzeugen, müssen Sie sie beim

Ablegen des Blattes Papier von einem Ende der Mulde zum anderen ziehen
oder schieben. Die Farben und die Vorbereitung sind dabei die gleichen wie
bei den anderen spanischen, nur dass die Farben deutlich dünner aufgetragen
werden , da sie auf dem Papier so dick werden würden, wenn ein Blatt
darüber gezogen wird und eine Farbfläche einnimmt, die normalerweise für
zwei vorgesehen ist , dass es abblättern und abbröckeln und nicht polieren
würde.

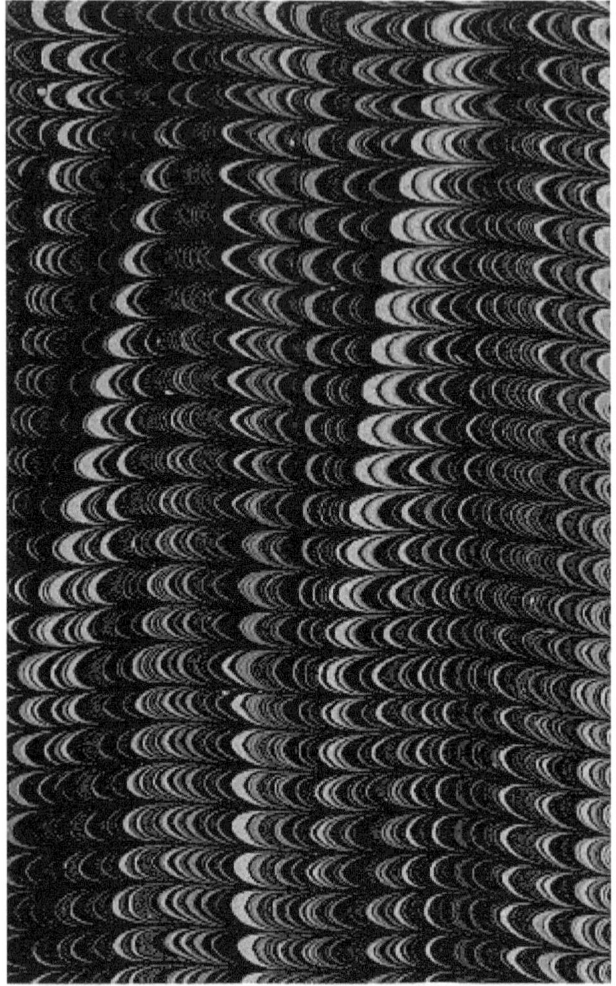

Nr. 21. – NONPAREIL ODER KAMM.

Wir kommen nun zu diesem bekannten und sehr beliebten Muster, das eine äußerst außergewöhnliche Verbreitung hatte und von dem einige Leute scheinbar kaum müde werden, obwohl es in letzter Zeit so verbreitet geworden ist, dass es bei fast jeder Art von Arbeit verwendet wird.

Für diese Beschreibung der Marmorierung verwenden Sie nur die Gummilösung im Trog. Mischen Sie die Farben mit Galle und Wasser und achten Sie dabei besonders darauf, Öle und Fette jeglicher Art zu vermeiden. aber die Farben müssen dicker sein und mehr Farbe aufgetragen werden als bei Spanisch, mit Ausnahme der letzten Farbe, die nicht so stark aufgetragen werden muss wie die letzte spanische Farbe . Lassen Sie alle Farben in etwa gleichen Anteilen auftragen. Gehen Sie zu Beginn wie üblich vor: Zuerst die

Oberfläche der Lösung abstreifen und sofort anschließend Rot auftragen, sodass die gesamte Oberfläche der Lösung gut bedeckt ist. dann schwarz; als nächstes orange oder gelb; viertens blau; und schließlich die Deckfarbe , in welchem Farbton auch immer sie benötigt wird. Nehmen Sie nun den Zapfenharken, der von rechts nach links so lang sein muss wie die Mulde, und der aus einem Stück Holz besteht, in das etwa anderthalb Zoll voneinander entfernte und etwa drei Zoll lange Pflöcke eingesteckt sind, die sich zur Spitze hin verjüngen, und das Aussehen eines Rechenkopfes haben. Führen Sie dies einmal auf und ab durch die Farbe von vorne nach hinten und achten Sie dabei besonders darauf, dass die Zähne beim Zurückziehen genau dazwischen kommen, wo sie nach oben gegangen sind. Nachdem Sie die Farbe in die richtige Form geharkt haben, nehmen Sie den Kamm, der die gesamte Breite der Mulde von vorne nach hinten erreichen muss, und ziehen Sie ihn gleichmäßig durch die Farbe , und das Muster ist bereit für das Auflegen auf das Papier, das erforderlich ist Man muss mit ruhiger Hand vorgehen, sonst entstehen Schatten.

Nr. 22. – UNVERGLEICHLICH GEHARKT.

Ein sehr gutes Muster entsteht, indem man den Anweisungen für Nr. 21 folgt, bis die Farben richtig aufgetragen sind, dann ein wenig Weiß gleichmäßig darüber schlägt, und schon ist es bereit für das Papier.

Nr . 23. – UNVERGLEICHLICH, (UMGEKEHRT.)

Ein weiteres Muster wird nach genau dem gleichen Verfahren wie Nr. 21 hergestellt, bis die Farben mit dem Stift geharkt wurden ; Nehmen Sie dann den Kamm, der viel größer sein sollte, und ziehen Sie ihn von links nach rechts durch die Farbe . Drehen Sie ihn dann sofort um und ziehen Sie ihn erneut von rechts nach links zurück, und der gewünschte Effekt wird erzielt.

Nr. 24. – ANTIK.

Die antike Murmel wird folgendermaßen ausgeführt: Nachdem die drei ersten Farben , nämlich Rot, Schwarz und Gelb, aufgeworfen wurden, harken Sie sie einmal mit dem Holzharken auf und ab, danach werfen Sie auf das Grün und folgen mit dem rosa Fleck und zum Schluss schlagen oder klopfen Sie auf kleine weiße Flecken. Einige antike Muster werden mit einem blauen oder andersfarbigen Fleck anstelle des hier beschriebenen Rosas hergestellt , aber der Prozess ist derselbe.

Nr. 25.— ANTIK, (ZEBRA.)

Dies geschieht mit Farben, die auf die gleiche Weise wie für gewöhnliches Nonpareil vorbereitet wurden; werfen Sie vier Farben auf , nämlich: Rot, Schwarz, Gelb und Blau; dann harken Sie dasselbe wie für Nonpareil, und fügen Sie dann eine helle Farbe für einen Fleck hinzu; liegen auf dem Papier wie beim Spanischen. Manchmal wird es ohne Schattierung erstellt und als ein anderes Muster angesehen.

Nr. 26. – WELLE.

In diesem Muster sind die Farben wellenförmig gezeichnet, wobei die Punkte jeder Reihe einander treffen. Die Farben werden wie bei Nonpareil vorbereitet. Das Rote, Gelbe, Blaue und Grüne wird darüber geworfen, darüber wird ein kleines Weiß geschlagen oder geklopft, aber nicht zu reichlich; Es ist nun eine Art doppelter Rechen oder Rahmen erforderlich, mit Zähnen aus starkem Draht, die etwa drei bis vier Zoll voneinander entfernt sind, und die Zähne des hinteren müssen so eingestellt werden, dass sie genau in der Mitte der vom ersten offen gelassenen Räume liegen eins; Die zweite oder hinterste Zahnreihe sollte anderthalb Zoll hinter der ersteren liegen, wobei die beiden nur ein Instrument bilden. Ziehen Sie dies durch die Farbe , ähnlich wie bei einem Kamm, von links nach rechts, aber mit einer Wellen- oder Wippbewegung, die gerade ausreicht, damit die Spitze der hintersten Welle die Unterseite der vordersten Welle berührt oder berührt, wodurch dies geschieht erzeugen auf dem gesamten Blatt ein einheitliches Erscheinungsbild, etwa das Aussehen unregelmäßiger Quadrate.

Es gibt einige andere Muster ähnlicher Art, die ohne einen kleinen weißen Fleck hergestellt wurden, und das gleiche Muster wird manchmal auf französischem Marmor gearbeitet, aber diese bedürfen keiner weiteren Erklärung. Wir kommen jetzt zu

Nr . 27. – BRITISCH .

Das so genannte Muster ist keineswegs einfach umzusetzen, da es ein erhebliches Maß an Urteilsvermögen erfordert, um auch nur annähernd Einheitlichkeit aufrechtzuerhalten. Einige britische Muster werden mit und andere ohne Adern hergestellt. Sie erfordern eine Mulde, die doppelt so lang ist wie das Papier, da es von einem Ende der Mulde zum anderen gezogen oder geschoben wird, auf die gleiche Weise wie die spanische Schleppe (Nr. 20;) und die Größe bzw. Vorbereitung muss gleich sein Was diese Art von Arbeit betrifft. Ein gutes Muster kann aus einer Farbe bestehen , nämlich: Schwarz. Die Farbe für diese Beschreibung der Marmorierung ist umso besser, wenn sie einige Tage vor der Verwendung gemischt und gut gerührt wird, damit sie für die Verarbeitung weich wird. Es werden zwei Gläser oder Töpfe und ein großer gemeinsamer Teller benötigt. Mischen Sie die Farbe in einem der Gläser wie für gewöhnliches Spanisch, aber nicht ganz so viel Galle; Dann gießt man ein wenig davon in das andere Glas und fügt eine beträchtliche Portion Galle und Wasser hinzu, so dass es sehr dünn und fest wird. Gießen Sie nun eine kleine Menge der kräftigen Farbe (etwa einen Teelöffel) auf den Teller, nehmen Sie den Pinsel aus der dickeren Farbe und drücken Sie ihn fest auf den Teller, nehmen Sie damit eine Portion der kräftigen Farbe auf und fahren Sie fort Streuen Sie es schnell über den gesamten Trog. Die dunklen und hellen Flecken fallen zusammen, vermischen sich miteinander und erzeugen den für das Muster charakteristischen bunten Effekt. Legen Sie das Papier wie beim Drag-Spanisch auf. Braun, Grün und andere Farben werden auf die gleiche Weise hergestellt; Die Farben müssen jedoch weich und das Papier weich geleimt sein, da sie sonst leicht ablaufen.

Nr . 28. – NIEDERLÄNDISCH .

Das hier betrachtete Muster ist eines der ältesten und gleichzeitig schwierigsten Muster und wird durch einen ganz anderen Prozess als alle vorherigen ausgeführt. Bei der Betrachtung dieses Musters fällt auf, dass die Farben nicht wahllos hier und da verstreut sind, sondern in einer Art regelmäßiger Abfolge in diagonaler Richtung über das Blatt hinweg aufeinander folgen, wobei Rot die vorherrschende Farbe ist . Damit dies gelingt, müssen die Farben besonders gut gemahlen und von erster Qualität sein. Sie sollten einige Tage vor der Verwendung gemischt werden. Es ist sinnlos, mit minderwertigen oder schlecht vorbereiteten Materialien ein zufriedenstellendes Ergebnis zu erwarten.

Um dieses Muster zu erreichen, werden mehrere kleine Dosen oder Töpfe mit einer Breite von anderthalb Zoll und einer etwa gleich hohen Tiefe von etwa zwei Zoll benötigt. Es werden außerdem zwei Rahmen in der Größe des Papiers benötigt, in denen sich Holzstifte befinden, die sich leicht verjüngen, etwa einen Viertel Zoll dick sind und in regelmäßigen Abständen etwa drei Zoll voneinander entfernt über den gesamten benötigten Raum befestigt werden. Durch die Zugabe von etwas Wein werden die Farben dieser Werkklasse noch besser. Mit dieser Ausnahme bedürfen die Farben keiner anderen Behandlung als die Unvergleichlichen.

Mischen Sie jede Farbe in einem großen Krug mit Ausguss, sodass Sie sie möglicherweise in die oben genannten kleinen Dosen gießen können. Die erforderlichen Farben sind Rot, Gelb, Grün, Blau und Weiß. Die beiden Stiftrahmen müssen exakt gleich sein. Eines sollte ein exaktes Duplikat des anderen sein.

Farben gemischt und ausprobiert haben, indem Sie jeweils ein wenig auf die Lösung im Trog tropfen, füllen Sie so viele kleine Töpfchen mit Farbe , wie Stifte am Rahmen vorhanden sind, und ordnen Sie sie in einem Abstand von etwa sieben Zentimetern an Die Stifte in den Rahmen können in die Mitte jedes Topfes fallen und, wenn sie herausgehoben werden (was mit größter Vorsicht erfolgen muss), einen großen Farbtropfen auf jeden Stift übertragen

, mit dem die Oberfläche der Größe versehen wird ist, sanft und gleichmäßig zu berühren, wobei darauf zu achten ist, dass sie nicht zu tief hineingesteckt werden, aber gleichzeitig darauf geachtet werden muss, dass sie alle die Größe berühren. Die Dosen oder Töpfe mit der Farbe müssen wie in der folgenden Abbildung in einem Abstand von etwa sieben Zentimetern angeordnet werden:

G	Y	G	Y	G	Y	G
Y	B	Y	B	Y	B	Y
G	Y	G	Y	G	Y	G
Y	B	Y	B	Y	B	Y
G	Y	G	Y	G	Y	G

G steht für Grün, Y für Gelb und B für Blau. Füllen Sie dann die gleiche Anzahl Dosen oder Töpfe mit Weiß, das aus gemahlenem Pfeifenton bestehen und wie die anderen Farben vorbereitet sein muss , und ordnen Sie sie auf genau die gleiche Weise an, indem Sie den zweiten oder doppelten Rahmen aus Pflöcken dazu verwenden.

Nachdem Sie dies alles arrangiert haben, beginnen Sie mit der Arbeit, indem Sie zunächst die Leimmasse (die nur aus Gummi-Traganth bestehen muss) abstreifen und dann die gesamte Oberfläche gut mit Rot bedecken, das reichlich mit einem Pinsel aufgetragen werden muss. Heben Sie dann vorsichtig den ersten Rahmen an, der in den Töpfen mit den drei Farben steht , und führen Sie dabei eine leichte Drehbewegung aus, um die Farben zu rühren , die sich bald absetzen, und achten Sie darauf, sie nicht umzukippen. Lassen Sie einen Tropfen von jedem Stift die Oberfläche des Rots auf der Größe berühren, nehmen Sie dann schnell den Tropfen mit dem Weiß und lassen Sie ihn genau in die Mitte der bereits auf dem Trog platzierten Flecken fallen. Nehmen Sie als nächstes ein abgerundetes Stück spitz zulaufendes Holz (ein Pinselstiel ist genauso gut wie jeder andere) und führen Sie es auf und ab durch die Farben , wie sie jetzt im Trog angeordnet sind, von vorne nach hinten, in regelmäßigen Abständen, bis der gesamte Umfang des Trogs wurde durchsucht; Führen Sie dann den Kamm von links nach rechts durch und legen Sie ihn auf das Papier.

Sobald Sie es aufgehängt haben, gießen Sie aus einem Krug mit Ausgießer etwa einen halben Liter klares Wasser darüber, um die lose Farbe und den Schleim abzuwaschen und es sauber und strahlend aussehen zu lassen. Anschließend trocknen Sie es muss kalibriert werden, bevor es poliert werden kann.

Wenn Locken erforderlich sind, benötigen Sie einen dritten Rahmen mit so vielen Stiften, wie Sie Locken auf dem Blatt Papier benötigen.

Nr . 29. – ANTIK HOLLÄNDISCH .

Wird auf eine andere Art und Weise durchgeführt als alle bisher beschriebenen Prozesse. Die für diese Art von Arbeit verwendeten Farben müssen von erstklassiger Qualität sein und müssen mit Spiritus aus Wein oder extra starkem Gin gemahlen und mit demselben und etwas Galle vermischt werden , gerade so viel, dass sie schwimmen und sich auf der Oberfläche verteilen Umfang erforderlich. Anstelle von Pinseln legen Sie in jeden Farbtopf ein spitz zulaufendes Stück Holz, etwa so dick wie ein kleiner Finger . (Kleine Töpfe reichen aus, die etwa eine volle Teetasse fassen.) Die benötigten Farben sind Rot, Orange, Blau und Grün. Der Rote muss der beste Scharlachsee sein; das orangefarbene, orangefarbene Blei; das Blau, Ultramarin und Indigo; und das Grün, Indigo und Niederländischrosa. Diese müssen wie zuvor beschrieben gemahlen und gemischt werden, bis eine cremige Konsistenz entsteht. Der Lack sollte einen Tag, die anderen Farben einige Tage vor der Verwendung gemahlen und feucht gehalten werden. Für diese Arbeit muss das Gummi dicker aufgetragen werden als für alle anderen. Wenn Sie alles bereit haben, nehmen Sie einen Topf mit Farbe in die linke Hand und tragen Sie mit der rechten Hand mit einem Stück Holz oder einer Feder die Farbe in schrägen Streifen auf, wie sie ein Schuljunge beim Lernen zeichnet schreiben. Beginnen Sie mit dem Rot und machen Sie zwei Striche fast gleichzeitig, lassen Sie dabei eine kleine Lücke, machen Sie dann zwei weitere und so weiter, bis das erforderliche Ausmaß erreicht ist. Nehmen Sie als nächstes die Orange und machen Sie einen Streifen zwischen den beiden roten Streifen. Füllen Sie dann den größeren Raum mit einem grünen und einem blauen Streifen aus. Vielleicht kann das Folgende die Reihenfolge, in der die Farben auf dem Trog angeordnet werden sollten , deutlicher veranschaulichen :

G B R O R G B R O R G B R O R G B

Wie im ersten Fall bezeichnen die Anfangsbuchstaben die Farben . Ziehen Sie den Kamm durch und das Muster ist fertig.

KANTEN.

Die Muster für Kanten werden auf die gleiche Weise wie für Papier hergestellt; und da dieser schönen Kunst, die bisher auf wenige beschränkt war, bereits so viel Raum gewidmet wurde, wäre es sinnlos, die Prozesse zu wiederholen. Dennoch gibt es einige Dinge in Bezug auf Kanten, die jeder gute Marmorierer verstehen sollte. Wenn Platten zusammen mit dem Buchdruck in ein Buch eingefügt werden, ist besondere Sorgfalt bei der Marmorierung erforderlich, da sonst Farbe und Größe einlaufen und das Aussehen der Platten beeinträchtigen. Um dies zu vermeiden, halten Sie das Buch fest zusammengedrückt und legen Sie es dort, wo sich die Platten nur am Anfang des Buches befinden, mit der Anfangsseite nach oben hin, wenn es marmoriert ist. Für Kanten können Sie mit einer kleineren Mulde und einer geringeren Farbmenge als bei Papier auskommen. Die Lösung, an der man arbeiten sollte, sollte besser nur Traganthgummi sein. Farben für Kanten wirken durch die Zugabe von Alkohol, Wein oder Whisky noch leuchtender ; aber sie werden schneller verdunsten. Wenn Sie alles bereit haben, nehmen Sie das Buch oder, wenn es mehr als eines ist, so viele, wie Sie bequem festhalten können, mit der Rückseite in der rechten Hand und der Vorderkante in der linken, und lassen Sie sie die Farbe berühren , mit der Rückseite zuerst, so dass man sie allmählich absenken kann, bis das ganze Ende bedeckt ist; Achten Sie jedoch darauf, dass nichts von der Größe oder Farbe über die Vorderkante gelangt, da dies bei zu tiefem Eintauchen zu unangenehmen, unansehnlichen Spuren führen und das Buch stark verunstalten würde. Beim Anfertigen der Vorderkante sollte der Anfänger das Buch besser zwischen ein Paar Schneidebretter legen und, nachdem er die Runde herausgeworfen hat, die Bretter zurückdrehen und wie mit dem Ende verfahren; Wenn Sie fertig sind, wischen Sie die überschüssige Leimmasse mit einem Schwamm von den Brettern ab, legen Sie die Bretter wieder an ihren Platz und lassen Sie das Volumen trocknen.

GLASIEREN ODER POLIEREN.

Die Papierbögen werden von einer speziell dafür konstruierten Maschine poliert. Ein Feuerstein mit glatter Oberfläche ist in einem Holzblock befestigt, in den ein Ende einer etwa fünf Fuß langen Stange gesteckt ist, während das andere Ende an einem Hohlraum in einem über dem Kopf befestigten Sprungbrett befestigt ist und in diesem arbeitet, was dies ermöglicht Arbeiten Sie auf einem zu diesem Zweck ausgehöhlten Brett hin und her. Das Papier wird über das Brett bewegt, und die Reibung des Feuersteins, der über die Oberfläche des Papiers hin- und herläuft , erzeugt einen Hochglanz. Manchmal wird das Papier mithilfe von Friktionszylindern kalandriert – eine überlegene Methode.

KÄMME.

Diese werden auf unterschiedliche Weise hergestellt, einige werden auf der Oberseite der Mulde bearbeitet und werden als Oberkämme bezeichnet, andere werden bearbeitet, indem die Spitzen auf den Boden der Mulde gelegt werden und werden als Unterkämme bezeichnet. Am besten lassen sie sich aus Messingnadeldraht herstellen. Der Kamm für kleine Nonpareils sollte zwölf bis vierzehn Zähne pro Zoll haben, für die zweite Größe acht und für große vier.

Größenbestimmung des Papiers.

Manchmal ist es notwendig, das Papier nach dem Marmorieren zu formatieren. Die Größe wird wie folgt hergestellt: Nehmen Sie zwei Pfund der besten weißen Seife und geben Sie sie in einen großen Kupferkessel mit etwa zwanzig Gallonen Wasser. Wenn es vollständig aufgelöst ist, füge man etwa vier Pfund des besten Leims hinzu und rühre das Ganze ständig um, damit die Seife und der Leim nicht verbrennen . Wenn sich beides vollständig aufgelöst hat, gießen Sie es in eine Wanne, und wenn es abgekühlt ist, ist es gebrauchsfertig. Sollte es zu dickflüssig sein, noch mehr heißes Wasser hinzufügen. Die beste Methode zum Leimen besteht darin, eine Wanne mit der Flotte zu füllen, die marmorierte Oberfläche des Papiers darauf zu legen und es dann zum Trocknen an die Stäbchen zu hängen.

PATENT-MARMORIERTER STOFF.

Zustimmung stößt . Hierzulande gibt es noch keine Manufakturen davon. Es hat jedoch keine Vorteile gegenüber gutem Marmorpapier und ist äußerlich hinsichtlich der Haltbarkeit nicht mit dem *Papier D'Anonay zu vergleichen* .

ERGÄNZUNGEN.

Zum Abschied vom Thema Marmorierung gibt es kaum noch etwas hinzuzufügen. Denn wenn der Lernende alle Lehren dieses Buches beherrscht, wird er eine solche Kompetenz in der Kunst erlangt haben, dass keine weitere Unterweisung erforderlich ist. Sollte sich ein neues Muster ergeben, wenden Sie die Prinzipien an, die beim Mischen und Verteilen der Farben gelten , und mit Hilfe seiner eigenen Erfahrung ist seine Chance, es zu erreichen, genauso gut wie die aller anderen. Als Schritt zur Erlangung der Meisterschaft in dieser Kunst soll der Arbeiter sich der verschiedenen Allheilmittel entledigen, die ihm von interessierten Parteien zur Verfügung gestellt wurden, und sich eifrig den hier dargelegten Anweisungen hingeben. Was hier gegeben wird, ist das Ergebnis der 25-jährigen tatsächlichen Erfahrung von CW Woolnough aus London, dessen Murmeln zu den schönsten Produktionen der Gegenwart zählen. Halten Sie sich deshalb an die Anweisungen des Arbeiters, und der endgültige Erfolg wird seine Bemühungen krönen. Sollte es Schwierigkeiten geben, einen der beschriebenen Artikel zu erhalten, können diese bei Herrn Charles Williams, No. 213 Arch St., Philadelphia, bezogen werden. Die diesen Seiten beigefügten Exemplare marmorierten Papiers veranschaulichen die wichtigsten Klassen oder Muster der Marmorierung. Sie wurden von ihm ausgeführt und zeigen seine Meisterschaft in dieser Kunst.

Brünieren.

Die Kanten werden geglättet, indem das Volumen offen, mit der Vorderkante zwischen Brettern, ähnlich wie bei Unterlagebrettern, in die Legepresse gelegt und darin festgeschraubt wird; Dann reiben Sie mit dem Polierer die Kante fest und sorgfältig ab, bis eine gleichmäßig helle Oberfläche entsteht, die frei von Dellen oder Unebenheiten ist. Wenn die Vorderkante fertig ist, muss das Volumen aus der Presse genommen werden und Kopf und Ende auf ähnliche Weise brüniert werden, wobei die Enden der Bretter an den Verbindungsstellen in der Nut ruhen und die abgedeckten Bretter des Volumens offen bleiben . Gewöhnliche Kalb-, Schaf- und Halbbinder können mit geschlossenen, sechs oder acht Brettern poliert werden, aber es wird notwendig sein, das Kleben der Seiten auf die letzteren bis nach der Operation zu verschieben, um die Gefahr eines Reißens zu vermeiden.

VERGOLDETE KANTEN.

Diese Beschreibung von Kante ist der beste Schutz gegen äußere Verletzungen und Feuchtigkeit. Vor dem Auftragen des Goldes muss der Handwerker die notwendigen Gegenstände bereithalten, um die Grundlage zu bilden und das Gold an der Kante haften zu lassen. Das erste ist eine Mischung aus rotem Steinpilz oder Kreide und schwarzem Blei, gut gemahlen und mit Wasser zu einer flüssigen Konsistenz reduziert, nachdem man ihm einige Tropfen Salzsäure oder Vitriol zugesetzt hat. Die von manchen verwendete Größe wird aus dem Eiweiß eines Eies in der fünffachen Menge Wasser gut verrührt; Am häufigsten werden jedoch Pergament- oder Pergamentschnitzel verwendet, die in Wasser gekocht werden, um das Gluten zu extrahieren. Anschließend wird es durch ein Stück feines Musselin gegeben und zum Abkühlen beiseite gestellt. Im kalten Zustand lässt sich die Stärke sehr leicht beurteilen. Manche verwenden im Sommer Eis , um es abzukühlen, um seine Stärke zu testen. Wenn es zu stark oder zu dick ist, fügen Sie Wasser hinzu und erwärmen Sie es dann, um die Leimmasse zu schmelzen und das Wasser darin einarbeiten zu lassen. Um ein guter Vergolder zu werden, ist viel Urteilsvermögen erforderlich, da jede Papiersorte eine andere Behandlung erfordert. Es kann keine Regel aufgestellt werden, die in jedem Fall eine Antwort gibt; Aber wenn der Arbeiter nur auf die hier gegebenen Anweisungen achtet, Geduld übt und vor allem über die Auswirkungen seiner Arbeiten nachdenkt, wird der endgültige Erfolg sicher sein. Englische Bücher werden aus Leinenfetzen hergestellt und das Papier wird geleimt. Sie lassen sich leichter vergolden und der Rand sieht besser aus als bei amerikanischen Büchern. Sie benötigen zum

Vergolden kein so starkes Leim wie Bücher, die auf Papier aus Baumwolle gedruckt sind. In diesem Land gedruckte Bücher werden in der Regel aus Baumwolllappen hergestellt. Zum Bleichen des Zellstoffs werden große Mengen Alaun und Kalk verwendet, was für viele Vergolder sehr ärgerlich ist, da sie festgestellt haben, dass ein feuchter Tag unweigerlich sowohl ihr Können als auch ihre Geduld auf die Probe stellen würde. Die besten Qualitäten von amerikanischem Papier sind geleimt; Die Allgemeinheit ist es jedoch nicht. Um festzustellen, ob das Papier geleimt ist oder nicht, legen Sie die Zungenspitze darauf; Wenn es an der Zunge haftet , ist es nicht geleimt und erfordert daher für die Vergoldung eine stärkere Leimung, als wenn es geleimtes Papier wäre. Der Gefahr , dass sich Pergamentleim bei heißem Wetter zersetzt oder zu Wasser wird, kann durch Zugabe einer sehr kleinen Menge Oxalsäure vollständig entgegengewirkt werden. Nachdem Sie alles bereitgelegt haben, legen Sie das Buch in die Legepresse, zwischen die Vergoldungsbretter, und legen Sie es auf Höhe der Vorderkante des Buches und mit den Backen der Presse. Mit dem Druckstift so fest wie möglich verschrauben.

Dann beginnt der schwierigste Vorgang, von dem die Schönheit der Kante fast ausschließlich abhängt: das Schaben. Dies geschieht mit einem Stahlschaber. Ein Stück Sägeblatt erfüllt diesen Zweck sehr gut. Nachdem es an der Kante rechtwinklig geschliffen und vollkommen glatt auf dem Ölstein gerieben wurde, wird es durch einen glatten Stahl in Ordnung gehalten. Die Kante muss vollkommen glatt sein, damit keine Spuren des Messers beim Schneiden oder des Schabers sichtbar sind. Nachdem dies erledigt ist, muss es mit dem Baumstamm oder der Kreide leicht übermalt und sofort mit feinen, sauberen Papierspänen trocken gerieben werden. Dieser Vorgang muss dreimal wiederholt werden; Anschließend wird es mit dem Achat gut poliert und mit einem breiten, flachen Kamelhaarstift oder einem weichen Schwammstück eine Schicht Leim gleichmäßig auf die Oberfläche aufgetragen.

Anschließend wird das Gold auf dem Goldkissen auf die gewünschte Größe zugeschnitten . Ein Stück Papier, das größer als die Kante ist, wird über den Kopf des Arbeiters gezogen, und durch leichten Druck auf das Kissen haftet das Gold am Papier. Dann wird es umgedreht, mit dem Gold nach oben (wobei darauf geachtet wird, dass genug auf dem Papier liegt, um die gesamte Kante zu bedecken) und auf die Wange der Presse gelegt; Führen Sie dann einen flachen Kamelhaarstift, der in klares Wasser getaucht ist, gleichmäßig über den Rand und legen Sie ihn sofort auf das Gold, indem Sie das Papier aufnehmen, das Gold zum Rand hin drehen und es so schnell präsentieren, dass das Gold nicht austreten kann größenmäßig portionsweise vom Papier abgezogen werden. Um dies gut hinbekommen zu können, bedarf es einiger Übung und einer ruhigen Hand. Sollte es Brüche im Gold geben, müssen andere Portionen aufgetragen und, wenn sie trocken sind, mit einem feinen Bleistift mit Wasser angefeuchtet und auf das Gold aufgetragen werden.

Nachdem die Kante vollständig trocken ist, was in der Regel nach ein bis zwei Stunden der Fall ist, muss sie poliert werden. Zu diesem Zweck eignet sich am besten ein flacher Polierstein aus Blutstein, gefolgt von einem flachen Achat. Lassen Sie keine Spuren des Polierers zurück, aber scheuen Sie sich beim Polieren nicht, um eine vollkommen gleichmäßige und klare Kante zu erhalten. Der Kopf und das Ende des Bandes müssen mit der gleichen Vorsicht vergoldet werden, die Rückseite zum Arbeiter hin. Die vorstehende Richtung wurde aus der praktischen Erfahrung von Herrn James Pawson abgeleitet, einem der besten Vergolder dieses Landes.

Sollte das Werk so beschaffen sein, dass es wünschenswert ist, ihm den Charakter der Zeit zu verleihen, in der das Buch geschrieben wurde, oder ihm ein zusätzliches Maß an Schönheit und Eleganz zu verleihen, kann dieser Teil der Buchverzierung in der von uns beschriebenen Weise weiter verfolgt werden soll nun beschrieben werden.

ANTIKER STIL.

Nachdem der Rand wie oben beschrieben fertiggestellt wurde und bevor er aus der Presse genommen wird, müssen Verzierungen wie Blumen oder Muster in Fächern wie folgt darauf gestempelt werden. Eine Leimschicht wird schnell, mit großer Vorsicht und Leichtigkeit und nur einmal an einer Stelle aufgetragen, um ein Ablösen des Goldes zu vermeiden. Nach dem Trocknen den Rand so leicht wie möglich mit Palmöl einreiben und mit Gold einer anderen Farbe als der ersten bedecken; Dann formen Sie mit den im Feuer erwärmten Werkzeugen zum Vergolden von Leder die verschiedenen Muster, indem Sie sie fest auf die Kante drücken. Das Gold, das von den Werkzeugen nicht berührt wurde, wird dann mit einem sauberen Wattebausch abgerieben, und es bleiben nur die Muster übrig, die die Werkzeuge eingeprägt haben und die einen schönen Effekt erzeugen. Diese Art wird heutzutage jedoch nur noch selten verwendet, obwohl fast alle Bücher im Originaleinband des 16. Jahrhunderts so ausgeführt sind.

VERGOLDUNG AUF MARMORIERTEN KANTEN.

Diese Kante, die Dr. Dibdin in seinem „Bibliographer's Decameron" als „den wahren Luxus, das *Nonplusultra* der bibliopegistischen Kunst" bezeichnet, erfordert große Sorgfalt und Sachverstand bei der Ausführung. Vor dem Marmorieren müssen die Kanten abgekratzt werden. Nachdem die Kanten geschmackvoll marmoriert und nicht mit Farbe überladen wurden , muss das Buch in die Presse gegeben und wie zuvor beschrieben gut poliert werden. Die Leimmasse muss dann leicht aufgetragen werden, um zu verhindern, dass die Farbe des Marmors verunreinigt wird, wodurch die

Kante zerstört würde, und das Gold muss sofort aufgetragen und wie bei anderen Kanten fertiggestellt werden. Im trockenen Zustand ist der Marmor durch das Gold hindurch sichtbar und präsentiert ein Erscheinungsbild von großer Schönheit.

VERGOLDUNG VON LANDSCHAFTEN USW.

Wenn die Kante gut abgekratzt und poliert ist, müssen die Blätter an der Vorderkante gleichmäßig schräg gebogen und in dieser Position durch auf jeder Seite festgebundene Bretter begrenzt werden, bis ein Motiv mit Wasserfarben darauf gemalt wird nach Lust und Laune des Betreibers. Wenn die Bretter vollständig trocken sind, lösen Sie sie und lassen Sie die Blätter ihre richtige Position einnehmen. Legen Sie dann das Volumen in die Presse, legen Sie es auf Leim und Gold und polieren Sie es nach dem Trocknen. Das Design ist bei geschlossenem Volumen aufgrund der Goldabdeckung nicht erkennbar. aber wenn die Blätter herausgezogen werden, ist es leicht zu erkennen, die Vergoldung verschwindet und es entsteht ein ganz einzigartiger Effekt. Aufgrund des Zeit- und Arbeitsaufwands ist dieser Eingriff teuer und wird daher sehr selten durchgeführt. Es wird jedoch als notwendig erachtet, das Verfahren zu beschreiben, da der Geschmack oder die Wünsche mancher es erforderlich machen können, dass der Arbeiter weiß, wie er vorgeht.

Nach dem Vergolden des Bandes müssen die Kanten mit sauberem Papier umwickelt werden, indem die Enden aufeinander geklebt werden , um die Kanten bei den nachfolgenden Operationen vor Verletzungen zu schützen. Dieser wird abgenommen, wenn der Band fertig ist.

SCHWARZE KANTEN.

Andachtsbücher sind im Allgemeinen in schwarzes Leder gebunden und am Rand nicht vergoldet, sondern geschwärzt, um mit dem Einband zu harmonieren. Daher wird es an dieser Stelle notwendig sein, den Prozess zu beschreiben.

Legen Sie das Buch wie zum Vergolden in die Presse und tupfen Sie es mit schwarzer Tinte ab. Nehmen Sie dann Elfenbeinschwarz, Lampenschwarz oder Antimon, mischen Sie es gut mit etwas Paste und reiben Sie es mit dem Finger oder Handballen über die Kante, bis es vollkommen schwarz ist und eine gute Politur entsteht, die dann gereinigt werden muss mit einem Pinsel bearbeitet, brüniert und mit Papier ummantelt.

farbige Kanten gut aussehen, müssen sie auf die gleiche Weise wie bei Goldkanten abgekratzt werden. Um die Farbe gleichmäßig aufzutragen und einen hohen Glanzgrad zu erzielen, ist mehr Arbeit erforderlich als beim

Vergolden. Sie sind daher genauso teuer. Nach dem Färben oder Vergolden der Kanten folgt als nächstes das Anbringen

REGISTRIEREN,

Dazu wird der Rücken in der Nähe des Kopfes leicht mit Leim bestrichen und ein Ende eines dem Volumen entsprechenden Bandstücks daran befestigt. Die Blätter werden geöffnet und der andere Teil des Bandes zwischen die Blätter gelegt; Der Teil, der unten heraushängen soll, wird bis zur Fertigstellung des Buches zurückgedreht, um eine Verschmutzung zu verhindern.

STIRNBÄNDER.

Das Stirnband ist ein Schmuckstück aus Faden oder Seide in verschiedenen Farben , das am Kopf und am Ende eines Buches am Rand des Buchrückens angebracht wird und dazu dient, den Teil des Buchdeckels zu stützen, der durch die Quadrate der Buchdeckel nach oben ragt. dem Volumen ein vollendeteres Aussehen verleihen. Daraus ist ersichtlich, dass das Kopfband dem für die Bretter zulässigen Quadrat entsprechen muss. Für gewöhnliche Arbeiten besteht das Stirnband aus Musselin, das auf eine Schnur geklebt ist; Für zusätzliche Arbeiten und Volumen, die eine längere Haltbarkeit erfordern, besteht es jedoch aus dünnem Brett und Pergament, die zusammengeklebt und in Streifen der erforderlichen Breite geschnitten werden. Diese flachen Stirnbänder erzielen eine viel bessere Wirkung als die runden.

Es gibt zwei Arten von Stirnbändern: Einzel- und Doppelstirnbänder. Für gewöhnliche Arbeiten wird ein um das Band geklebter Stoff oder gewöhnlicher Faden verwendet; für zusätzliche Seide und manchmal Gold- und Silberfäden. Wenn das Volumen klein ist, wird es mit geschlossenen und bis zur Kante nach unten gezogenen Brettern zwischen die Knie gelegt; oder, wenn es größer ist, am Ende der Legepresse platziert, wobei die Vorderkante zum Körper der Arbeiterin hin vorsteht. (Die Stirnbänder werden meist von Frauen gearbeitet.)

EINZELNES STIRNBAND.

Nehmen Sie zwei Faden- oder Seidenstücke unterschiedlicher Farbe , fädeln Sie eines davon in eine lange Nadel ein und binden Sie die Enden der beiden zusammen. Unter der Annahme, dass Rot und Weiß genommen wurden, das Weiß an der Nadel befestigt ist, wird es fünf oder sechs Blätter von der linken Seite entfernt in das Band gelegt und auf der Rückseite direkt unter dem Kettenstich der Naht und dem Faden herausgedrückt gezogen, bis er durch den Knoten gestoppt wird, der im Laken verborgen wird; Die Nadel wird dann ein zweites Mal an oder in der Nähe derselben Stelle geführt, und nachdem das vorbereitete Band unter die so erzeugte Locke gelegt wurde, wird der Faden festgezogen, um ihn festzuhalten. Vor dem Anbringen des Bandes muss es mit den Fingern an die Rundung des Buchrückens gebogen werden. Der rote Faden wird nun mit der rechten Hand genommen, von links nach rechts geführt, über dem weißen Faden gekreuzt, unter dem Band hindurchgeführt, wieder nach vorne geführt und durch Überziehen in demselben befestigt Achten Sie dabei darauf, dass der durch diese Kreuzungen gebildete Wulst den Rand des Volumens berührt. Indem man den Vorgang auf diese Weise abwechselnd wiederholt, indem man die beiden Fäden kreuzt und jedes Mal unter dem dadurch abgedeckten Band hindurchgeht, muss man es gelegentlich am Buch befestigen, indem man die Nadel, wie oben beschrieben, einmal an so vielen Stellen einsticht, wie es der Dicke des Bandes entspricht Das Buch benötigt möglicherweise eine doppelte Heftnaht auf der rechten Seite, nachdem die Banderole fertiggestellt wurde, und befestigt sie auf der Rückseite mit einem Knoten. Diese Befestigungen verleihen dem Stirnband Stabilität und die exakte Rundung des Rückens. Die beiden überstehenden Seiten des Bandes müssen in der Nähe der Seide abgeschnitten werden, sodass das Band leicht nach oben geneigt ist, um ein Abrutschen der Arbeit vor dem Überziehen zu verhindern.

DOPPELTES STIRNBAND.

Dieses Stirnband besteht aus Seide in verschiedenen Farben und unterscheidet sich vom Einzelband dadurch, dass es aus zwei Bändern besteht, einem großen und einem kleinen, und in der Art und Weise, wie die Seide geführt wird. Es beginnt auf die gleiche Weise wie die Single; aber wenn die Bänder befestigt sind, je kleiner über dem größeren, wird die rote Seide mit der rechten Hand genommen und über die weiße, unter das untere oder größere Band geführt, unter das obere oder kleine Band herausgezogen, darüber getragen, gebracht Ziehen Sie es wieder über das große Band heraus und formen Sie den Wulst, wie oben beschrieben, nahe dem Rand des Buches. Dann wird die weiße Seide auf die gleiche Weise weitergegeben, und so weiter, bis das Ganze fertig ist.

GOLD- UND SILBERSTIRNBAND

Sowohl Einzel- als auch Doppelfäden werden wie oben hergestellt, der einzige Unterschied besteht in der Verwendung von Gold- oder Silberfäden. Dabei ist beim Festziehen des Fadens an der Perle große Vorsicht geboten.

BAND-STIRNBAND.

Dieser Stil unterscheidet sich nur wenig von den anderen, da der gleichfarbige Faden nur mehrmals herumgeführt wird, anstatt abwechselnd mit dem anderen, und bei jeder Windung die Perle zu bilden, wobei darauf zu achten ist, dass der Unterfaden nicht beobachtet wird, und dann der

Faden geführt wird andere Farbe , auf ähnliche Weise, genauso oft oder öfter als die erstere. Dadurch entsteht ein Band – nach dem es benannt ist –, das wie schmale Bänder in verschiedenen Farben aussieht . In einem Muster können drei oder mehr Farben verwendet werden.

ABDECKUNG.

Die zum Binden vorbereiteten Häute werden auf besondere Weise zugerichtet. Sie sind weich und durchgehend gleich dick. Das Ausschneiden von Abdeckungen ist ein wichtiger Vorgang, da durch Aufmerksamkeit viel Wirtschaftlichkeit erzielt werden kann . Zu diesem Zweck sollten Muster aus Pappe in allen Größen von Büchern angefertigt und die benötigten Muster auf die Haut gelegt und in alle Richtungen gedreht werden, um die größtmögliche Anzahl von Teilen zu erhalten, wobei etwa ein Zoll Durchmesser zum Schneiden übrig bleibt Einschlagen. Sollten die Bücher die gleiche Größe haben , ermöglicht ein von der Vorderkante und den offen auf dem Leder liegenden Brettern erfasstes Volumen dem Arbeiter, genau zu beurteilen, welche Schnittart am vorteilhaftesten ist. Die schmalen Stücke usw. Die an den Seiten verbleibenden Reste reichen für die Rückseiten und Ecken halbgebundener Arbeiten aus. Das Leder muss trocken zugeschnitten werden, mit Ausnahme von Russleder , das gut mit warmem Wasser eingeweicht werden muss, wobei darauf zu achten ist, dass keine Falten entstehen. Außerdem muss es mit dem Ordner gut auf einer Marmorplatte ausgerieben werden. Wenn der Russ richtig in die Haut eingearbeitet ist, muss er nicht angefeuchtet oder gerieben werden.

Jede Hülle muss an den Rändern mit einem langen Messer, dem Schälmesser, abgeschnitten werden; und große Sorgfalt und Geschicklichkeit sind erforderlich, um es gut zu machen. Die französischen Buchbinder verwenden zu diesem Zweck ein Messer, das einem Meißel ähnelt, und man muss zugeben, dass ihre Buchbinder in dieser Hinsicht denen jedes anderen Landes überlegen sind. Es ist unmöglich, den genauen Zeitpunkt zu bestimmen, an dem das Schälen beginnt. Die Deklination erfolgt so allmählich, dass sie nicht wahrgenommen werden kann. Zur Veranschaulichung dieser Tatsache befindet sich im Besitz eines Kenners dieser Stadt ein Exemplar von Bauzonnet , das mit sehr dickem Levante-Maroquin überzogen ist , mit einer Naht aus dem gleichen Material versehen ist und dessen Innenseite mit Marokko ausgekleidet ist drei verschiedene Stücke. Und die Zusammenstellung ist so exquisit, dass es ohne die Farben unmöglich wäre, zu sagen, wo sie zusammengefügt wurden. Das gesamte Innere der Tafel ist so eben wie ein Stück polierter Marmor.

Was auch immer der Stoff oder das Material sein mag, mit dem ein Buch bedeckt ist, die Manipulationen sind die gleichen. Es wird gut mit dem Pinsel überklebt und auf die gleiche Weise auf das Volumen aufgetragen, wobei darauf geachtet wird, dass die kostspieligen und empfindlichen Stellen, insbesondere Marokko und Kalbsleder, vor Flecken geschützt werden. Die Abdeckung sollte auf ein Brett gelegt werden und die Seite der Haut, die auf das Volumen aufgetragen werden soll, gut und gleichmäßig auf die Oberfläche geklebt werden, sodass nicht mehr übrig bleibt, als für die Haftung erforderlich ist. Der Einband wird dann auf einen Tisch oder ein sauber gefrästes Brett gelegt, der Band wird in die Hände genommen, die Quadrate an Kopf und Ende gleich ausgerichtet und auf die nächste Seite des Bandes gelegt, so dass die Rückseite des Bandes sichtbar ist , das vom Arbeiter ist, wird in der Mitte sein. Der entfernte Teil wird dann auf die andere Seite gebracht und darauf geachtet, die Quadrate nicht durcheinander zu bringen. Der Einband, der jetzt einen Zentimeter über den ganzen Band hinausragt, wird mit den offenen Händen auf der Rückseite festgezogen, indem man den überstehenden Teil des Einbandes nach außen dreht und das Buch auf die Vorderkante legt und gleichzeitig das Leder bearbeitet so, dass es sowohl an den Seiten der erhabenen Bänder als auch an der Rückseite eng anliegt. Ein quadratisches Band, bei dem das Leder auf jeder Seite des Bandes eng und gleichmäßig an der Rückseite anliegt, ist ein guter Punkt, und alles, was darüber hinausgeht, ist ein Fleck auf der Bindung. Nachdem die Rückseite ausreichend manipuliert wurde, legen Sie die Abdeckung vollkommen glatt auf jede Seite, öffnen Sie dann die Bretter, legen Sie eines auf den Schälstein und führen Sie das Schälmesser zwischen Brett und Abdeckung diagonal über die Ecke des Letzteren. so, dass sich beim Wenden des Leders lediglich eine Kante über die andere faltet; Drehen Sie das Buch um und verfahren Sie auf die gleiche Weise an den anderen Ecken.

Als nächstes muss der Einband am Kopf und am Ende des Buches umgeschlagen werden, indem man es an der Vorderkante packt und mit ausgestreckten Brettern aufrecht auf den Tisch stellt und es mit den Händen, jeweils eine auf jeder Seite, leicht nach hinten drückt Halten Sie die Bretter nah am Kopfband und falten Sie den Bezug mit den Daumen über und in die Rückseite, wobei Sie ihn so einziehen, dass keine Falten oder Knicke zu sehen sind. Nachdem die Abdeckung über die gesamte Länge der Dielen eingedreht wurde, muss das Volumen auf die gleiche Weise an der Unterseite gedreht und betätigt werden. Der Band wird dann flach auf eine Seite gelegt und der Einband über die Vorderkante der anderen Seite geschlagen, wobei die Ecken mit Hilfe des Daumennagels und eines Ordners so sauber wie möglich festgelegt werden; Der gleiche Vorgang wird auf der anderen Seite wiederholt. Eventuelle Abweichungen im Quadrat der Dielen, die bei der Beplankung entstanden sein könnten, müssen ebenfalls behoben werden.

Das Setzen des Stirnbandes ist der nächste Arbeitsgang, der für die Schönheit der Bindung sehr wichtig ist, indem man eine Art Kappe richtig über das bearbeitete Stirnband aus Leder formt, das über den Rücken etwas über eine rechte Linie vom Quadrat des Einbandes hinausragt Brett zum anderen. Mit einer kleinen glatten Mappe, deren eines Ende etwas spitz ist, muss die doppelte Falte des Leders aneinander gerieben werden, damit es haftet. Wenn die Bretter an den Ecken geschnitten sind, muss die Hand darauf gelegt und schließlich das Stirnband zusammengedrückt werden auf das Leder, halten Sie es mit dem Finger gleichmäßig auf der Rückseite und formen Sie eine saubere Kappe aus dem vorstehenden Teil oben. Anschließend wird der Folder auf die Kanten der Bretter aufgetragen, um ihnen ein quadratisches Aussehen zu verleihen und eine Haftung des Leders zu gewährleisten. Dann wird ein Brett zurückgeworfen, der Ordner der Länge nach entlang der Fuge oder Nut gelegt und mit der rechten Hand festgehalten; Anschließend wird das Brett vorsichtig mit der linken Hand gedrückt, bis es leicht innerhalb oder über die Fuge hinausragt. Davon hängt die Freiheit und Rechtwinkligkeit der Verbindung ab – eines der reizvollsten Merkmale eines gut gebundenen Buches. Nachdem dieser Vorgang an beiden Brettern durchgeführt wurde, müssen die Stirnbänder erneut behandelt werden. und um sie fest zu befestigen, führen Sie ein Stück Nähgarn um das Buch herum zwischen dem Rücken und den Buchdeckeln, und nachdem es festgebunden ist, manipulieren Sie den Kopf wie zuvor, so dass er vollkommen rechtwinklig und eben mit dem Buch ist Bretter und Rücken. Das Volumen wird entlang der Bänder gerieben und dann beiseite gelegt, bis es fast trocken ist. Anschließend wird der Faden abgezogen und die Bretter wieder in die Fuge eingesetzt.

zusammenzubinden , damit das Leder an der Rückseite haftet. Dies geschieht durch Anbringen eines Bretts, das länger als das Buch ist Buch, auf jeder Seite, leicht über die Vorderkante hinausragend, und sie von einem Ende zum anderen mit einer Kordel festbinden. Dann wird das Leder mit einer kleineren Schnur an den Seiten der Bänder befestigt, indem die Schnur gekreuzt wird. Zum Beispiel: Angenommen, das Buch hätte drei Bänder, eines zum Kopf, eines zum Schwanz und das andere in der Mitte; Das Buch wurde mit der linken Hand mit dem Kopf nach oben genommen, die Schnur mit Hilfe einer Schlinge nahe an der Innenseite des Bandes, das dem Schwanz am nächsten lag, herumgeführt und festgezogen, dann wieder herumgetragen und nahe an die andere Seite gebracht . Die gespannte Saite wird somit auf der anderen Seite des Volumens gekreuzt und das Band dazwischen gehalten. Die Kordel wird in gleicher Weise zum zweiten und dritten Band geführt, befestigt und das Ganze mit dem Ordner rechtwinklig ausgerichtet. Es lässt sich am besten anhand der folgenden Gravur verstehen.

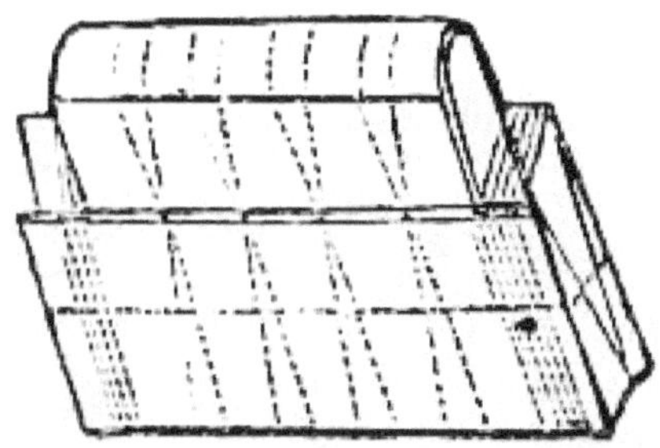

Bei Marokko und Büchern aus anderen Stoffen, die nur kleine Banderolen haben, greift man nicht auf das Binden zurück, sondern reibt sie zu diesem Zweck im Allgemeinen fest mit der Mappe oder einem Kartonstab fest. Bei antiken Arbeiten mit hohen, schmalen Bändern muss das Leder zwischen den Bändern mit den Händen gut bearbeitet werden, und dann müssen die Bänder mit der Bandzange zusammengedrückt werden. In Marokko jedoch, wo die Schönheit der Maserung zerstört werden kann, ist große Vorsicht geboten, da die kleinste Markierung oder der kleinste Kratzer unauslöschlich ist.

Einige Beobachtungen dürfen in Bezug auf Marokko , Samt, Seide und farbiges Kalbsleder nicht ausgelassen werden, da diese von Natur aus größte Sauberkeit erfordern, um Flecken und Farbveränderungen zu vermeiden . Einbände der oben genannten Art dürfen nicht zu fest aufgezogen oder mit der Mappe gerieben werden, da dadurch die Maserung bzw. das Muster des Stoffes zerstört würde; Beim farbigen Kalb muss besonders vorsichtig vorgegangen werden, um Schäden zu vermeiden. Sie müssen mit den Händen auf beiden Seiten gleichzeitig angezogen werden. Der Tisch sollte mit einer Marmorplatte bedeckt sein und die Hände sollten vollkommen sauber sein. Seide sollte zuvor durch Aufkleben eines Stücks Papier vorbereitet und trocknen gelassen werden, damit die Feuchtigkeit beim Aufkleben zum Abdecken ihr Aussehen nicht beeinträchtigt. Samt erfordert große Pflege, da er aufgrund seiner besonderen Textur zum Abdecken nur in einer Richtung gerieben werden muss. Aus diesem Grund wird, nachdem die Richtung des *Flors festgestellt wurde* , die Rückseite des Buches geleimt, darauf gelegt und glatt gezogen; Dann werden die Seiten in gleicher Weise überklebt und anschließend die Kanten eingeschlagen. Dadurch liegt das Ganze vollkommen glatt, was bei Samt nicht der Fall wäre, wenn er entgegen der Maserung oder dem Flor gezogen oder der Leim aufgetragen würde zum Samt.

Halbbindung.

Der Halbeinband – so genannt, weil die Rückseiten und Ecken nur mit Leder bedeckt sind – ist so in Mode gekommen, dass man ihn mittlerweile als die beliebteste Einbandart bezeichnen kann. Das ist nicht verwunderlich; Denn während es Wirtschaftlichkeit und Haltbarkeit vereint, kann es auch so hergestellt werden, dass es ein hohes Maß an Sauberkeit aufweist. Um dies zu erreichen, ist jedoch mehr Sorgfalt und Geschick beim Zuschneiden der Rückseite und der Ecken erforderlich, als es im Allgemeinen für eine vollständige Bindung erforderlich ist. Der Übergang vom dicken Marokko zum an den Seiten verwendeten Papier kann durch den geschickten Einsatz des Schälmessers oder Meißels kaum spürbar gemacht werden . Die allgemeinen Anweisungen zum Abdecken reichen für die betreffende Arbeitsklasse aus. Nachdem die Rückseite beschriftet oder fertiggestellt ist, können die Ecken angebracht werden; und nach sorgfältigem Markieren und Zuschneiden des für diesen Zweck ausgewählten Papiers sollten die Seiten sorgfältig über die Bretter geklebt und an diesen befestigt werden, sodass sie so weit überstehen, dass sie so weit nach innen aus dem Brett herausragen, dass sie von den Vorsatzpapieren bedeckt werden. Die Breite der Rückseite sollte sich nach der Größe des Volumens richten. Ein schmaler Rücken verleiht einem Buch ein sehr dürftiges Aussehen. Die Größe der Ecken sollte durch die Breite der Rückseite bestimmt werden. Die Vorsätze werden aufgeklebt und die Arbeit auf die gleiche Weise fertiggestellt, wie es auch für das Binden im Allgemeinen erläutert wird. Die Farbe des Seitenpapiers sollte mit der Farbe des Leders harmonieren. Die Engländer bevorzugen im Allgemeinen, dass das Innenpapier, die Kanten und das Außenpapier übereinstimmen; Und man muss zugeben, dass die Wirkung bei guter Papierqualität und passenden Kanten außerordentlich gut ist. Die Franzosen verwenden im Allgemeinen für die Innenseite einen hellen Farbton von Marmorpapier und für die Außenseite einen dunkleren Farbton. In puncto Haltbarkeit als Außenpapier gibt es nichts Vergleichbares zum *Papier d' Anonay*, zu dessen Bestandteilen auch Pergament gehört. Von diesem Artikel gibt es viele wertlose Nachahmungen, die aber ihrem äußeren Anschein nach durchaus geeignet sind, zu täuschen. Der echte Artikel wird ebenso getragen wie das Marokko, das für die Rückseite und die Ecken verwendet wird. Die beste Klasse von Halbeinbänden für Amateure ist der Font Hill-Stil, Halbmarokko , von bester Qualität; ungeschnittene Blätter, um die Unversehrtheit des Randes zu bewahren; Oberkante vergoldet, zum Schutz vor Staub; liniert mit bestem englischen Papier; Stirnbänder aus bearbeiteter Seide; Außenpapier passend zur Rückseite; Keine Vergoldung auf der Rückseite außer dem Schriftzug. Dieser Stil erfordert besondere Sorgfalt bei der Weiterleitung und Abdeckung, da der kleinste Fehler in diesen Details vom Finisher nicht behoben werden kann . Bei anderen Einbänden dient die Brillanz der Vergoldung oft dazu, die Teile des Einbands zu verbergen oder

den Blick von ihnen abzulenken, die ein Handwerker als „verpfuscht"
bezeichnen würde.

Ungeschnittene Bücher werden mit einem großen Messer, ähnlich einem
Metzgermesser, auf eine allgemeine Linie zugeschnitten, bevor sie aufgeklebt
werden. Sie sind die besonderen Favoriten von Büchersammlern. Eine
ungeschnittene Kopie eines seltenen Werks wird immer einen höheren Preis
erzielen als eine beschnittene.

Briefpapier oder Pergamentbindung.

Dieser Zweig der Buchbindekunst ist in großen Städten ein eigenständiges
Geschäft und weist bei einigen erforderlichen Manipulationen einige
Unterschiede in der Vorgehensweise auf. Diese werden, wie in den
vorangegangenen Teilen des Werkes, zur Unterweisung des jungen Arbeiters
sorgfältig ausgearbeitet, während diejenigen, die auf die gleiche Weise
ausgeführt werden wie für gedruckte Bücher, lediglich in der Reihenfolge
erwähnt werden, in der sie erforderlich sind ausgeführt werden.

Die Briefpapierbindung umfasst alle Arten von Papierbüchern, vom
Memorandum , das einfach mit Marmorpapier bedeckt ist, bis hin zum feststen
und aufwendigsten gebundenen Buch, das im Kontor des Kaufmanns und
Bankiers verwendet wird. Bei den einfacheren und gebräuchlicheren
Einbänden ist es nicht erforderlich, auf kleinste Details einzugehen, da die
Vorgehensweise die gleiche ist wie bei anderen, nur dass die teureren
Vorgänge weggelassen werden, da der zulässige Preis es erforderlich macht,
sie auf einfachere Weise zu binden. Das erste Verfahren, falls die Arbeit dies
erfordert, wird sein

ENTSCHEIDUNG.

Das erledigt eine Maschine. Früher wurde es von Hand gemacht. Nachdem
die Stifte richtig eingestellt sind, wird das zu linierende Papier auf den Tisch
vor der Linealmaschine gelegt und die Walzen werden in Bewegung gesetzt.
Das Blatt wird aufgefangen und unter den Stiften hindurchgeführt.
Anschließend wird es von Stoff und Schnüren getragen und weggelegt, um
einem anderen Platz zu machen. Auf der Regelmaschine können die
aufwendigsten Muster ausgeführt werden.

Obwohl die maschinelle Entscheidung den alten Prozess der manuellen
Entscheidung fast vollständig abgelöst hat, ist für manche eine kurze
Beschreibung des Prozesses vielleicht nicht inakzeptabel.

Das Papier, das in der Regel im Schreibwarengroßhandel mit blauen Linien
erhältlich ist, muss durch Aufbrechen der Rückseite der Falte aufgefaltet und
in kleinen Abschnitten gleichmäßig wieder gefaltet werden . Das Muster für
die roten Linien wird vorne angebracht, das Ganze hinten und am Kopf

gleichmäßig hochgeschlagen, mit der Oberseite des Papiers überstehend zwischen Bretter gelegt und in der Legepresse festgeschraubt. Dann lassen Sie mit der Säge die Markierungen der roten Tinte auf dem Muster über das Ganze sägen, wodurch die Stellen für die Linien auf den rechten Seiten im ganzen Buch markiert werden. Auf die gleiche Weise werden die Markierungen der linken Seiten markiert, indem man das Muster auf die andere Seite legt und die Unterseite des Papiers absägt. Es muss darauf geachtet werden, an der Vorderkante einen größeren Raum zu lassen, um das Schneiden zu ermöglichen. Sollte eine Überschrift erforderlich sein, muss diese ebenfalls an der Vorderkante des Papiers markiert werden. Wenn dies erledigt ist, öffnen Sie die gesamten Abschnitte erneut und zeichnen Sie mit einem runden Lineal und einem Blechstift die gesamten Überschriften auf einer Seite des Papiers an. Dies sowie jede Unterteilung von $ cts . oder einer anderen unterschiedlichen Spalte muss so nah wie möglich doppelt ausgeführt werden, wobei darauf zu achten ist, dass beide unterschiedlich sind und nicht ineinander übergehen. Wenn die Überschrift auf der einen Seite ausgefüllt ist, drehen Sie das gesamte Papier um und verfahren Sie auf der anderen Seite in gleicher Weise. Drehen Sie dann das Papier so, dass sich die Überschriften auf der linken Seite befinden, und markieren Sie die Spalten, die für Datum , Betrag *usw.* markiert sind. Dabei ist besonders darauf zu achten, dass die Feder immer an der Linie am Kopf anfängt und dass sie niemals in den Raum darüber eindringt, was das Werk verunstalten würde. Was die Überschrift betrifft, so muss hier eine Seite des Papiers vollständig ausgefüllt sein, bevor mit der anderen begonnen wird, wobei darauf zu achten ist, dass jede Zeile senkrecht, klar und in der Farbe so gleichmäßig wie möglich ist.

Der Ausschnitt auf der folgenden Seite stellt eine Maschine dar, mit der die Zahlen auf den Kopf der Seiten gedruckt wurden, was früher der Buchhalter mit einem Stift machte; Aber heutzutage gilt keine leere Buchbinderei mehr als vollständig, wenn sie nicht über einen Seitenumschlagautomaten verfügt. Diese Maschinen werden von H. Griffin, New York, hergestellt. Die Blätter werden von dieser Maschine geblättert, bevor sie zusammengenäht werden. Es sind andere Maschinen im Einsatz, die die Blätter nach dem Binden des Bandes umblättern, wobei der Haupteinwand offenbar die Gefahr ist, die Bindung zu verschmutzen oder auf andere Weise zu beschädigen; Dennoch gibt es einige Buchbinder, die ihnen den Vorzug geben. Diejenigen, die die Maschinen von Herrn Griffin benutzt haben, sprechen in den höchsten Tönen von ihnen.

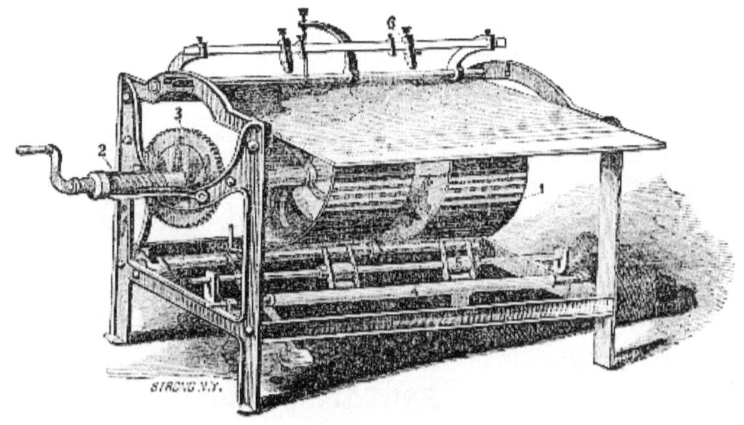

TINTEN.

Um der Arbeit die beste Wirkung zu verleihen, ist es notwendig, mit guten Tinten ausgestattet zu sein, und je nach Thema sind einige Belege für deren Anfertigung beigefügt.

ROTE TINTE.

Mischen Sie ein viertel Pfund Paraguay, eine viertel Unze Cochenille, ein kleines Stück Würfelzucker und zwei Liter Essig: Lassen Sie alles zehn Stunden lang ziehen und kochen Sie es anschließend auf einem langsamen Feuer, bis es etwa 10 Minuten lang kocht gute rote Farbe . Wenn sich die Tinte gesetzt hat, sieben Sie sie durch ein Stück feine Baumwolle und füllen Sie sie zur Verwendung in Flaschen ab.

EIN ANDERER.

Kochen Sie in einem Liter weichem Wasser ein Viertel Pfund brasilianischen Staub; Nach dem Kochen eine Unze gemahlenes Alaun und eine Unze weißen Steinkristall dazugeben, drei Minuten kochen lassen und abseihen.

BLAUE TINTE.

Eine gute blaue Tinte kann durch Diffusion von Preußischblau oder Indigo durch starkes Gummiwasser erhalten werden. Die gewöhnlichen Aquarellkuchen , auch in Gummiwasser diffundiert , ergeben für gewöhnliche Zwecke ein einigermaßen gutes Blau; aber Dyer's Blue, verdünnt mit Wasser, ist beiden vorzuziehen.

SCHWARZ.

Ein halbes Pfund Nussgallen, ein viertel Pfund Zinksulfat (weißes Vitriol), zwei Unzen Gummi arabicum und eine Handvoll Salz. Kochen Sie die

Nusskerne eine halbe Stunde in drei Liter weichem Wasser, geben Sie dann alles zusammen und lassen Sie es zum Gebrauch stehen.

EIN ANDERER.

Um eine größere Menge herzustellen, geben Sie zehn Gallonen Regenwasser, fünf Pfund und ein Viertel gut zerkleinerte Nussgallen, eineinhalb Pfund Scheitholzspäne, die gleiche Menge Copperas und ein Viertel Pfund Alaun hinzu. Lassen Sie sie ein paar Tage stehen und fügen Sie dann zwei Unzen Gummi arabicum und eineinhalb Unzen Grünspan hinzu. Rühren Sie alles zwei- bis dreimal täglich zwei bis drei Wochen lang gut durch, dann ist die Tinte gebrauchsfertig.

FALTEN.

Im Großen und Ganzen ist es angebracht, das Buch auf die zum Nähen erforderliche Größe in Abschnitte zu falten. Die Anzahl der Blätter in jedem Blatt muss von der Dicke des Papiers und der Größe des Buches abhängen. Dabei ist darauf zu achten, dass nicht so viele Blätter vorhanden sind, dass beim Schneiden die Blätter aufgehen, und nicht so wenige, dass auch die Rückseiten anschwellen ganz nach dem Thread. Legen Sie das Ganze dann für einige Zeit gleichmäßig in die Standpresse und bereiten Sie die Vorsätze vor, die aus leerem Papier und den Außenseiten bestehen müssen, es sei denn, die Arbeit ist von höherer Qualität. Sollten Leder- oder Stoffverbindungen angebracht werden, müssen diese wie zuvor beschrieben mit den Vorsatzpapieren angenäht werden.

NÄHEN.

Das Nähen von Briefpapier unterscheidet sich stark von dem von gedruckten Büchern. Um größtmögliche Festigkeit, Elastizität und Freiheit zu ermöglichen, werden sie auf Pergamentstreifen aufgenäht, ohne dass sie mit der Säge markiert werden, und auf der gesamten Länge jedes Blattes mit Wachsfaden. Bei kleinen Büchern genügen zwei Zettel; für ein Foolscap-Folio sind drei erforderlich; und wenn sie größer sind, muss die Zahl entsprechend der Länge des Rückens erhöht werden, wobei zwischen jedem ein Abstand von etwa zwei Zoll gelassen werden muss. Der von *M. Lesne (Seite 27)* aufgestellte Plan könnte hier vielleicht mit feiner und leichter Arbeit mit großem Vorteil übernommen werden. Die Slips sollten etwa 2,5 cm breit und ausreichend lang zugeschnitten sein, um etwa 2,5 cm über jede Seite des Rückens zu reichen. Wenn dieser Teil an einem Ende der Zettel nach unten gebogen ist, müssen sie an geeigneten Stellen unter das Vorsatzpapier auf dem Tisch gelegt und der Teil über die gesamte Länge vernäht werden. Anschließend werden alle Teile bis zum Ganzen auf die gleiche Weise befestigt. Dabei ist darauf zu achten, dass die Streifen eine senkrechte Position behalten und der Rücken nicht zu stark anschwillt. Sollte ein

Marokko- Fugen eingefügt worden sein, muss dieser mit kräftiger Seide der gleichen Farbe angenäht werden . Wenn Sie fertig sind, müssen die farbigen Vorsatzblätter, falls vorhanden, eingeklebt und das erste und letzte linierte Blatt ebenfalls an den Vorsatzblättern befestigt werden. Bei Verbindungen müssen die gleichen Vorsichtsmaßnahmen wie zuvor getroffen werden. Das Buch kann dann auf dem Rücken und dem Kopf glatt geklopft, erneut in die Legepresse gelegt und verleimt werden, wobei man mit dem Pinsel gut auf dem Rücken arbeiten muss, um den Leim zwischen die Abschnitte zu drücken.

SCHNEIDEN.

Wenn die Enden und die Rückseite trocken sind, ist dies der nächste Arbeitsgang. Hier muss zuerst die Vorderkante geschnitten werden. Dies geschieht vor der Änderung der Form des Buches, wobei darauf geachtet werden muss, dass das Messer gleichmäßig quer verläuft, sodass die Spalte, die der Vorderseite am nächsten liegt, nicht zu eng geschnitten wird und parallel zum Rand verläuft. Beim Herausnehmen muss der Rücken mit dem Hammer stärker abgerundet werden als bei anderen Bindungen und wieder gleichmäßig in die Standpresse gelegt werden. Nach einer kurzen Verweildauer müssen Kopf und Schwanz auf die gleiche Weise abgeschnitten werden, bieten aber keinen Unterschied in der Funktion. Das Buch ist nun bereit zum Einfärben der Ränder, dessen Vorgänge bereits beschrieben wurden . In England wird der große holländische Marmor im Allgemeinen für die Arbeit von Schreibwarenhändlern verwendet.

EINSTEIGEN.

Der nächste Arbeitsgang wird die Vorbereitung der Bretter für die Seitenabdeckungen sein, die aus zwei oder drei zusammengeklebten dünnen gefrästen Brettern bestehen sollten. Diese müssen mit dem Pflug auf die richtige Größe zugeschnitten werden, so dass eine vollkommen gleichmäßige Kante entsteht, und es ist ein größeres Quadrat erforderlich, als es bei gedruckten Büchern üblich ist. Beim Ausschneiden müssen sie zusammengeklebt werden, so dass, wenn das Buch schwer ist und die Zettel, auf die es genäht ist, dick sind, auf der Rückseite Platz bleibt, um sie hineinzulegen. Das Buch muss jetzt mit einem Kopfband versehen werden, und dann wird es richtig sein Um die Rückseite des Buches zu verstärken , werden in den Zwischenräumen zwischen den Seiten starke Leinwandstücke und am Kopf- und Schwanzende ein Stück Kalbsleder aufgeklebt, wobei auf jeder Seite Vorsprünge übrig bleiben, die am Brett befestigt werden können. Um die Festigkeit zu erhöhen, war es früher bei höherwertigen Arbeiten üblich, das Buch über die gesamte Länge je nach Dicke an etwa zehn oder vierzehn Stellen mit Katgut zu vernähen. Dazu werden drei Streifen aus starkem Leder in die Zwischenräume zwischen den Pergamentstreifen gelegt und wie beim ersten Mal vernäht, wodurch der Darm, der über das Leder und unter den Pergamentstreifen auf der Rückseite verläuft, innen an den Stellen zum Vorschein kommt, an denen kein Faden vorhanden ist ist schon einmal vergangen. Zur Verzierung wird auf der Rückseite ein weiterer Faden um den Darm gedreht, so dass der Eindruck einer Doppelschnur entsteht. Nachdem diese Umstände geklärt sind, müssen die Wadenstreifen an Kopf und Schwanz eingelassen werden, indem das Ende des Abfallblatts abgeschnitten und darunter gelegt wird. Die anderen Leisten jeglicher Art müssen nach dem Zuschneiden in den Raum gesteckt werden, der zwischen den Brettern verbleibt. Diese sollten zuvor gut geklebt oder geleimt werden, wobei die Bretter etwa einen halben Zoll von der Rückseite entfernt angebracht werden und an den Seiten vollkommen rechtwinklig sein sollten. und das Ganze einige Zeit in der Standpresse festgeschraubt.

DER SPRING-BACK.

Es gibt zahlreiche Möglichkeiten, diese Beschreibung des Rückens zu formulieren, und sie werden in verschiedenen Ämtern allgemein angewendet. Wie in anderen Einzelheiten werden hier zwei oder drei der besten aufgeführt: 1. Nachdem Sie die Breite und Länge der Rückseite ermittelt und ein Stück starke Pappe oder dünnes gefrästes Brett von etwas mehr als der doppelten Breite bereitgestellt haben, falten Sie es eine Seite etwas mehr als die Hälfte und dann die andere, so dass der verbleibende Mittelraum genau die erforderliche Größe hat, die etwa einen Viertel Zoll breiter sein sollte als die Rückseite des Buches; Dann schneiden Sie gleichmäßig ein weiteres Stück ab, etwas weniger als die Breite, dann noch ein weiteres, noch weniger, und so weiter für sechs oder sieben, wobei Sie die Breite jedes Mal verringern, bis das letzte Stück nur noch ein schmaler Streifen ist. Die Ränder des ersten Teils oder der Abdeckung für das Ganze sollen abgeschnitten und offen auf den Tisch gelegt werden; Kleben Sie dann den Mittelraum fest und legen Sie den größten Streifen darauf, den Sie ebenfalls ankleben, und fügen Sie den nächstgrößeren Streifen hinzu. Gehen Sie dabei auf die gleiche Weise vor, bis der kleinste befestigt ist, und achten Sie dabei besonders darauf, dass jeder genau die Mitte des Streifens einnimmt, auf dem er liegt platziert. Zum Schluss verkleben Sie die gesamte Fläche und die beiden Seitenleisten der ersten, die Sie überführen und fest anreiben müssen. Formen Sie es entweder auf dem Buchrücken oder mit einer gleichgroßen Holzrolle an die Krümmung des Buchrückens und lassen Sie es trocknen, dann müssen Kopf und Ende mit der Schere auf die richtige Länge geschnitten werden. Aus Gründen der Sicherheit wird das Ganze oft mit Leinentuch abgedeckt.

2. Schneiden Sie ein Stück festes, gefrästes Brett auf die gewünschte Größe zu und kürzen Sie die Kanten ab; Halten Sie dann das Brett an das Feuer, bis es weich genug ist, um nahezu jede beliebige Form anzunehmen, und formen

Sie es wie oben beschrieben nach hinten. Das Board wird manchmal nass, reagiert aber nicht so gut.

3. Eine geschlagene Eisenplatte der exakten Größe, bedeckt mit Pergament oder Leder.

Für diese Beschreibung des Rückens wurden zahlreiche Patente erteilt, aber aufgrund des Metallschnitts durch das Pergament oder Leder konnte keines gefunden werden, das diesen Zweck erfüllte.

Die Rückfederung wird nur für die gehobenere Art von Geschäftsbüchern verwendet; Für gewöhnliche Arbeiten wird vor dem Abdecken lediglich ein Stück dünne Pappe auf die Rückseite gelegt, wodurch die Belastung der Rückseite gering ist.

Um zu verhindern, dass der gefertigte Rücken während des Einbandvorgangs verrutscht, wird er aufgelegt und mit einem Stück Stoff überklebt und an den Seiten befestigt, ähnlich wie bei der Rückseite eines halb gebundenen Buches. Dadurch wird der Rücken tendenziell auch wesentlich gestärkt.

ABDECKUNG.

Die für das Einbinden von Briefpapier verwendeten Materialien sind je nach Wert des Werkes Russland , raues Kalbsleder, grünes und weißes Pergament und raues Schafspapier. Vor dem Aufkleben auf Pergament sollte das Buch mit einem Stück starkem Papier abgedeckt werden, als ob es sich um Tafeln handeln würde. Der Vorgang ist der gleiche wie bei anderen Bindungen; aber wenn es fertig ist, wird es notwendig sein, das Buch in die Standpresse zu legen, indem man zu diesem Zweck Rohr- oder Holzstücke zwischen die Bretter und die Rückseite legt, so dass eine kräftige Rille entsteht, und das Leder fest auf das Buch zu drücken Rand der Rückfederung. Vor und nach dem Pressen müssen die Kopfbänder gerade ausgerichtet werden, wobei darauf zu achten ist, dass eventuelle Falten, die sich beim Drehen des Bezugs gebildet haben, ausgewaschen werden. Sollte das Buch sehr groß sein, kann es ratsam sein, es unmittelbar nach dem Einfalten der Vorderkanten des Buchdeckels in der Presse anzudrücken und anschließend den Einband durch Einschlagen von Kopf und Ende fertigzustellen.

Da Umstände – etwa die Fantasie eines früheren Handwerkers oder der Umstand, dass farbiges Pergament nicht so früh wie erforderlich beschafft werden kann – es erforderlich machen können, die richtigen Farben auszuführen , werden hier die Vorgehensweisen beschrieben.

GRÜN.

Geben Sie eine Unze Grünspan und eine Unze Weißweinessig in eine Flasche und stellen Sie sie fünf Tage lang in die Nähe des Feuers, wobei Sie sie drei- bis viermal täglich schütteln. Waschen Sie das Pergament mit schwachem Perlmuttlack ab und färben Sie es dann im gewünschten Farbton.

ROT.

Geben Sie zu einem halben Liter Weißweinessig ein Viertel Pfund Paraguay und ein Stück Alaun. Korken Sie die Mischung auf; Lassen Sie es zwei bis drei Tage an einem warmen Ort stehen.

LILA.

Gehen Sie wie beim *roten vor* und ersetzen Sie den Brasilstaub durch Holzspäne.

GELB.

Eine halbe Unze Kurkuma auf ein halbes Pint Weinbrand, zubereitet wie oben.

SCHWARZ.

Waschen Sie das Pergament dreimal mit der roten Farbe und bemalen Sie es im nassen Zustand mit kräftiger Marmortinte.

Murmeln und andere Motive können auf weißem Pergament geformt werden; Da die Verhandlungen jedoch bereits so ausführlich durchgeführt wurden, ist es hier nicht erforderlich, sie zu wiederholen. Wo keine Russland-Bänder hinzugefügt werden, müssen jetzt die Vorsätze aufgeklebt und die Beschriftung usw. angebracht werden. weitergemacht. Wenn Bänder angebracht werden, muss das Ankleben der Vorsätze und Verbindungen aufgeschoben werden, bis sie ausgeführt sind.

RUSSLAND-BANDS.

Um großen Büchern die größtmögliche Festigkeit zu verleihen, ist es üblich, sie mit Russlandbändern zu versehen. Sie werden *einfach* genannt , wenn sie etwa bis zur Hälfte der Seiten reichen , und *doppelt* , wenn die Kopf- und Schwanzteile bis zu den Ecken der Bretter reichen und auf die gleiche Weise wie der Deckel umgeschlagen werden. Für *Single* : Nachdem Sie die Breite ermittelt haben, indem Sie die Rückseite mit dem Zirkel in *sieben* Felder unterteilt haben, schneiden Sie drei vollkommen quadratische Stücke Russlands mit der genauen Größe der Räume aus, die sie einnehmen sollen, und fügen Sie sie in die *zweite* , *vierte* und *sechste* Abteilung ein der Rückseite, wodurch der erste, dritte, fünfte und siebte Raum nur mit der Abdeckung sichtbar bleibt; Ziehen Sie sie gerade an den Seiten und legen Sie das Volumen in die Presse, wobei die Stangen fixiert sind, um den Russ in die

Fugen zu drücken, wie zuvor beschrieben, und dann trocknen lassen. Wenn *Doppelbänder* auf einem Buch angebracht werden sollen, unterteilen Sie die Rückseite in fünf Felder, bei vier Bändern in sieben Felder. Das mittlere Band bzw. die mittleren Bänder werden wie die oben genannten kurz sein und auf die gleiche Weise angebracht werden; Aber diejenigen am Kopf und am Ende, die sich über ihre gesamte Länge bis zur Vorderkante der Buchbretter erstrecken, müssen an der Kante, die an den Kopfbändern und über den Buchbrettern eingeschlagen werden soll, abgeschnitten, die Ecken beschnitten und rechtwinklig gemacht werden die Kanten wie beim Abdecken. Wenn Sie fertig sind, drücken Sie wie zuvor mit Stäben auf das Ganze, damit der Russ gut und gleichmäßig am Pergament oder Kalb haftet, und lassen Sie ihn trocknen.

VERSCHLÜSSE, ECKEN UND BLASBLASBÄNDER.

An den besseren Arten von Schreibwarenbüchern werden manchmal Verschlüsse angebracht, da das Verschließen bei Nichtgebrauch wesentlich zu ihrer Erhaltung beiträgt. Und für noch mehr Sicherheit werden sie oft zusätzlich mit Messingecken oder -bändern geschützt. Um den Vorsprung zu verbergen, den die Klammern an der Vorderkante verursachen würden, muss dieser Teil des Bretts weggeschnitten werden, um die Klammer aufzunehmen, sodass er nach der Befestigung bündig mit der Kante des Bretts abschließt. Bei den Ecken und Bändern ist dies nicht der Fall; aber um ein vollendetes Erscheinungsbild im Ganzen zu gewährleisten , muss die Aufmerksamkeit des Handwerkers darauf gerichtet sein, dass sie in jeder Einzelheit in Länge, Breite und Dicke genau passen. Die Verschlüsse können von den Herstellern gekauft werden, aber es kann sich als notwendig erweisen, die Herstellung der Bänder und Ecken in die Hände des Messingarbeiters zu legen, dem bestimmte Anweisungen und Größen gegeben werden müssen. Sie müssen eng an den Brettern anliegen, genau parallel zu den Kanten verlaufen und vor dem Anbringen die Löcher für die Nieten durchgebohrt haben . Bei der Anbringung von Ecken sind keine Bänder erforderlich. Bänder, die sich von der Rückseite bis zur Vorderkante erstrecken und eine Ecke bilden, die der Breite des Bandes entspricht, werden an der Vorderseite gerade verlötet, am Kopf und am Ende des Buches angebracht und mit Nieten auf folgende Weise befestigt: sind auch die Klammern und Ecken: – Durchstechen Sie die Bretter mit einer feinen Nadel an den Stellen, an denen zuvor in das Messing gebohrt wurde, und treiben Sie Messingnieten durch, die ausreichend lang sind, um etwa einen Achtel Zoll herauszuragen, und mit passend angefertigten Köpfen genau auf die in den Bändern gebildeten Hohlräume; Befestigen Sie sie dann fest, indem Sie die Köpfe jedes einzelnen auf ein Eisen legen und mit einem Hammer auf den nach innen ragenden Teil schlagen, bis er glatt und eben mit der Oberfläche ist. Auf die gleiche Art und Weise sind auch die in der Mitte der Buchtafeln alter Bücher, insbesondere von frühgebundenen Bibeln usw., in Kirchen befestigten Vorsprünge befestigt.

FERTIGSTELLUNG.

Die Platzierung von Beschriftungen, Vergoldungen und Blindprägungen ist genau die gleiche wie bei gedruckten Büchern. Raues Kalb muss mit Bimsstein bearbeitet, mit einer Bürste gereinigt und mit sehr heißen Werkzeugen verziert werden, um einen dunklen Abdruck zu erzeugen. Für Pergament sind die Werkzeuge kühler als für Kalb. Das Buch, das nun für den Buchhalter zur Verfügung steht, schließt zwangsläufig die Einzelheiten dieser Beschreibung der Bindung ab.

EINSTEIGEN.

An großen Orten ist dies ein weiterer eigenständiger Zweig der Kunst und besteht darin, das Buch einfach mit farbigem Papier oder einem anderen üblichen Material zu bedecken. In Kleinstädten muss es unbedingt gemeinsam mit den anderen Zweigen durchgeführt werden; Die verschiedenen Manipulationen in einem früheren Teil dieser Arbeit wurden jedoch so ausführlich und detailliert beschrieben, dass bei dem Versuch, das BOARDING ZU BESCHREIBEN , ohne Wiederholungen wenig gesagt werden kann. Auch dieser Stil, der in diesem Land die gebräuchlichste Art ist, Bücher zu gestalten, bringt das Thema unter allen Umständen in eine Lage, die kaum einer Bemerkung bedarf. Bevor wir also von den wenigen Vorgängen sprechen, die dem Einheften eigen sind, müssen wir nur feststellen, dass das Falten, Pressen, Nähen, Kleben, Einschlagen, Bedecken und Kleben die gleichen sind wie bei normal gebundenen Büchern . Es bleibt also noch hinzuzufügen, dass die Bücher nicht geschlagen werden müssen und bei gewöhnlichen Brettern niemals an den Kanten geschnitten werden. Um ein möglichst gepflegtes Aussehen zu erzielen, werden die Blätter erst vor dem Abrunden der Rückseite mit dem Schneidemesser bearbeitet , indem alle Teile des Papiers, die über die Hauptlinie hinausragen, entfernt werden. Um die Rückseite stärker zu machen, muss vor dem Auftragen auf das Volumen ein Stück Papier in die Mitte des farbigen Papiers geklebt werden . Nach dem Abdecken und Aufkleben muss das gedruckte Etikett gleichmäßig auf der Rückseite fixiert werden und schon ist das Buch fertig.

TUCHARBEIT.

Im Jahr 1825 begann mit der Einführung von Stoffbezügen anstelle des zuvor verwendeten tristen farbigen Papiers eine große Revolution im Pensionswesen. Der verstorbene Archibald Leighton aus London war der Erfinder; und Herr Pickering war der erste Verleger, der es übernahm. Die ersten Stoffbezüge hatten bedruckte Etiketten; Doch sehr bald machte Mr. Leighton die Entdeckung, dass sich Stoffe sehr schön mit Gold prägen lassen. Lord Byrons Werke (Ausgabe in 17 Bänden) waren die ersten Bücher, die mit goldenen Buchstaben auf Stoff bedruckt wurden. Die Stoffarbeiten werden jetzt mit vollständig vergoldeten Seiten und Rücken und vergoldeten Kanten ausgeführt. aber aufgrund des temporären Charakters dieses Stils kann sich die Frage stellen, ob es nicht ein nutzloser Zeit- und Geldaufwand ist, ihn zu produzieren. Aber solange die Öffentlichkeit sich ihrer mangelnden Gebrauchsfähigkeit nicht bewusst ist und nebenbei eine Menge Gold begehrt – solange es in der Tat eine große Klasse gibt, die Bücher nur zur Schau und nicht zum Gebrauch begehrt ,-es wird das Interesse der Verleger sein, sie durch die Bereitstellung vergoldeter Stoffarbeiten zu befriedigen.

Da Schnelligkeit in der Stoffverarbeitung so wichtig ist, wurde eine Maschine eingeführt, um das Sägen der Rückseiten zu erleichtern, und sie wird jetzt allgemein für diesen Zweck verwendet. Der beigefügte Schnitt vermittelt eine genaue Vorstellung der Maschine, wie sie von WO Hickok, Harrisburg, Pennsylvania, hergestellt wurde.

Für diese und alle anderen Arten von Fallarbeiten (Marokko wird manchmal auf diese Weise durchgeführt) werden die Einlagepapiere eingelegt und überklebt, so dass sie am Vorsatzpapier haften, und die Zettel werden, nachdem sie kurz abgeschnitten wurden, abgekratzt oder abgekratzt glatt gerieben. Anschließend werden die Bände zusammengeschlagen und mit dem Leimpinsel an ein oder zwei Stellen auf der Rückseite angetastet. Sie werden dann an der Vorderkante geschnitten, indem man sie zwischen zwei Bretter legt, von denen eines genau die Breite hat, die zum Schneiden der Volumen vorgesehen ist; Die Bretter und Bücher werden auf die Legepresse gelegt und die Buchrücken gleichmäßig hochgeschlagen. Das Ganze wird dann in die Legepresse gelegt und mit dem Pflug geschnitten. Da die Rückseite breiter als die Vorderseite ist, schneidet das Messer dagegen. Bei kleinen Volumina kann es vorkommen, dass mehrere Stück gleichzeitig geschnitten werden. Diese Art des Schneidens wird „ Steamboating “ genannt. Nachdem die gesamte Partie, die der Arbeiter „auf“ hat, an den Vorderseiten zerschnitten wurde, werden sie dann wieder zwischen Schneidebretter der richtigen Größe gelegt und auf den Kopf geschlagen; Anschließend werden sie mit der Kufe oder dem Vorderbrett nach oben auf die Presse gelegt. Das Brett wird dann etwa einen Viertelzoll unter die Köpfe der Bände bewegt, während diese in Schichten oder Stapeln angeordnet werden. Der Handwerker greift dann die Bretter fest, damit die Bücher nicht verrutschen , legt sie in die Schneidepresse und schraubt sie mit der Pressnadel fest zusammen. Anschließend schneidet er die Buchköpfe auf die gleiche Weise ab wie die Fronten. Danach schrauben Sie die Presse teilweise ab, damit die Volumina gedreht werden können, ohne dass sie in der Wanne verrutschen. Drücken Sie dann mit einer Hand unter der Presse ein Ende der Bretter nieder, während Sie die andere anheben, bis das Ganze vollständig umgedreht ist und die Enden nach oben zeigen. Der Läufer wird mit der Wange der Presse ausgerichtet, die Presse wird festgezogen und die Volumina werden am Ende abgeschnitten. Sollen die Kanten vergoldet werden, werden diese nun für diesen Vorgang vorbereitet. Anschließend werden sie auf die Rückseite geklebt und abgerundet, wobei darauf geachtet wird, dass die Blätter nicht anfangen und die Vergoldung nicht mit dem Daumen an der Vorderkante markiert wird. Sie werden dann auf die gleiche Art und Weise wie gebundene Bücher gebunden, nur dass sie über größere Fugen verfügen. An den Enden ist Vorsicht geboten, da sonst die Hammerschläge das Papier zerdrücken und der Vergoldung an den Verbindungsstellen ein unansehnliches Aussehen verleihen.

Eine Maschine wurde erfunden, um Bücher zu bedrucken, und sie scheint sich zunehmender Beliebtheit bei der Stoffverarbeitung zu erfreuen, und zwar bei allen Arbeiten, bei denen Schnelligkeit im Vordergrund steht. Es ist die Erfindung von Herrn Sanborn aus Portland, Maine. Der beigefügte Schnitt gibt einen Eindruck vom Gesamterscheinungsbild der Maschine.

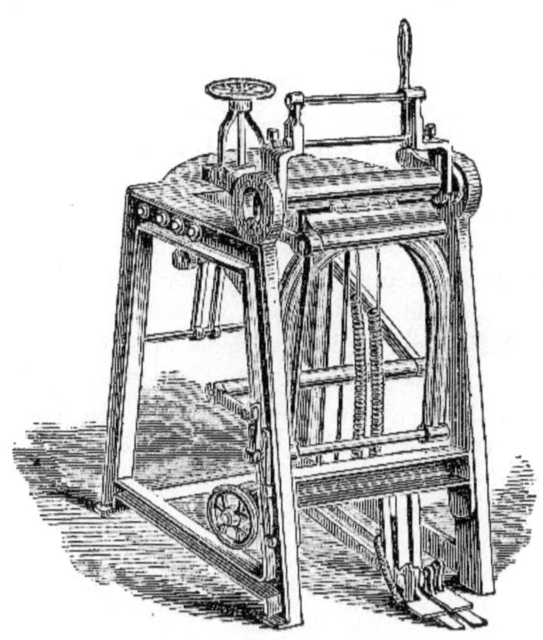

Der nächste Schritt besteht darin, die Rückseiten auszukleiden. Dazu werden Papier- oder Musselinstreifen auf die Rückseite geklebt, die so breit sein müssen, dass sie die Fugen auf beiden Seiten abdecken. Anschließend werden die Bände für die zuvor vorbereiteten Fälle aufbereitet. Mit der Tischschere werden die Bretter auf ein einheitliches Quadratmaß zugeschnitten. Nach dem Ausschneiden der Stoffbezüge werden die Ecken nach einem für diesen Zweck angefertigten Muster abgeschnitten, gerade so weit, dass sie sich überlappen, wenn der Stoff über die Kante der Bretter gestülpt wird. Dann wird die Abdeckung gleichmäßig überklebt und das **T-** Quadrat darauf gelegt, wobei das Quadrat die richtige Breite hat, um die Rückseite, die Fugen und die Nut des Volumens zu berücksichtigen. Dann wird auf jede Seite der Mitte des Quadrats ein Brett gelegt; Letzteres wird dann abgehoben und ein Papierstreifen von der Länge der Bretter und fast der Breite des Buchrückens zwischen die Bretter gelegt. Anschließend wird das über die Bretter hinausragende Tuch über deren Kanten umgeschlagen. Anschließend wird der Bezug umgedreht und das Tuch an den Seiten mit einem Woll- oder Wattepad glatt gerieben. Anschließend wird es zum Trocknen zwischen Pappkartons gelegt. Nachdem alle Hüllen fertig sind und vollkommen trocken sind, können sie bestempelt werden. Für normales Stempeln ist keine Vorbereitung erforderlich. Wenn der Stempel jedoch groß oder sehr schwer ist, ist es sicherer, eine Leimschicht zu verwenden. Zu diesem Zweck ist die russische Hausenblase vorzuziehen; fresh glaire wird den gleichen Zweck erfüllen. Nachdem die Hüllen gestempelt sind und die Bände fertig sind, werden sie mit den Köpfen auf die gleiche Weise angeordnet und das Vorsatzpapier des Bandes gleichmäßig überklebt. Das Buch wird dann mit der geklebten Seite nach unten auf eine Buchhülle gelegt, wobei gleichzeitig die Quadrate richtig ausgerichtet werden; Dann wird das andere Vorsatzpapier aufgeklebt und das andere Brett oder die andere Seite des Gehäuses über die Rückseite gezogen und auf den Band gelegt. Nachdem eine Nummer eingeklebt wurde, wird sie in Pressbretter gelegt, an deren Rändern ein Messingband befestigt ist. Da das Band etwas breiter ist als die Dicke der Platte, entsteht ein leichter Überstand. Die Bände werden in den Pressbrettern so eingestellt, dass sich die Rückseite und die Verbindung der Bände auf der Außenseite befinden, während sich der Karton auf der Innenseite des Messingrandes befindet. In dieser Position werden die Bände in die Standpresse gelegt und festgeschraubt; Anschließend werden sie mit einem kleinen Hammer leicht auf die Köpfe geklopft und trocknen gelassen. Anschließend werden sie herausgenommen und die Vorsätze mit einem Faltstock geöffnet oder getrennt. Anschließend stehen sie bereit für die Regale des Buchhändlers.

TISCHSCHERE.

TEIL III.

ZIERKUNST.

Wenn wir uns mit diesem Thema befassen, werden wir in das Land der Pharaonen zurückgeführt; Denn die frühesten Kunstaufzeichnungen, die uns überliefert sind (und vielleicht die vollkommensten), stammen von den Ufern des Nils und zeichnen sich durch ihren äußerst massiven Charakter, ihre Ruhe und Kälte aus. Die wenigen ornamentalen Details werden eher aufgrund ihrer symbolischen als ästhetischen Schönheit ausgewählt und bestehen aus lokalen Formen, die leicht konventionalisiert und durch Farbe verstärkt werden . Ihre Ornamente waren Typen und Symbole, die sich an das Auge, das Herz und die Seele des Betrachters richten sollten. Am häufigsten tauchte der geflügelte Globus auf – ein heiliges Symbol, das die Ägypter in ihren ornamentalen Entwürfen verwendeten – die menschliche Figur, ihr heilige Tiere sowie Lotus, Schilf, Natter und Papyrus. Auf den Kapitellen ägyptischer Säulen sind fast alle dem Land eigentümlichen Blumen dargestellt, wobei oft die Blütenblätter, Kapseln, Stempel, Samen und die kleinsten Teile ausgestellt sind. Oft sieht man Kapitelle, die einer Vase ähneln, manchmal auch eine umgekehrte Glocke. Dieser Stil lässt sich kaum auf die Dekoration von Büchern anwenden, es sei denn, es handelt sich um Werke, die sich auf Ägypten beziehen. Dann bieten seine Symbole dem Ordner Gelegenheit, seine symbolische Verzierung einzusetzen.

ASSYRER UND ALTER PERSER.

Mit diesem Stil haben wir uns erst in letzter Zeit einigermaßen vertraut gemacht; und obwohl die Assyrer teilweise zeitgleich mit den Ägyptern waren, haben sie wenig von ihnen übernommen. Die Details sind bemerkenswert für ihren klassischen Charakter, der sich zuweilen dem Ionischen nähert, für seine Verzierung jedoch stark auf Tierformen und für seinen Ausdruck auf Malerei und Skulptur angewiesen ist . Die oft anmutigen Formen sind weniger willkürlich als die ägyptischen (wo die Symbolik im Vordergrund steht) und enthalten jene Elemente, die später von den Griechen zur Schönheit ausgearbeitet wurden. Die assyrische Verzierung weist eine entsprechende Passung auf, die eines ihrer hervorstechenden Merkmale darstellt. Neben Tieren zeichnen Granatäpfel, Tannenzapfen, Lotusblüten und Schilfrohr, Rosetten und ein fächerförmiges Ornament, das angeblich den Ursprung des griechischen Geißblattes darstellt, den assyrischen Stil aus.

GRIECHISCH.

Unter den alten Griechen erlangte die Kunst einen verfeinerten und erhabenen Charakter, wobei die materielle Schönheit bis zum Äußersten entwickelt wurde; Eleganz der Proportionen, keusche Einfachheit und Konventionalität, triumphierend; Symbolik außer Acht gelassen. Die Hauptelemente der griechischen Ornamentik waren das Geißblatt, die Lotusblätter, die Wellenlinie und das Schneckenmuster, der Zickzack und der Universalbund. Die Schönheit des griechischen Ornaments besteht in der Gleichheit von Blattwerk, Ausgangspunkten, Stielen und Grundwerk. Seine Lauffiguren sind gut an Rollen angepasst und werden für die Seitenbearbeitung verwendet, und die Proportionen dieses Kunststils sollten vom Finisher sorgfältig studiert werden.

ETRUSKER.

Schlichtheit und Eleganz der Form, gepaart mit starkem Farbkontrast , sind die charakteristischen Merkmale dieses Stils. Die etruskischen Vasen bilden noch heute Vorbilder für den Künstler. Das neuartige Erscheinungsbild dieser Gefäße, die alle einheitlich mit schwarzem Maßwerk auf einem natürlichen bräunlich-roten Grund bemalt sind, ist äußerst ansprechend und beweist das hohe künstlerische Können ihrer Hersteller. Im British Museum gibt es einen Raum, der ausschließlich einer Sammlung dieser Überreste antiker Kunst gewidmet ist. Die Wirkung dieses Stils wird durch die Einlage von Schwarz auf ein bräunliches Rot erreicht . Eine von Whittaker in diesem Stil gebundene Kopie von Caxtons „ Recuyell of the Historyes of Troye" wurde hoch gepriesen. Es befindet sich im Besitz des Marquis von Bath. Die allgemeinen Auswirkungen dieses Stils werden durch einen Stil dargestellt, der heute sehr in Mode ist und als „antik" bezeichnet wird. Dabei wird ein rötlich-braunes Marokko geprägt, um darauf eine dunkle oder schwarze Figur zu erzeugen. aber der Charakter der Ornamente ist im Allgemeinen unterschiedlich.

RÖMISCH.

Die römische Kunst ist eine überflüssige Weiterentwicklung der griechischen Kunst, in der Reinheit dem Reichtum Platz macht, groteske Kombinationen üblich werden und falsche Prinzipien sich einschleichen. Mosaikböden werden durch die Einführung von Licht und Schatten malerisch, das Flache und Runde wird nicht deutlich unterschieden. In den Überresten von Pompeji finden wir die Entwürdigung der klassischen Kunst durch die Verletzung wahrer Prinzipien. Es gibt nichts in diesem Stil, was den Künstler besonders empfehlen könnte, insbesondere bei der Dekoration von Büchern.

BYZANTINISCH, LOMBARDISCH, NORMANISCH.

Diese Arten verwandter Ornamente, beginnend mit dem Aufkommen des Christentums, basierten auf klassischen Details und hatten einen ganz eigenen Ausdruck. Es gibt viel Symbolik im Byzantinischen, aber alle sind ihren jeweiligen Bedürfnissen angemessen – die Teile sind reichhaltig, mit Bedacht angelegt und rein konventionell. In diesen Stilen, die so eng miteinander verbunden sind, finden wir das ineinander verschlungene Riemenwerk, das bei den großen mittelalterlichen Künstlern an gotisches Maßwerk erinnerte.

MAURISCH.

Die dekorative Kunst der Araber ist konventioneller als jede andere, und es ist in den meisten Fällen äußerst schwierig, den Ursprung ihrer Formen zu ermitteln. Sämtliche Tierdarstellungen sind in der Religion Mohammeds strikt ausgeschlossen. Die Verbindung von geometrischen mit floralen Formen scheint den Ausdruck geliefert zu haben, viele Ornamente ähneln den Eierstöcken von Pflanzen, sind quer geschnitten und mit kristallinen Formen verbunden. Die abstrakte und oberflächliche Behandlung ist perfekt, die Formen sind äußerst anmutig und die Farbgebung wunderschön. Das ineinander verschlungene Riemenwerk ist aufwendig verarbeitet. Dieser Stil wird manchmal als Arabeske bezeichnet und bildet die Hauptdekoration der Alhambra, einer alten Festung und Residenz der maurischen Monarchen von Granada. In puncto Anmut und Lebendigkeit ist dieser Stil konkurrenzlos. Er bietet dem Veredler viele nützliche und schöne Hinweise für seine handwerklichen Arbeiten und ist gut darauf ausgelegt, bei Stempeln, die für die Prägepresse entworfen wurden, feine Effekte zu erzielen .

GOTISCH.

Die Gotik basiert auf geometrischen Formen. Das Riemenwerk früherer Stile wird zu Maßwerk verarbeitet, wobei die Hauptlinien kreisförmig oder geschwungen sind, beginnend mit vertikalen Linien, endend in Punkten, die auf die gleiche Weise geteilte und unterteilte Räume umschließen, weiter verziert mit konventionellen Ornamenten, die aus der lokalen Natur stammen. Beim Buchbinden wird es manchmal eingesetzt, jedoch ohne großes Urteilsvermögen. Der vernünftige Veredler wird es ablehnen, weil es für die oberflächliche Dekoration nicht anwendbar ist.

DIE RENAISSANCE.

Die Renaissance oder Renaissance entstand im 15. Jahrhundert in Italien durch die Aneignung klassischer Details in Verbindung mit früheren Stilen, wobei das Traditionelle der Auswahl und Freiheit wich; Die Kunst gewann nur wenige völlig neue Formen, sondern unterwarf alles Bisherige einer neuen Behandlung, die in den Händen der großen Künstler dieser Zeit angenehme Ergebnisse hervorbrachte, die Bedeutung der allgemeinen

Gestaltung zeigte und dadurch selbst unpassende Materialien ansprechend machte allein. Das Cinque-Cento gilt als das Ziel der Renaissance und seine Merkmale – Riemen, Maßwerk, Arabeske und durchbrochenes Rollwerk, eine Mischung aus konventionellen mit natürlichen Formen und jedem Detail antiker Kunst –, die unter verschiedenen Bedingungen hervorgebracht werden Meister, abwechslungsreiche Ergebnisse. So finden sich in Raffaels Loggie des Vatikans, wie in Pompeji, Elemente übereinander gestapelt, ohne Rücksicht auf die Konstruktion. Das Gleiche gilt für die Werke von Julio Romano in Mantua – gemalte Nachahmungen von Flachreliefs, die über Brunnen, Tempeln usw. hängen, wobei die Teile oft fein gezeichnet und bearbeitet sind, aber im Großen und Ganzen wenig vom Absurden entfernt sind, ganz anders Sie wollten mit den Werken der Griechen und Etrusker konkurrieren.

ELISABETHANISCH.

Der Elisabethaner war eine englische Version der Renaissance, eine besondere Weiterentwicklung des Riemen- und Riegelwerks und war für den Briefmarkenschneider äußerst nützlich. Viele seiner Formen können vom Finisher vorteilhaft eingesetzt werden.

LOUIS QUATORZE.

Dieser ausgeprägte Ausdruck der Kunst hat italienischen Ursprung und ist der letzte der Renaissance und das Ende der ornamentalen Stile. Es besteht aus Schnecken und Muscheln, einem Wechsel von Kurven und Vertiefungen, dem Kontrast von Konkavität und Konvexität, und den gebrochenen Flächen, die ein brillantes Licht- und Schattenspiel ermöglichen. Der Effekt, wenn die Vergoldung äußerst prachtvoll war, die Farbe aufgegeben, die Konstruktion verborgen und die Symmetrie oft außer Acht gelassen wurde, insbesondere in ihrem Niedergang. Was die oberflächliche Behandlung betrifft, so wurden flache Flächen sorgfältig vermieden und die wenigen verbliebenen Flächen wurden bildhaft behandelt, in einem wohltuenden, pastoralen Stil, der als der von Watteau bekannt ist. Unter Ludwig XV. Die Formen degenerierten: Das symmetrische Gleichgewicht und der Linienfluss wurden außer Acht gelassen und wichen der heruntergekommenen Ornamentik namens Rokoko – dem vorherrschenden Stil der letzten und frühen Hälfte des heutigen Jahrhunderts –, die Europa mehr als einhundert Jahre lang der echten oberflächlichen Dekoration beraubte. ohne die keine Kunst als vollständig betrachtet werden kann. Ein Versuch dieses Stils ist auf den Seiten einiger der bunt vergoldeten Alben und Bücher ähnlichen Charakters zu sehen. Kein Finisher muss eine Liebe dafür entwickeln, denn es ist die Abneigung aller raffinierten Künstler.

FERTIGSTELLUNG.

GESCHMACK UND DESIGN.

Für einen jungen Arbeiter ist es von größter Bedeutung, dass er die richtigen Vorstellungen vom Geschmack hat und ihn von Laune oder bloßer Fantasie unterscheiden kann. Es liegt in der Macht eines jeden, sich einen richtigen Geschmack anzueignen, denn er unterliegt Gesetzen, die leicht zu erlernen sind und unveränderlich sind. Man kann sagen, dass Geschmack eine Wahrnehmung und Wertschätzung der Prinzipien von Schönheit und Harmonie ist, wie sie die Natur durch die Kunst offenbart. Nichts, was der Natur widerspricht, kein Verstoß gegen ein Gesetz der Proportionen oder der Eignung kann guten Geschmack sein. Der Amateur und Büchersammler wird, wenn er mit der Gründung einer Bibliothek beginnt, gut daran tun, eine Pause einzulegen, bevor er sich eine Bindungsart aneignet, die in späteren Jahren ein Gefühl der Verärgerung hervorrufen und möglicherweise zu finanziellen Opfern führen wird.

Ein kürzlich auf der New Yorker Ausstellung der Industrie aller Nationen erschienener Autor äußerte sich wie folgt: „Wir nennen das Buchbinden eine Kunst; und wenn wir alles berücksichtigen, was für den perfekten Einband eines schönen Buches notwendig ist, muss es als Kunst anerkannt werden." ; zwar weniger wichtig, aber in ihrer Art der Architektur ähnlich.

„Die erste Anforderung an die Geschicklichkeit des Buchbinders besteht darin, das Buch in einen Einband zu stecken, der es wirksam schützt und gleichzeitig eine einfache Verwendung ermöglicht. Wenn ihm dies nicht gelingt, wird er seine aufwändigste Zierde zeigen." Geschicklichkeit ist nichts wert; denn er versagt genau dort, wo seine Dienste benötigt werden. Auch in dieser Hinsicht haben die meisten unserer Buchbinder in den vergangenen Jahren versagt. Wer erinnert sich noch an die abscheulichen, harten, gesprenkelten Schafsdecken, die sich verformten? Die Regale unserer Buchhändler vor nicht allzu langer Zeit können die zusätzliche Qual vergessen, die sie ihrem unglücklichen Käufer zufügten, indem sie sich spürbar vor seinen Augen zusammenrollten, als er seinen ersten Abend damit verbrachte, und indem sie lose Blätter oder ganze Signaturen vor ihm auswarfen Hatte er seine erste Lektüre beendet? Damals gab es auch einen Marokko- Einband mit einem California aus Gold an den Seiten; und solch ein Marokko ! Es fühlte sich für die Finger an wie eine abgeflachte Muskatnussreibe und schien das Buch zu schützen, indem es es herstellte Es ist für jeden schmerzhaft , es zu berühren. Dies war ebenso nutzlos wie die bescheideneren, wenn auch nicht vulgäreren Schafe. Auf dem Mitteltisch , für den es gemacht wurde, würde es die Weihnachtszeit kaum überdauern .

„Die nächste Aufgabe des Buchbinders besteht darin, seinem Werk das substanzielle Aussehen zu verleihen, ohne das das Auge des Kenners unbefriedigt bleibt. Der Band muss nicht nur gut geschützt sein, sondern auch so aussehen. Er sollte solide, kompakt, kantig und geschlossen sein." in festen Brettern, deren Dicke im Verhältnis zu seiner Größe steht, und diese sollten mit Leder überzogen sein, das gleichzeitig biegsam und stark ist. Wenn es nicht dieses Aussehen hat , wird es trotz der sattesten Farben und der aufwändigsten Verzierung unbefriedigend sein. So weit das bloße Die mechanische Geschicklichkeit des Buchbinders geht verloren. Wenn er seine Aufgabe mit Geschmack und Geschick in der Wahl seines Bindestils und in der Dekoration seines Buches ausführt , steigt er in den Rang eines Künstlers auf.

„Die Eignung des Einbandes für den Charakter des Bandes, den er schützt, ist von größter Bedeutung, auch wenn sie von vielen Buchbindern und noch weniger von denen, für die sie arbeiten, wenig beachtet wird. Nehmen wir an, Moores Lalla Rookh ist in grobem Schafsleder mit dunklem Einband gebunden Russland mit Rücken und Ecken, wie ein Kaufmannsbuch, oder Johnsons Folio-Wörterbuch in Strohfarbe Gibt es ein Auge, egal wie ungebildet, das nicht über die Inkongruenz schockiert wäre ? Jedes Buch könnte perfekt geschützt sein, sich frei öffnen lassen und den Beweis großer mechanischer und künstlerischer Fähigkeiten des Buchbinders aufweisen ; aber sein abscheulicher Geschmack würde ihm eine gerechte und allgemeine Verurteilung sichern. Und doch gibt es in den meisten öffentlichen und privaten Regalen täglich Verstöße gegen die Fitness, die kaum weniger empörend sind als die, die wir vermutet haben. Gedichtbände und illustrierte Kunstwerke, gebunden in nüchtern gesprenkeltem oder baummarmoriertem Kalbsleder, mit wenig Gold auf dem Rücken und an den Seiten und keinem an den Rändern! Historien, statistische Werke und Nachschlagewerke, in reichem Marokko , prächtig vergoldet! – die Idee, dass die Stile ihre Plätze wechseln sollten, schien den Besitzern dieser absurd überzogenen Bände nie in den Sinn zu kommen. Aber wenn jemand mit Geschmack und der Fähigkeit, die ewige Eignung der Dinge zu erkennen, ein wenig darüber nachdenkt, wird ihm klar, dass bei der Bindung von Büchern Übereinstimmung und Anpassung herrschen sollten. Nüchterne, praxisbezogene Bände sollten entsprechend abgedeckt werden; Kalbs- und Russleder , mit marmoriertem Papier und Kanten, werden dazu; Fantasievolle Werke wie Gedichte und Kupferstichbände hingegen verlangen nach reichem Marokko , phantasievollen Ornamenten und Vergoldungen. Zum Einbinden von Geschichten, philosophischen Werken, Wörterbüchern, Nachschlagewerken und dergleichen, in schlichtem Kalbsleder oder dunklem Russland , – Reisen, Romanen, Essays und der leichteren Art von Prosaschrift, in getöntem Kalbsleder oder hellem Russland mit Vergoldung, – Poesie in Volles Marokko , reich vergoldet, und

Kunstwerke in halbem Marokko , wobei der obere Rand nur geschnitten und vergoldet ist – scheint eine kluge Unterteilung der wichtigsten Bindungsstile zu sein. Die Ränder eines illustrierten Kunstwerks sollten niemals weggeschnitten werden, außer dort, wo es absolut notwendig ist, um das Buch vor Staub zu schützen und die Blätter bequem wenden zu können – also am oberen Rand. Hier ist es angebracht, gegen die wahllose Verwendung des antiken Einbandstils mit dunkelbraunem Kalbsleder, abgeschrägten Buchdeckeln und roten Rändern zu protestieren. Dies ist sehr gut an seinem Platz; Es sollte jedoch auf Prosawerke von Autoren beschränkt werden, die vor nicht mehr als 150 Jahren geschrieben haben. Welchen Anstand hat es, Scott, Irving, Dickens oder Longfellow in ein solches Kleid zu stecken?"

Hartley Coleridges Meinung zum Thema Geschmack beim Buchbinden lautet wie folgt : „Der Einband eines Buches sollte immer zu seinem Aussehen passen. Ehrwürdig gelbe Seiten sollten nicht in militärischem Marokko , sondern in nüchternem braunem Russland eingefasst werden . Glänzendes, heißgepresstes Papier sieht aus." am besten in Pergament. Wir haben manchmal eine Sammlung von weißbraunen Balladen mit schwarzen Buchstaben usw. gesehen, die so prächtig gestaltet sind, dass sie uns an die fromme Großzügigkeit der Katholiken erinnern, die zum Teil Heiligenbilder in Seide und Gold kleiden dessen Heiligkeit darin bestand, Lumpen und Haartücher zu tragen. Das Kostüm eines Bandes sollte auch mit seinem Thema und dem Charakter seines Autors im Einklang stehen. Wie absurd, die Werke von William Penn und George Fox' Journal in flammendem Scharlachrot zu sehen im Purpur der Bischöfe! Die Theologie sollte von feierlicher Pracht sein. Die Geschichte sollte nach antiker und gotischer Art verziert sein; Werke der Wissenschaft, so schlicht, wie es mit der Würde vereinbar ist; Poesie, *simplex munditis* ."

Dibdin vorzustellen , dessen Verbindung zu einigen der ersten Bibliotheken Englands und dessen intime Kenntnis aller großen Büchersammler derselben dazu neigen muss, ihn als gut zu stempeln Autorität zu diesem Thema:—

„Das allgemeine Erscheinungsbild der eigenen Bibliothek ist keineswegs eine Frage bloßer Schnickschnack oder Gleichgültigkeit; es ist eine Art Kardinalpunkt, den der geschmackvolle Sammler gut beachten sollte. Sie haben das Recht, Bücher hinsichtlich ihres Äußeren zu *betrachten* . mit dem Auge eines *Malers* ; denn dies spricht nicht gegen die ordnungsgemäße Verwendung des Inhalts.

„Seien Sie sparsam mit rotem Marokko oder Pergament. Sie haben jeweils ein so ausgeprägtes oder, wie Maler es nennen, fleckiges Aussehen, dass sie nur mit Bedacht eingeführt werden sollten. Marokko, das gebe ich ehrlich zu, ist mein Lieblings- Surtout; und die Varianten davon – *blau.* ", (dunkel und hell), *Orange* , Grün *und* Oliv – verdienen besonders Ihre Aufmerksamkeit.

„Die Farbe des Einbandes stimmt oft mit dem Inhalt überein. Gedichtbände können rot, hellgrün oder blau sein und so viel Verzierung haben, wie man möchte. Und Kunstbücher sollten das vor allem andere tun." Freue dich über schöne Farben Marokkos und wunderschöne Ornamente. Im British Museum sind Bücher über Göttlichkeit in Blau, Geschichtsbücher in Rot, Gedichte in Gelb und Biografien in Oliv gebunden.

„Lassen Sie *Russland* Ihre Bände über Architektur oder andere Antiquitäten, Topographie, Lexikographie und andere Nachschlagewerke für sich beanspruchen. Lassen Sie Ihre Romanzen und Chroniken nach *Marokko* oder *Samt streben* ; obwohl, wenn ich darüber nachdenke, *Russland* gut für Geschichte und Chroniken geeignet ist." . Und für Ihre Fünfzehner oder im fünfzehnten Jahrhundert gedruckten Bände, ob Griechisch, Latein, Italienisch oder Englisch, möchte ich Sie bitten, stets Marokko zu verwenden : *für* Theologie *dunkelblau* , *schwarz* oder *zwetschgenrot* , für Geschichte *rot* oder *dunkelgrün* ; während Sie in großen Papierquartos nicht versäumen, sich an das *Peau de Veau* (Kalb) der Franzosen zu erinnern, mit vergoldeten marmorierten Rändern. Mein Abscheu vor *Schweinsleder* drängt mich, Sie aufzufordern, diesem Erzeuger von Schimmel und Unheil ewige Feindschaft zu schwören. Tatsächlich handelt es sich jedenfalls um ein plumpes Kettenhemd. Für Ihr Italienisch und Französisch, besonders in langen Suiten, empfehlen wir Ihnen, einen sogenannten *französischen Kalbsledereinband* zu verwenden, der an den Seiten gefleckt, bunt oder marmoriert ist und auf der Rückseite gut mit Ornamenten und, wenn die Arbeit es wert ist, mit Gold bedeckt ist die Kanten. Lassen Sie Ihre englischen Geschichts- oder Belletristik-Oktavos den ruhigen Ton von schlicht vergoldetem weißem Kalbsleder mit marmorierten Kanten atmen; während die Werke unserer besten Dichter gelegentlich in ein marokkanisches Äußeres gekleidet werden sollten.

Die weitere Meinung des Doktors über den Stil der Verzierung usw. B. bei der Vergoldung, wird an der richtigen Stelle gegeben und kann zusammen mit dem oben genannten sicher mit dem Bindemittel bearbeitet werden, gemischt mit solchen Zusätzen, wie es sein eigener Geschmack vorschreibt.

In diesem Zustand werden die Mängel der Spedition deutlicher sichtbar, und kein Fingerspitzengefühl oder Einfallsreichtum des Verarbeiters kann sie wirksam beheben. Denn wenn die Bänder nicht gerade sind, die Verbindungen frei und das ganze Buch geometrisch gerade ist, wird der Fehler, was auch immer er sein mag, überall auftreten und dazu neigen, die Schönheit jeder nachfolgenden Operation zu zerstören, und zwar aufgrund des Zwanges, der zur Herstellung des Allgemeinen erforderlich ist Erscheinungsbild der Arbeit effektiv.

Bevor mit der Beschreibung der verschiedenen Handgriffe fortgefahren wird, die beim Vergolden eines Buches erforderlich sind, muss der junge Handwerker noch einmal darauf aufmerksam gemacht werden, was in den vorherigen Teilen dieser Arbeit in Bezug auf Sorgfalt und Aufmerksamkeit dargelegt wurde, und die Bemerkungen weiterverfolgen Dort wurde mit anderen über den Geschmack gesprochen, der in diesem wichtigsten Teil der Buchbindekunst zum Ausdruck kommen muss. Wenn man bedenkt, dass die berühmtesten Künstler nicht nur durch die Elastizität, Festigkeit und Rechtwinkligkeit ihrer Einbände, sondern auch durch die kluge Wahl ihrer Vergoldungsornamente und deren Präzision und Schönheit zu der ihnen verliehenen Bedeutung gelangt sind Da sie ausgeführt wurden, kann man dem Arbeiter nicht genug einprägen, dass dies jemals seine erste Aufmerksamkeit erregen sollte. Nichts ist für das Auge so unangenehm wie unüberlegte oder schlecht ausgeführte Verzierungen; Mit keuschen und klassischen Ausschmückungen, die geschmackvoll eingesetzt werden, entsteht auf den Bänden ein Anschein von Reichtum, der selbst den anspruchsvollsten Kritiker zufriedenstellen wird. Die Seiten der Bände bieten das für die Darstellung des ornamentalen Geschmacks günstigste Feld und ermöglichen aufgrund ihres Umfangs die Ausführung der kompliziertesten Entwürfe. Dieser kunstvolle Verzierungsstil wurde zu einer solchen Perfektion und Pracht gebracht , dass in vielen Fällen allein die Ausführung einer Seite mehrere Tage in Anspruch nahm; Aber nur durch die energischste Anwendung, die größte Sorgfalt und den richtigen Geschmack können Kenntnisse darin erlangt werden. Damit wird der Erfolg bald die Bemühungen des Arbeiters krönen; und er wird die Genugtuung haben, dass er in der Lage ist, jedes noch so schwierige Muster nachzuahmen und viele neue Designs und Fächer auszuführen, von denen er, bis er sich selbst beschäftigte, vorher keine Ahnung hatte.

Was den Stil der Verzierung angeht, muss man es dem Geschmack überlassen; aber wie bereits versprochen, ist es jetzt angebracht, die Bemerkungen von Dr. Dibdin über die allgemeine Wirkung von Vergoldung und Blindprägung einzuführen und die Einzelheiten dem Verstand des Vergolders zu überlassen.

„Sorgen Sie zunächst dafür, dass Ihre Bücher gut und gleichmäßig beschriftet sind und dass auf der Rückseite eine erträgliche Portion Verzierung zu sehen ist. Ich liebe das, was man eine *überladene Rückseite nennt* . Auf den ersten Blick mag das Erscheinungsbild protzig und grell sein, aber mit der Zeit , das sowohl Buchverzierungen als auch menschliche Gesichter mildert, wird diese Unannehmlichkeiten schnell beseitigen; und etwa ein Jahr oder sechs Monate, die zu den besagten zwölf Monaten hinzugefügt werden , werden

Wunder beim Erscheinungsbild Ihres Buches bewirken. Seien Sie nicht dürftig mit Ihren Verzierungen die Rückseite, und lassen Sie niemals zu, dass *Blindprägungen* ein Folio oder Quarto vollständig durchdringen; denn dadurch verwandeln Sie etwas, das wie ein *Buch aussehen sollte* , in ein Mahagoni-Möbelstück.

„In großen Bibliotheken sollte es nicht zu viel Blindprägung oder einen zu großen Mangel an Vergoldung geben. Zweifellos sollte die Verzierung so passend wie möglich zum Buch sein. Man konnte mit Lebkuchen vergoldete *Bibeln* und *Gebetbücher* oder *Chroniken* usw. nicht ertragen *Wörterbücher* oder andere Nachschlagewerke. Lassen Sie diese eine dezente Verzierung auf der Rückseite haben; die Bänder sind nur vollvergoldet, oder ein umlaufendes Kantenwerkzeug in der Mitte , mit kleinen Verzierungen zwischen den Bändern.

„Ich würde empfehlen, dass die Beschriftung eines Bandes so *vollständig* wie möglich ist; dennoch muss manchmal Sentenzialität übernommen werden. Die Zeilen sollten gerade sein und die Buchstaben sollten ein und dieselbe Form oder dasselbe Zeichen innerhalb der Zeile haben; jedoch der Name des Autors kann in einer Größe ausgeführt werden, die größer ist als das Datum oder der Ort der Ausführung, und die Beschriftung kann sich zwischen dem oberen und unteren Streifen befinden oder den Raum zwischen drei Streifen oder sogar mehr einnehmen. Alte Bücher senkrecht neu beschriften, wie es Brauch war. In allen neuen Einbänden ist jedoch die horizontale gegenüber der senkrechten Beschriftung vorzuziehen." *

> *Wir befürchten manchmal, dass Dr. Dibdens
> Lob für einen überhöhten Betrag eine schlechte
> Wirkung gehabt hat. Man sollte bedenken, dass,
> als der Arzt schrieb, Kalb das vorherrschende
> Material für die Bindung war, und zwar in heller
> Farbe .

Es bleibt zu drängen, dass besonderes Augenmerk darauf gelegt wird, dass die Buchtitel richtig geschrieben sind, da das Gegenteil für den Vernünftigen eine höchst unangenehme Wirkung haben wird und die Ursache für Unzufriedenheit mit der Gesamtheit des Einbandes im Kopf sein kann des Eigentümers; und auch um den Kontrast zu vermeiden, den die unterschiedliche Schattierung oder Farbe neuer Beschriftungsstücke bei manchen Einbänden hervorruft.

Da es erforderlich ist, dass sich der Handwerker eine Vorstellung von dem Stil und dem Design macht, das auf dem Band ausgeführt werden soll, bevor er es für die Vergoldung vorbereitet, werden wir im Folgenden auf die Besonderheiten einiger der bekanntesten Stile und der dafür erforderlichen Werkzeuge hinweisen produzieren sie. Wir hoffen, mit Hilfe der Werkzeuge und Ornamente, die eigens für dieses Werk von Gaskill, Copper & Fry, Buchbinder-Werkzeugschneidern aus Philadelphia , angefertigt wurden und die sich durch ihren Geschmack und ihr Können gesichert haben, eine getreue Vorstellung davon zu vermitteln. einen beneidenswerten Ruf als Künstler. Tafel I. enthält eine Abbildung der genannten Ornamentarten

DER ALDINE-STIL,

Der Name leitet sich von einem bekannten Drucker namens Aldus Manutius ab, einem gebürtigen Römer, der im Jahr 1446 oder 1447 geboren wurde. Sein Vorname, Aldus, war eine Abkürzung von Theobaldus ; und zu diesem Nachnamen fügte er manchmal die Bezeichnung Pius, Bassianus oder Romanus hinzu. Der erste dieser Appellative wurde von Aldus angenommen, weil er der Lehrer von Albertus Pius, einem Prinzen aus dem Adelshaus von Carpi, gewesen war; und der zweite wurde vom Geburtsort des Druckers abgeleitet – nämlich Bassian , einer kleinen Stadt im Herzogtum Lermonetta .

Lieblingsstadt zur Ausarbeitung seiner Pläne, bezogen haben ; und um 1494-95 brachte er dort die erste Produktion seiner Presse heraus. Er führte römische Schriften mit einem saubereren Schnitt als zuvor ein und erfand den schönen Buchstaben, der heute als *Kursivschrift bekannt ist* , obwohl er zunächst *venezianisch genannt wurde, da Manutius in* Venedig ansässig war, als er ihn mitbrachte zur Perfektion; aber nicht lange danach wurde es dem Staat Italien gewidmet, um Streitigkeiten vorzubeugen, die dadurch entstehen könnten, dass andere Nationen eine Priorität beanspruchen, wie es im Fall des ersten Erfinders des Buchdrucks der Fall war.

Vor der Zeit von Aldus waren die einzigen in der Interpunktion verwendeten Punkte Komma, Doppelpunkt und Vollpunkt oder Punkt; aber er erfand das Semikolon, gab dem Komma eine bessere Form und verband die Interpunktion, indem er den verschiedenen Punkten passendere Stellen zuwies. Ungefähr zur Zeit seiner Heirat (im Jahr 1500) erfand er eine Methode, ein Werk so aufzuprägen, dass zwei Sprachen nach Wahl des Käufers ineinander verschränkt und miteinander oder getrennt verbunden werden konnten; und etwa zur gleichen Zeit druckte er das erste Folioblatt einer geplanten Bibelausgabe IN hebräischer, griechischer und lateinischer Sprache; so dass er die Ehre hat , als Erster den Plan einer Polyglott- Bibel vorgeschlagen zu haben. Der Plan konnte jedoch nicht in die Tat umgesetzt werden. Das Drucken verschiedener Sprachen in gegenüberliegenden Spalten wurde erst 1530 durchgeführt.

Der Geist von Aldus war ganz mit der Pflege seiner Druckerei beschäftigt; denn sobald er seine anderen notwendigen Angelegenheiten geordnet hatte, schloss er sich in seinem Arbeitszimmer ein, wo er sich damit beschäftigte, seine griechischen und lateinischen Manuskripte zu überarbeiten und die

Briefe zu lesen, die er von Gelehrten aus allen Teilen der Welt erhielt und Antworten darauf schreiben. Um Störungen durch unverschämte Besuche zu vermeiden, ließ er die folgende Inschrift über seiner Tür anbringen : *„ Wer auch immer Sie sind, Aldus bittet Sie dringend, Ihre Geschäfte so schnell wie möglich zu erledigen und dann zu gehen, es sei denn, Sie kommen hierher wie ein anderer Herkules. "* *, um ihm freundlichen Beistand zu leisten; denn hier wird es genug Arbeit geben, um Sie und alle, die diesen Ort betreten, zu beschäftigen .*

Das Zeichen oder Gerät, das Aldus – der 1515 starb – zur Unterscheidung der aus seiner Druckerei herausgegebenen Werke verwendete, war ein Anker, um den sich ein Delphin zu drehen schien. Es muss jedem Amateur bekannt sein – Mr. Pickering, der Londoner Verleger, hat den Aldine-Anker als sein Gerät übernommen. Der Versuch einer Beschreibung der Aldine-Werkzeugklasse wäre nach einem so schönen Exemplar in der Abbildung überflüssig. Man erkennt, dass sie völlig frei von Schattierungen sind und daher für die Beschreibung von Arbeiten, für die sie im Allgemeinen verwendet werden, nämlich Blindwerkzeuge, viel effektiver sind. Sowohl Werkzeuge als auch Muster sind viel leichter und dekorativer als die alte Klosterschule, an der die Aldine in gewissem Maße teilnahmen.

Auf derselben Platte ist die Anordnung einer Rückwand und der darin enthaltenen Werkzeuge dargestellt

MONTAGUE-STIL,

Der Name leitet sich von Montague (von der Firma Montague and Johnson) ab, einem Buchbinder von beträchtlicher Bedeutung, der um das Jahr 1780 seine Blütezeit hatte. Die Hauptmerkmale dieses Stils sind Ecken und Mitte , gefüllt mit Registern usw. ähnlich der Abbildung. Die Werkzeuge haben eine offene, blättrige Form und fließen aus einem Stiel, der frei von Spiralen oder Locken ist. Die angegebene Tafel wurde aus einem Buch kopiert, das angeblich von Montague selbst angefertigt wurde. Der Balken oder Gerstenkorn am Kopf und Schwanz und an den Bändern, ebenso an den Innenseiten und Kanten. Bücher in Bänden, rot und grün auf angrenzenden Tafeln zusammengesetzt, häufig eine rote Raute auf dem zweiten Teil und mit Ecken und Anschlägen ähnlich den anderen Tafeln gefüllt; manchmal sind beide Stücke grün; Die Seiten sind im Allgemeinen schlicht oder eine blumig fließende Rolle, die heute normalerweise durch eine Zweilinie ersetzt wird. angenähte erhabene Bänder; Farbe , braunes Kalb, manchmal stark bestreut.

Es gibt auch auf Tafel I eine Illustration von

DER HARLEIAN-STIL,

Ein Stil, der Montague in der Schönheit der Ornamente nicht nachsteht und in der Eleganz und Vielfalt der Arrangements überlegen ist. Bevor wir uns mit der Beschreibung des Stils befassen, geben wir an, welche Informationen wir über seinen Gründer gewonnen haben, in der Hoffnung, dass diese nicht inakzeptabel sein werden. Wir stellen fest, dass „Robert Harley, Esq., aus Frampton-Bryan in der Grafschaft Hereford (der Herr, von dem der Stil seinen Namen hat) im Jahr 1700 zum Sprecher des Unterhauses gewählt wurde und im Mai 1711 Er wurde zum Earl of Oxford und Mortimer ernannt und fünf Tage später zum wichtigen Lord High-Treasurer von Großbritannien befördert.

Im Vorwort zum Harleian MSS., das sich jetzt im British Museum befindet, heißt es über Herrn Harley: „Seine angeborene Liebe zu Büchern veranlasste ihn schon in jungen Jahren dazu, eine neue Bibliothek zu gründen, unabhängig davon." mit den Nachteilen, mit denen er zu kämpfen hatte, da zuvor große Anstrengungen unternommen worden waren, MSS. für die Bodleian-, Cottonian- und andere wertvolle, wenn auch kleinere Sammlungen zu sammeln, so dass tatsächlich die Aussicht bestand, eine neue Bibliothek mit einer beträchtlichen Anzahl von MSS. zu gründen sehr aussichtslos. Aber angetrieben von der Liebe zum Lernen und dem starken Wunsch, die Transaktionen früherer Zeiten zu erforschen, beschloss Mr. Harley, alle neugierigen Manuskripte zu kaufen, die er finden konnte, insbesondere solche, die in irgendeiner Weise dazu neigen könnten um die Geschichte, Gesetze, Bräuche und Altertümer seines Heimatlandes zu erklären und zu veranschaulichen. Das Hauptziel, das der Gründer der Harleian Library im Auge hatte, war die Gründung einer MS. English Historical Library und die Rettung vor dem Vergessen und der Zerstörung von solch wertvollen Aufzeichnungen unserer nationalen Altertümer, die dem Fleiß ehemaliger Sammler entgangen waren.

„Beim Tod seines Sohnes (Edward Lord Harley im Jahr 1741), der maßgeblich zur Bereicherung der Sammlung beigetragen hatte, bestand die MS-Bibliothek aus fast 8000 Bänden. Beim Tod von Herrn Harley wurde seine Bibliothek vermacht an die Universität Oxford. Diesen Männern schulden wir Dank für die Verbesserung der Kunst und die Einführung eines Veredelungsstils, der immer noch die Bewunderung des Kenners hervorruft.

„Die Bücher in der Harleian-Sammlung sind hauptsächlich in rotem Marokko gebunden , gut angenähte erhabene Bänder, straffe Rücken, (wie alle Bücher dieser Zeit), niederländische Marmorvorsätze und vergoldete Kanten."

Harleian-Werkzeuge sind drahtiger und viel näher als die Montague, durchsetzt mit feinen Locken, feinen Stecknadelkopf-Kurvenlinien, Rosetten, Eicheln, festen Stoppern, einzelnen Ringen und Kreuzbrötchen.

Der Rand auf derselben Platte zeigt die Harleian-Scheibenseite. Im Harleian-Stil gibt es drei deutlich unterschiedliche Anordnungen für Seiten und Rückseiten (unabhängig von den ausgefallenen Höhenflügen, denen sich die Finisher hingeben). Es gibt an den Seiten: Erstens das zwei- oder dreizeilige Filet, gestoppt; Zweitens der Harleian-Zierrand oder die Zackenbordüre – ein besonders sauberer und üppiger Veredelungsstil, der für fast jede Beschreibung von Büchern gut geeignet ist.

Bei Original-Harleys reichte das Werkzeug von Ecke zu Ecke weiter, als würde es von einer sehr breiten Walze bearbeitet; aber moderne Finisher bevorzugen eine ausgearbeitete Ecke, das heißt ein oder mehrere Werkzeuge, die im rechten Winkel zur Ecke vorstehen, bis zu denen die Randwerkzeuge bearbeitet werden, wodurch das Ganze harmonischer und perfekter wird. Der Stachelrand wird zu einem zwei- oder dreizeiligen Filet verarbeitet, wobei die Katzenzahnrolle an der äußeren Linie zum Rand des Bretts hin gearbeitet wird. (Wir können hier erwähnen, dass der Katzenzahn, obwohl rein französisch, auch als Harleian angesehen werden kann, wie er auf allen Originalen, die wir gesehen haben, vorkommt und gut mit dem Stil übereinstimmt.) Drittens die Scheiben- oder getäfelte Seite, ähnlich die Illustration. Manchmal wurde eine Doppelscheibe geformt, indem man eine zweireihige Leiste hineinwarf und auf der Innenseite eine Rolle bearbeitete.

Auf den Rückseiten befindet sich die aufrechte Mitte , die Rautenmitte und -ecke, wie in der Abbildung, und der Halbkreis mit offener Mitte .

Das Diamantzentrum wurde nicht oft für Bücher mit leichter Lektüre wie Romanen verwendet, sondern eher für Werke ernsterer Natur wie Göttlichkeit, Philosophie und Geschichte. Es scheint der Lieblingsstil der Ordner des Grafen gewesen zu sein ; und wir müssen anerkennen, dass ein Buch nie so wie ein Buch aussieht, als wenn es mit einem guten Diamanten in der Mitte und Ecke fertig ist. Bei der Bildung des Diamantenzentrums sollten die Zacken über die Anschläge hinausragen, da dies dann für das Auge anmutiger und angenehmer ist, als wenn Anschlag und Zacken bündig aneinander liegen.

DER FONTHILL-STIL.

Der folgende Bericht über die Abtei von Fonthill wird zweifellos in Verbindung mit unserer Beschreibung des „Stils", der seinen Namen davon abgeleitet hat, akzeptabel sein.

„Fonthill Abbey in Wiltshire gilt zu Recht als eines der prächtigsten Bauwerke im Vereinigten Königreich und vereint die Eleganz moderner

Architektur mit der erhabenen Erhabenheit des Klosterstils . Es wurde gegen Ende des letzten Jahrhunderts mit großem Aufwand erbaut von 400.000 Pfund, von Herrn William Beckford, Sohn des sozial engagierten Oberbürgermeisters von London mit diesem Namen, dessen Statue heute in Guildhall steht, mit einer Kopie der denkwürdigen Rede und Remonstration, die er 1770 an Georg III. richtete. Der junge Besitzer der Fonthill Abbey, der zu einem nahezu grenzenlosen Reichtum gelangte (fast 100.000 Pfund pro Jahr), ausgestattet mit einem außergewöhnlichen Geist, literarischen Talenten auf höchstem Niveau und einem exquisiten Geschmack für die Künste, beschloss, ein Gebäude zu errichten, das in seiner Gestaltung ungewöhnlich ist. und es mit Pracht zu schmücken ; und mit einer Energie und einem Enthusiasmus, von dem sich langweiligere Geister nur eine dürftige Vorstellung machen können, setzte er seinen Entschluss bald in die Tat um.

„Das prächtige Gebäude, das für Mr. B. errichtet wurde, enthielt viele prächtige Apartmentsuiten. Wir brauchen nur zwei zu beachten, die St. Michael's und die King Edward the Third's Gallery heißen. Sie sind von der stattlichsten und interessantesten Art, die man sich vorstellen oder vorstellen kann.'' Ersteres war mit den erlesensten Büchern und vielen *Vertu -Artikeln* gefüllt; Letzteres diente auch als Bibliothek, war jedoch mit einer viel größeren Anzahl an erlesenen und merkwürdigen Produktionen bereichert und endete in einem Oratorium, das aufgrund seiner eleganten Proportionen und seiner charakteristischen Konsistenz einzigartig ist. Es ist gleichzeitig reich und luxuriös wie der Tempel, dessen Anhängsel es bildet, – düster und beruhigend wie die religiösen Gefühle, mit denen seine Bezeichnung es verbindet.

„Meditation hier kann Stunden und Augenblicke in Erinnerung behalten;

Hier kann das Herz dem Kopf eine nützliche Lektion erteilen,

Und klügeres Lernen ohne seine Bücher.'

Es ist nur das Ziehen eines Vorhangs, und nicht nur der ganze Glanz der angrenzenden Pracht , sondern auch alle Pracht und Eitelkeiten der Welt scheinen für den meditativen Geist für immer ausgeschlossen zu sein. Vielleicht wird seine nachdenkliche Stimmung durch den unmittelbaren Kontrast noch tiefer empfunden: Geblendet von Prunkgegenständen, ermüdet von der Auseinandersetzung mit seltenen und teuren Waren und verwirrt von der Vielzahl kostbarer Geräte, die ihn überall umgeben, zieht sich die Seele des Besuchers zehnfach zurück Freude an den schmalen Wänden des Oratoriums.

Unsere kurze Beschreibung des Fonthill-Stils wird dem Leser unweigerlich den Eindruck vermitteln, dass er dem düsteren Charakter des Teils der Abtei,

in dem sich die Bibliothek befand, bemerkenswert angemessen ist , wobei
das eine dem anderen genau entspricht.

Halbgebundenes olivbraunes Marokko ; angenähte erhabene Bänder;
vergoldete Oberteile; Seiten und Innenseiten aus Marmorpapier ; ohne
jegliche Veredelung, außer dem Schriftzug und dem Datum unten.

À LA JANSENISTE.

Dieser keusche und schöne Stil soll von einem religiösen Orden abgeleitet
sein und wird von Amateuren hoch geschätzt. Bei à la janseniste gebundenen
Büchern handelt es sich um vollständig gebundene Bücher aus der Türkei
oder der Levant- Marokko-Reihe mit einem breiten Einschlag auf der
Innenseite des Bretts, vergoldeten Kanten mit einer feinen einzeiligen
Verrundung auf jeder Seite der Bänder sowie Kopf und Schwanz und einer
sauberen Gehrung auf der Rückseite seitlich, ganz in Blindoptik, außen ohne
Vergoldung, außer der Beschriftung; auf der Innenseite ein breitgezackter
Rand aus sehr feiner Goldprägung, eine feine Zweilinie in Gold an den
Rändern der Bretter und die Kappe der Stirnbänder mit derselben Spitze.

DER CAMBRIDGE-STIL

Wird sozusagen ausschließlich an theologischen Werken praktiziert . Zu
welcher Zeit es seinen Namen erhielt, ist ungewiss; Zweifellos war es der Stil,
in dem einige Universitätsbibliotheken hauptsächlich gebunden waren; und
aller Wahrscheinlichkeit nach wurde die Idee der Harley-verglasten Seite
zuerst davon übernommen. In diesem Stil gebundene Bücher sind auf
erhabenen Bändern genäht, haben braunes Kalbsleder, mit Glas bestreute
Seiten, Vorsatzpapiere aus holländischem Marmor und rote Kanten . Der
Rücken ist mit roten Ruten besetzt , und ein zweizeiliges Filet an Kopf und
Schwanz sowie auf jeder Seite der Bänder sind *blind* . Seiten, zweizeiliges Filet
nahe der Kante und auf jeder Seite der Scheibe, mit einer schmalen
Blumenrolle, die auf jeder Seite der Scheibe nahe der Linien eingearbeitet ist.
Die Leisten in der Scheibe werden an den Ecken mit der zweizeiligen Leiste
miteinander verbunden und mit einem Werkzeug von der Ecke der Scheibe
zum Rand des Buches gearbeitet, *alles blind* . Bar-Rolle an den Rändern, in
Gold.

2.

Modernes Kloster.

MODERNISIERTES KLOSTER.

Dieser Stil ist heute unter der Bezeichnung „antike" in großer Mode. Die verwendeten Materialien sind göttliches Kalb und braunes oder karmelitisches Marokko , mit sehr dicken Brettern, Kanten entweder rot, braun oder matt vergoldet; sehr hohe erhabene Bänder. Der Ornamentstil wird auf Tafel II veranschaulicht, die für einen Seitenstempel vorgesehen ist, der von der Presse angefertigt werden soll. Es kann auch von Hand gemacht werden, mit Rollen, Filets und Handstempeln, wobei man das breite und schmale Filet weglässt und es entweder durch ein oder zwei Linien ersetzt und die Kreise mit Hohleisen bearbeitet. Die Werkzeuge sind alle blind gearbeitet. Diese Art der Bindung erzeugt, wenn sie zum Buch passt, einen sehr angenehmen Effekt.

ARABESKE.

„Der Begriff wird häufiger für die Arten von Ornamenten verwendet, die zur Verzierung von Wänden, Gehwegen und Dächern maurischer und arabischer Gebäude verwendet werden und aus einer komplizierten heterogenen Mischung aus Früchten, Blumen, Schriftrollen und anderen Gegenständen bestehen, unter Ausschluss von Tieren.", deren Darstellung in der mohammedanischen Religion verboten ist. Diese Art von Ornament wird heute häufig zur Verzierung von Büchern, Tellern usw. verwendet. Blätter, die denen der Araber sehr ähnlich waren, vermischt mit Greifen usw., wurden häufig verwendet an den Wänden und Friesen von Tempeln und an vielen antiken griechischen Vasen; an den Wänden der Bäder des Titus, in Pompeji und an vielen anderen Orten." – *Craig's Universal Dictionary.*

Was die Buchveredelung angeht, haben wir uns bei mehr als einer Autorität umgesehen und sind wirklich nicht in der Lage zu definieren, was der „arabeske" Stil ist oder sein sollte. Der wohlverstandene Begriff „Roan Embossed" ist unserer Meinung nach heute die am nächsten kommende Bezeichnung.

Tafel III. ist eine Adaption eines alten deutschen Prägemusters. Die Figur wird angehoben, wobei die Platte mit einer Gegenplatte in einer kräftigen Presse bearbeitet wird.

3.

Dieser Stil kann nur bei Verlagsarbeiten angewendet werden, bei denen eine Menge desselben Buches in diesem Stil erstellt werden muss. Dadurch wird eine gute Wirkung auf einem minderwertigen Material und zu geringen Kosten erzielt. Die Einbände werden geprägt, bevor sie auf die Bände aufgebracht werden. Um die Schärfe des Designs zu bewahren, müssen sie anschließend mit Klebstoff abgedeckt und nicht gepresst werden.

ANTIKE EICHE UND ANDERE BÄNDE.

In den letzten Jahren wurden große Stilvielfalt bei den Einbänden eingeführt; Diese müssen jedoch der Nachahmungsfähigkeit des geschickten Arbeiters überlassen werden, da keine schriftliche Beschreibung die erforderlichen Informationen und Anleitungen liefern würde. Sollte er den Wunsch haben, diese auszuführen, wird er gut daran tun, einige gute Exemplare zu studieren. Unter anderem können die antiken Eicheneinbände erwähnt werden, die Mr. Murray für sein „Illuminated Prayer-Book" und die Herren Longman and Co. für „Gray's Elegy" übernommen haben. Auch der eiserne Einband, nämlich: Einbände in Gusseisenimitation, in den die Herren Longman und Co. die „Gleichnisse unseres Herrn" gebunden haben. Heutzutage sind Bibeln und Gebete häufig an die Antike angelehnt, haben schwere Bretter mit Klammern und Ecken und sind im klösterlichen Stil gefertigt.

GROLIER-STIL.

Dieser wunderschöne Ornamentstil wird auf Tafel IV sehr gut veranschaulicht. dass es kaum einer Bemerkung bedarf. Wir werden lediglich feststellen, dass dieser Stil gut für die Handarbeit geeignet ist, da er von völlig oberflächlichem Charakter ist. Das vorgestellte Muster kann mit einer einzeiligen Verrundung und Rillen gearbeitet werden, mit einigen Blättern konventionellen Charakters. Das Muster sollte zuerst auf Papier der richtigen Größe nachgezeichnet werden, das Papier an den Ecken leicht angespitzt und an der Seite mit Kleister versehen werden, dann sollte mit dem Filet und den Rillen durch das Papier auf dem Leder gearbeitet werden. Anschließend wird das Papier entfernt und der Blindabdruck erscheint auf der Seite. Alle Papierreste werden sorgfältig abgewaschen und das Muster mit Bleistift nachgezeichnet in, das heißt, jeder Teil der Figur wird sorgfältig mit einem feinen, mit Glanz gesättigten Kamelhaarstift nachgezeichnet . Wenn es trocken ist, wird es leicht mit einem Stück Baumwolle, in das süßes Öl getropft wurde, bestrichen und das Blattgold darauf gelegt. Das Muster wird dann auf dem Gold überarbeitet.

4.

Grolier um 1530.

Der Entwurf auf Tafel V. ist eine moderne Ausarbeitung des Grolier und ist
für eine Seitentafel gedacht , die mit der Prägepresse ausgeführt werden soll.
Es eignet sich gut für Blind- oder Blankoprägungen, da die durchgezogene
Linie durch ihre Schnittpunkte einen schönen Effekt erzeugt. Durch
Weglassen der inneren und Ausarbeiten der äußeren Linien kann diese
Ausarbeitung von Linien und Kreisen von Hand erfolgen.

5.

Modernisierter Grolier.

Der Louis Quatorze ist auf Tafel VI durch ein Muster für eine Rückseite illustriert. Dies kann entweder durch Handstempeln oder durch die Presse erfolgen. Das Muster in der Mitte ist eine sehr schöne Illustration des vorherrschenden Stils von Rückseiten für die Arbeit an der Kasse. Dieser muss gestempelt werden, bevor der Einband auf das Buch aufgebracht wird.

Das dritte Muster für flache Rückseiten ist für Handwerkzeuge geeignet und erzeugt, wenn es auf hellem englischem Kalbsleder ausgeführt wird, ein schönes Aussehen. Aufgrund seines leichten, anmutigen Charakters eignet es sich gut für moderne Poesie und Unterhaltungsliteratur im Allgemeinen. Dieser Stil bietet Spielraum für eine nahezu endlose Mustervielfalt, die nur durch den Geschmack des Veredlers bestimmt wird.

6.

Ludwig XIV. Modern.Französisch .

Tafel VII. ist ein von Holbein gezeichneter Entwurf für eine Seitenverzierung aus Metall. Dieses schöne Muster kann entweder an Hand- oder Pressarbeiten angepasst werden. Seine anmutigen und harmonischen Proportionen sollten vom jungen Handwerker gut studiert werden.

7.

Gezeichnet nach einem Entwurf von Holbein 1550 n. Chr.

Auf Tafel VIII. Man findet Exemplare von Rollen und Handstempeln, die bei der Endbearbeitung verwendet werden. Die angebrachten Nummern beziehen sich auf die Anordnungsreihenfolge im von Gaskill, Copper & Fry herausgegebenen Book of Patterns, das über zweitausend Exemplare mit angehängten Preisen enthält. Sie verfügen außerdem über eine immense Anzahl von Mustern, die seit der Veröffentlichung ihres Buches für Buchbinder in verschiedenen Teilen des Landes ausgeführt wurden.

8.

Auswahl aus dem Book of Patterns von Gaskill, Copper & Fry (18 Minor S^t .)

Nachdem wir die hervorstechenden, unterschiedlichen Stile angegeben haben – von denen es jedoch viele Kombinationen gibt, sowohl hinsichtlich des Stils, der Verzierung als auch der Ausstattung, die mehr Unscheinbares hervorbringen, als wir behandeln können –, machen wir uns an die Vergoldung und vertrauen auf das, was gewesen ist Wird der junge Handwerker darauf hingewiesen, wird er keine Gelegenheit versäumen, sich mit den Werken berühmter Künstler vertraut zu machen, und zwar nicht zum Zwecke der unterwürfigen Nachahmung, sondern um ihre Adaptionen der Zierkunst als Studium zu untersuchen und ihm die Möglichkeit zu geben oberflächliche Dekoration auf ihre Urheber zurückzuführen. Nachdem er sich dieses Wissen angeeignet hat, kann er durch seine Behandlung des Ornaments den Rang eines Künstlers erlangen.

Die gegebenen Beispiele werden für den intellektuellen Arbeiter ausreichen, um sich viele Muster auszudenken, die sein Geschmack vorschlägt und die eine unendliche Vielfalt schöner Designs ergeben. Bei allen Kombinationen muss die strikte Einhaltung der symmetrischen Proportionen der Werkzeuge sein erstes Anliegen sein, damit die Vereinigung einer beliebigen Anzahl von Designs eine angenehme und schlichte Form ergibt. Es wäre überflüssig, noch mehr hinzuzufügen; Angesichts der Wichtigkeit des Themas kann ich zum Abschluss der Anweisungen für die ornamentale Abteilung des Bindens jedoch wiederholen, dass es keinen größeren Beweis für die Unwissenheit oder Nachlässigkeit des Handwerkers gibt als ein Ornament jeglicher Art, das ungleichmäßig oder ungleichmäßig gearbeitet ist. Besonders der junge Buchbinder soll dies bedenken: Es handelt sich um einen Mangel, den nichts wirksam beheben kann; Es handelt sich nicht um eine Verschönerung, sondern um eine Beeinträchtigung der Bindung, und sein Ruf als geschickter Handwerker ist dadurch gefährdet.

Vor dem Vergolden muss die Rückseite eingegrenzt und sorgfältig mit einem Falzstock und einem Lineal oder einem Stück Pergament markiert werden, wo immer eine gerade Linie verlaufen soll. Dies dient als Orientierung beim Auftragen des Goldes. Für Arbeiten der Spitzenklasse müssen die Filets zunächst blind eingelegt und die Bearbeitung auf die gleiche Weise erfolgen. Bei Seiten, bei denen das Design aufwändig ist oder ein gewisses Maß an Perfektion bei der Bearbeitung wünschenswert ist, muss das gesamte Muster zunächst blind bearbeitet und nach dem Waschen mit einer Verdünnung aus Oxalsäure oder einer dünnen Pastenfarbe ausgewaschen werden sorgfältig mit Bleistift eingezeichnet glaire -Bleistift; aber dies fällt passender unter die Überschrift

VORBEREITUNGEN ZUM VERGOLDEN.

Um erfolgreich arbeiten zu können, ist es notwendig, dass der Arbeiter sich mit ausreichend Leim, Glanz und Öl versorgt. Der erste wird durch Kochen feiner Pergamentstreifen hergestellt, bis eine gute Größe entsteht, deren Konsistenz gleichmäßig auf dem Volumen liegt, ohne Flecken oder Stränge, und muss warm verwendet werden. Die Glasur wird aus dem Eiweiß der Eier geformt, mit einem *Schaumbesen* gut geschlagen, bis es völlig klar ist, und der Schaum entfernt. Diese Flüssigkeit verbessert sich durch die Aufbewahrung und sollte niemals neu verwendet werden, wenn dies möglicherweise vermieden werden kann. Bei Marokko- Einbänden wird die Glasur manchmal mit Wasser verdünnt. Das von den verschiedenen Bindemitteln aufgenommene Öl ist unterschiedlich. Einige verwenden Palmöl für Kalbfleisch, süßes Öl für Marokko oder Russland ; andere bevorzugen

Schweineschmalz oder feine Schimmelkerze für helles Kalbfleisch; aber süßes Öl ist für fast jede Art von Leder gut geeignet. Pergamentpapier ist die beste Vorbereitung für farbiges Kalb. Auf so vorbereitete Bücher muss die Glasur zwei- oder dreimal aufgetragen werden, wobei darauf zu achten ist, dass jede Schicht ganz trocken ist, bevor die nächste aufgetragen wird, und dass sie vollkommen gleichmäßig auf der gesamten Oberfläche liegt und frei von Kügelchen oder anderen Substanzen ist. Bei der Zubereitung von farbigem Kalbfleisch ist große Sorgfalt erforderlich ; Denn wenn das Präparat zu viel Masse enthält, reißt es an der Oberfläche und sieht schlecht aus. Bei Marokko und Rotschimmel ist nicht mehr als ein Anstrich erforderlich, und wenn möglich nur auf den Teilen des Marokkos , die vergoldet werden sollen. Die Wetterlage muss immer die Anzahl der Bände bestimmen, mit denen gleichzeitig gearbeitet werden soll, da im Winter die doppelte Anzahl verdoppelt werden kann , je nachdem, was die Trockenheit eines Sommertages zulässt, um sicher zu arbeiten und Früchte zu tragen Wirkung. Eine gute Pastenwäsche vor dem Glanzen ist immer ratsam, da es verhindert, dass der Glanz in das Leder eindringt.

Bei der Zubereitung von Glasur aus dem Ei für den sofortigen Gebrauch erweist sich die Zugabe einiger Tropfen Oxalsäure als äußerst nützlich.

Die Bände werden so vorbereitet, der Betrieb von

VERGOLDUNG DER RÜCKSEITE

Zunächst wird mit einem kleinen Stück Baumwolle die gesamte Länge des Rückens leicht eingeölt. Wenn das Buch lediglich aus Goldspargründen *filetiert* werden soll , werden kleine Streifen in das Goldkissen geschnitten, durch leichtes Überrollen am erhitzten Filet befestigt und durch festes Vorbeiführen an den Linien am Band befestigt markiert. Wenn die Rückseite jedoch vollständig verziert werden soll, muss sie vollständig mit Blattgold bedeckt werden.

Die Handstempel sollten vor ihm auf dem Tisch abgelegt werden, damit er mit größter Leichtigkeit ausgewählt werden kann und für jeden Zweck bereitsteht, für den sie benötigt werden.

Um das Gold aufzutragen, nimmt der Arbeiter ein Buch mit dem Metall, öffnet das äußere Blatt und führt das Messer unter das Gold. Damit hebt er es hoch, trägt es gleichmäßig auf das Kissen und verteilt es durch einen leichten Atemzug perfekt gleichmäßig auf der Mitte des Blattes, wobei er darauf achtet, dass nicht der geringste Luftzug Zutritt zu dem Raum hat, in dem er tätig ist Anschließend muss das Gold mit dem Goldmesser auf die Breite und Länge der zu bedeckenden Stellen zugeschnitten werden, indem man die Kante darauf legt und das Messer leicht hin und her bewegt. Reiben Sie dann das Öl auf die Rückseite und tragen Sie das Gold mit einem

Wattebausch oder einer Spitze auf die Stellen auf, die verziert werden sollen. Reiben Sie es auf die Stirn oder das Haar, um eine leichte Feuchtigkeit zu erzeugen und das Gold haften zu lassen. Wenn jedoch der gesamte Rücken vergoldet werden soll, ist es wirtschaftlicher, ihn vollständig zu bedecken, indem man das Gold in Streifen über die Breite des Buches schneidet und den Rücken darauf anbringt; Drücken Sie es anschließend mit der Watte zu, mit der auch eventuelle Lücken im Gold abgedeckt werden müssen, indem Sie an den erforderlichen Stellen kleine Streifen anbringen. Die Feuchtigkeit des Haares oder der Stirn reicht aus, um das Gold an der Baumwolle oder einem anderen Instrument haften zu lassen, mit dem es auf das Buch übertragen werden kann. Das Filet oder die Rolle muss dann auf eine für den zu bearbeitenden Stoff geeignete Temperatur erhitzt werden. Kalb wird sie wärmer benötigen als Marokko und Roan, und diese wärmer als Russland und Pergament. Um ihre richtige Hitze festzustellen, werden sie auf einen feuchten Schwamm aufgetragen oder mit dem befeuchteten Finger gerieben, und anhand des Siedegrads, den das Wasser erzeugt, ist ihre Eignung bekannt; aber ein wenig Übung und Gewohnheit werden es leichter machen, dies zu beurteilen. Um dies noch weiter zu gewährleisten, wird die Rolle oder Palette über die Kappe des Stirnbandes geführt; wenn es zu heiß ist, wird das Gold matt; Wenn es zu kühl ist, wird der Eindruck schlecht, da das Gold nicht an allen Stellen haftet.

Nachdem das Gold aufgetragen wurde, wird der Band mit angehobener Rückseite auf die Seite gelegt, und der Handwerker beginnt mit der Gehrung der Filets, die in Längsrichtung der Rückseite verlaufen, indem er an der Linie beginnt, die über die Rückseite gezogen wurde, indem er leicht drückt mit der Spitze der Gehrungsrolle und führen Sie sie vorsichtig bis in die Nähe der Linie durch, die das Ende der Platte markiert; Heben Sie dann das Filet an und drehen Sie es mit dem Finger, bis die andere oder umgekehrte Gehrung oder Kerbe im Filet erreicht ist. Platzieren Sie dann das Filet in den bereits vergoldeten Linien und justieren Sie es mit der linken Hand, bis der äußerste Punkt der Gehrung gerade die Linie erreicht, die Sie nachgezeichnet haben. Nachdem beide Kanten der Rückseite auf diese Weise entlang der Fuge bearbeitet wurden, wird das Volumen gleichmäßig in die Fertigpresse gelegt und die Platten durch Gehrung der über die Rückseite verlaufenden Hohlkehlen vervollständigt. Der gesamte Vorgang erfordert größte Sorgfalt, damit die Linien parallel und die Gehrungen vollkommen gleichmäßig und genau sind. Keine Verzierung, die nachträglich auf der Rückseite angebracht wird, so schön sie auch sein mag, kann Nachlässigkeit oder mangelnde Geschicklichkeit beim Anfertigen und Verlegen der Filets ausgleichen. Aus wirtschaftlichen Gründen wird manchmal die Rückseite hochgefahren; Das heißt, anstatt dort anzuhalten, wo sich die Linien oder Bänder kreuzen, wird die Rolle von einem Ende zum anderen nach oben geführt, ohne anzuhalten; und nachdem das Gold entlang der Verbindungsstelle außerhalb der Leiste abgewischt wurde, wird es auf die gleiche Weise über den Rücken auf beiden Seiten der Bänder sowie über Kopf und Schwanz geführt. Nachdem die Rückseite auf Gehrung geschnitten ist , fährt der Finisher mit den Zierwerkzeugen fort und bearbeitet sie sorgfältig. Bei der Platzierung sollte große Aufmerksamkeit darauf gelegt werden, dass sie in jeder Tafel genau den gleichen Platz einnehmen; und um eine angenehme Wirkung zu erzielen, sollten die Werkzeuge im Detail übereinstimmen und es sollte eine geometrische Eignung geben, die die Auswahl und Anordnung der Werkzeuge bestimmt.

Die sorgfältige Auswahl der Verzierungen für die Rückseite ist von größter Bedeutung. Beispielsweise sollten solche Darstellungen von Tieren, Insekten oder Blumen, die nur für Werke der Naturgeschichte, Entomologie und Botanik geeignet sind, niemals auf der Rückseite von Werken zur allgemeinen Literatur erscheinen, da dies ein Beweis für schlechten Geschmack wäre Nachlässigkeit.

Jedes Werkzeug sollte für sich schön sein, denn keine Anhäufung unförmiger Werkzeuge kann ein schönes Schmuckstück ergeben. Es gibt keine Einwände gegen Schriftrollen, Blätter, Blumen, Register oder andere übliche Ornamente; Lass sie nur alle an sich schön sein. Es ist angemessen, eine Harfe auf einem Liederbuch, einen Hirschkopf auf einem Buch über die Jagd, ein anerkanntes kirchliches Muster auf einem Buch der Göttlichkeit oder einem Gebetbuch einzuführen; ein griechischer oder römischer Entwurf auf einem klassischen Werk oder ein gotischer Entwurf auf einem Buch über gotische Architektur.

Wenn es gewünscht ist, auf der Rückseite lediglich ein dekoratives Schriftstück am Kopf zu präsentieren, das zur Mitte des Buches hin spitz zuläuft und den Rest des Bandes unbedruckt lässt, ist es notwendig, die Werkzeuge vor dem Lackieren einzuprägen , und wenden Sie dann die an Glaire mit einem Kamelhaarstift in die Vertiefungen, die die Werkzeuge gebildet haben. Wenn es trocken ist, bedecken Sie es mit Gold, prägen Sie das Werkzeug erneut in die zuvor gemachten Markierungen ein und beschriften Sie es mit dem Titel. Dieses Verfahren wird bei allen Mustern angewendet, bei denen ein Teil der Rückseite durch Glanzfreiheit matt gehalten werden soll .

Als nächstes müssen der Titel und die darauf platzierten Buchstaben, entweder einzeln oder zusammen, die Aufmerksamkeit erregen, wobei die Messingschrift in der Handziselierung ordnungsgemäß fixiert sein muss. Bei einzelnen Buchstaben muss das Ende des Bandes etwa einen Zoll abgesenkt werden, und der Handwerker muss einen Seidenfaden über das Gold ziehen, um die Köpfe der Buchstaben auszurichten. Er nimmt jeden einzeln und legt ihn mit der rechten Hand auf die Rückseite, wobei er den Buchstaben mit dem Zeigefinger der linken festhält. Wenn der Titel in der Chase gesetzt ist, platzieren Sie die Lautstärke gleichmäßig in der Presse und tragen Sie den Titel, geführt mit dem Daumen, fest auf. In jedem Fall muss der Titel gerechtfertigt sein, um die beste Wirkung zu erzielen. Dabei ist nach Möglichkeit darauf zu achten, dass zwei Zeilen gleicher Länge vermieden werden. und wenn der Titel gemessen werden kann, wie es bei dem Typ der Fall ist, sollte die genaue Mitte ermittelt werden, bevor er erhitzt auf das Gold aufgetragen wird. Die Rückseite kann nun als fertig betrachtet werden. Das von den Vergoldungswerkzeugen nicht geprägte Gold muss mit dem *Goldlappen* gut abgerieben und mit einem Stück feinem Flanell oder Kautschuk sorgfältig abgewischt werden , damit die zarten Linien der Ornamente möglichst perfekt und deutlich zur Geltung kommen wie möglich. Darauf sollte besonders geachtet werden; Denn ein Buch soll auf die geschmackvollste Art und Weise fertiggestellt werden, die nur möglich ist, wenn es nicht gut gereinigt wird, geht die Wirkung völlig verloren. Wenn es sich um Kalbsleder handelt, muss es jetzt poliert werden, und die Quadrate und Kanten der Bretter werden bearbeitet.

VERGOLDUNG DER QUADRATE USW.

Zum Vergolden der Kanten der Bretter kann man das Gold wie für die Bänder nehmen – auf der Rolle – und den Band mit der linken Hand festhalten; aber wenn es groß ist, legen Sie es in die Presse zwischen den Brettern, um den Rücken nicht zu verletzen. Wenn die Verzierung des Innenquadrats einfach ist, ist das gleiche Verfahren zum Auftragen des Goldes angemessen, indem man das Brett offen auf eine Erhebung legt, die der Dicke des Buches entspricht. Wenn das Quadrat jedoch groß belassen wurde und eine Lederverbindung aufweist, um eine aufwändigere Ausfüllung zu ermöglichen, muss das Gold mit der Spitze auf die gesamte Fläche gelegt und mit der Baumwolle festgedrückt werden. Anschließend wird mit der Vergoldung auf die gleiche Weise vorgegangen, wie in der Anleitung für die Seitenornamente beschrieben.

VERGOLDUNG DER SEITEN.

Da die Seiten mehr Platz bieten, sind sie der Teil des Volumens, auf dem der Handwerker seinen Geschmack und sein Können beim Vergolden unter Beweis stellen kann und soll. Das Verfahren ist dasselbe wie zuvor dargelegt, wobei eine einfache Rolle die einzige runde Verzierung darstellt; Wenn das Muster jedoch umfangreich und die Details sehr klein sind, ist es notwendig, das Ganze vor dem Glanzlackieren blind auf das Volumen zu bringen und dann das Gold aufzutragen. Wenn jeweils nur eine Seite fertig ist, wird das Buch mit der linken Hand an den Blättern gefasst, das zu bedeckende Brett auf den Daumen gelegt und das Gold wie bei den Quadraten entweder über die ganze Seite oder auf diese aufgetragen Teile wie im Muster angegeben. Wenn das Volumen klein ist, kann das Gold auf beiden Seiten aufgetragen werden und die Blätter des Volumens in die Endpresse gelegt werden, sodass die Bretter auf der Oberfläche ruhen können. Dies bietet eine größere Möglichkeit, die zur Vervollständigung des Designs auf jeder Seite erforderlichen Filets, Rollen und Werkzeuge gleichmäßig und systematisch zu platzieren. Wenn das Muster nicht markiert wurde und nur auf einer Seite gearbeitet wurde, wird die Rolle in einer geraden Linie geführt, die vor dem Bedecken mit Gold auf dem Brett an der Verbindung der Rückseite angebracht werden sollte, wobei das Volumen für die gedreht wird Kopf und Schwanz, und für die Vorderkante offen auf das Brett gelegt , um ihm die nötige Festigkeit zu verleihen.

Anweisungen für die Ausführung der aufwändigsten Entwürfe wurden zuvor gegeben, wobei man erkennen wird, dass es nur Geschmack und eine richtige Beobachtung der Ähnlichkeit des Entwurfs und der geometrischen Proportionen der Ornamente erfordert, um sie in irgendeinem Umfang auszuführen. Eine Abweichung von dieser Regel wird die Wirkung des gesamten Musters zerstören: Es wird daher für diejenigen, die mit der Kunst nicht vollständig vertraut sind, von Vorteil sein, sich mit auf Patronenpapier gezeichneten Mustern zu behelfen, die auf dem Papier durchgestrichen werden können Leder und das Muster je nach Wunsch in Gold oder Blind ausgeführt. Im Großen und Ganzen wird die Vergoldung die gleiche sein, entweder um den gesamten Einband nach dem Stempeln des Motivs zu glänzen , oder, wenn der schlichte Teil matt bleiben soll, indem die Eindrücke nur mit einem Kamelhaarstift glänzen.

VERGOLDUNG AUF SEIDE UND SAMT.

Die Verfahren, die für die Vergoldung von Seide und Samt anzuwenden sind, unterscheiden sich aufgrund der empfindlichen Natur dieser Stoffe von denen, die für die Vergoldung von Leder gelten. Der auf Letzterem verwendete Glasur neigt dazu, Flecken zu hinterlassen, und daher ist es notwendig, andere Mittel zum Fixieren des Goldes zu verwenden. Dabei wird das Eiweiß getrocknet und zu einem Pulver zerkleinert, das in eine kleine Flasche gefüllt und mit einem Stück feinem Musselin fest umwickelt wird, wodurch es gleichmäßig auf der zu vergoldenden Fläche verteilt wird. Gummi-Sandarac wird heute jedoch allgemeiner für diesen Zweck verwendet, obwohl einige auch Gummi-Kopal verwenden. Nach dem Auftragen des Pulvers wird das Gold in Streifen geschnitten und auf eine Rolle mit einem Umfang gebracht, der der Länge des Raums entspricht, auf den es aufgetragen werden soll. Anschließend wird das Muster fest eingeprägt, das überschüssige Gold mit einer weichen Bürste oder einem sauberen Stück Watte abgebürstet und die andere Seite ebenfalls ausgeführt. Beim Beschriften oder Befestigen einzelner Werkzeuge auf der Rückseite muss auf die gleiche Weise vorgegangen werden, indem man das darauf befindliche Gold nimmt und es auf die Rückseite oder Seite des Bandes aufträgt. Wenn das Motiv groß ist oder aufwändige Arbeiten erforderlich sind, lässt es sich besser auf folgende Weise ausführen: Das Motiv muss auf Papier gezeichnet und auf Seide ausgearbeitet werden. Anschließend muss der Abdruck sorgfältig mit Kamelhaar glänzen Bleistift; Sobald es trocken ist, reiben Sie die für das Gold vorgesehenen Teile mit dem Finger durch das Haar oder mit einem sauberen, leicht geölten Lappen, und nachdem Sie das Gold wie für andere Stile beschrieben aufgetragen haben, drücken Sie die Werkzeuge erneut ein und schlagen Sie *das* überschüssige Gold mit einem ab sauberes Flanell.

Da Seide keine Feuchtigkeit enthält, darf der Arbeiter nicht so viel auf einmal auftragen wie auf Kalbsleder und andere Substanzen.

BELEUCHTETER EINBAND.

Dieser Stil, eine Erfindung der Franzosen, wurde von ihnen einige Zeit unter größter Geheimhaltung gehütet. Es handelt sich um einen Einband von höchster Pracht, der die vielfältigen Schönheiten der Arabesken- und Goldornamente mit den beleuchteten Verzierungen der frühen Manuskripte vereint. vor der Erfindung des Buchdrucks. Bei bester Ausführung kann nichts die Schönheit des gesamten *Coup d'œil übertreffen* , da es in seiner Pracht mit dem aufwändigsten Entwurf des Malers mithalten kann. Die Zeit, die bei seiner ersten Einführung für ein einziges Exemplar aufgewendet werden musste, schien diese Art von Verzierung wahrscheinlich auf die schönsten Schätze der Literatur zu beschränken, und zwar in begrenztem Umfang. Die Verbesserungen der Maschinen und der rasche Fortschritt der Künste haben diesen Stil jedoch in wenigen Jahren zu einer sehr allgemeinen Verwendung für Alben und andere Werke geführt, bei denen verzierte Einbände verwendet werden. und sogar auf den billigen Roan-Einbänden, die für Bibeln, Gebete usw. verwendet werden. es kann gesehen werden; Allerdings muss bei der Erzielung dieser Billigkeit davon ausgegangen werden, dass eine weniger haltbare Methode angewendet wird.

Um die aufwändigeren Entwürfe auszuführen, werden dem Handwerker hier allein Übung und Geschmack für die Kunst dienen; Ohne diese Voraussetzungen wäre der Versuch vergeblich. Da das Verfahren jedoch mit größter Sorgfalt durchgeführt werden muss, werden wir uns ausführlich mit den neuen Themen befassen und, auf die Gefahr hin, als weitschweifig betrachtet zu werden, aufgrund ihrer Wichtigkeit noch einmal auf diejenigen eingehen, die möglicherweise zuvor behandelt wurden .

Die Darstellung einer Seite dient dem besseren Verständnis des Verfahrens. Unabhängig davon, ob das Material aus Marokko oder weißem Pergament besteht, muss es bei Bedarf gewaschen, vollkommen sauber und trocknen gelassen werden. Der erste Arbeitsgang wird – wenn es sich um Stempelarbeiten handelt – darin bestehen, die Seite auf das Bett der Stempelpresse zu legen und das Motiv darauf deutlich einzuprägen. Am elegantesten und zur größten Farbdarstellung fähig sind Themen der Botanik und Naturgeschichte. Der nächste Schritt besteht darin, mit einem Kamelhaarstift diejenigen Teile des Abdrucks zu glänzen , die anschließend mit Gold bedeckt werden sollen. Sobald dies erledigt ist, kann mit dem heiklen Vorgang des Färbens fortgefahren werden. In London und Paris wird dies von erfahrenen Künstlern ausgeführt, die mit dem Buchbinden überhaupt nicht vertraut sind. Die zu verwendenden Farben müssen so sein, dass sie bei Einwirkung von Luft oder Sonne überhaupt nicht oder nur geringfügig verblassen , z. B. Karmin, Ultramarin, Indigo, gebrannte Siena, Gamboge und Saftgrün. Diese müssen mit feinem Gummi auf die gleiche Weise wie beim Malen vorbereitet und leicht und vorsichtig auf die Teile des Musters aufgetragen werden, die die Farbe einnehmen soll, wobei darauf zu achten ist, dass die Grundfarbe oder das Leder vollständig verdeckt wird . Möge alles der Natur treu sein, jeder Vogel, jede Pflanze und jede Blume ihre richtige Farbe haben und überall eine allgemeine Harmonie herrschen. Wenn Sie fertig sind, lassen Sie das Ganze vollständig trocknen und legen Sie dann in der angegebenen Weise Gold auf die Stellen auf, die bei der Neuprägung des Tellers weiter verschönert werden sollen. Erhitzen Sie die Platte, legen Sie die Seite wieder darunter und geben Sie ihr einen festen und scharfen Eindruck. Reiben Sie das überschüssige Gold ab, und die gesamten zarten Linien des Ornaments werden wunderschön vergoldet sein, die Farben werden durch die Hitze der Platte fest fixiert und die rauen Kanten der Farbe werden durch die Nachbildung des ursprünglichen Musters vollständig ausgelöscht.

Bei der Ausführung der günstigeren und einfacheren Designs wird die Platte an der Seite in Gold eingeprägt und die Teile bleiben unvergoldet auf dem Leder; anschließend nach dem Geschmack des Handwerkers gefärbt .

Für die beste Arbeitsklasse werden nach dem Einprägen des Designs, entweder von Hand oder mit der Presse, Stücke in verschiedenen Farben ausgeschnitten Marokko , dünn geschnitten und an der Seite sauber aufgeklebt, wobei das Muster nach der Bearbeitung die Kanten des Marokkos vollständig verdeckt . Dies wird als Intarsienarbeit bezeichnet.

BLINDWERKZEUGE.

Dabei handelt es sich um einen Ziervorgang, der entweder vor oder nach dem Vergolden und Polieren des Buches durchgeführt wird und, wenn er mit Bedacht mit dem Gold vermischt wird, eine gute Wirkung erzielen wird. Es ist ein Stil, der in den letzten Jahren häufig verwendet wurde und auf die gleiche Weise und mit den gleichen Werkzeugen wie beim Vergolden ausgeführt wird, jedoch ohne dass an den so verzierten Stellen Gold aufgetragen wird. Die Rollen, Paletten und kleineren Werkzeuge werden von Hand und die großen Platten mit der Presse angebracht, wobei die gleichen Vorsichtsmaßnahmen wie im vorherigen Abschnitt beschrieben eingehalten werden. Wenn das Muster aus geraden Linien besteht und der Handwerker ein gutes Auge hat, ist die beste Art und Weise, es auszuführen, eine Palette zu verwenden, sie fest auf das Buch zu stellen und sie an die gegenüberliegende Stelle zu schieben. Es bleibt daher übrig, solche Dinge zu berücksichtigen, die sich unmittelbarer auf diesen Dekorationsstil anwenden lassen.

Die Werkzeuge für die Blindbearbeitung sollten nicht so warm sein wie für die Vergoldung und insbesondere für Marokko . Soll es matt, also frei von Glanz , bleiben, müssen die über dem Rand der Goldornamente haftenden Partikel mit der Fingerspitze entfernt, mit einem Stück feinem Tuch umwickelt und angefeuchtet werden . Dadurch wird es bald sauber gewaschen, und wenn es trocken ist, kann mit den blinden Verzierungen fortgefahren werden.

Die Maserung kann zu Recht als blindes Ornament betrachtet werden. Hierbei werden mit Hilfe von Holz- oder Metallplatten die Seiten eines Buches mit übereinander gekreuzten Linien markiert, so dass unzählige kleine Quadrate in Nachahmung von Russland oder in Nachahmung der Maserung von Marokko , Skalen von, entstehen Fisch und andere Substanzen. Der Vorgang wird durchgeführt, indem das Volumen zwischen den beiden Platten gleichmäßig in der Rille der Rückseite in der Standpresse platziert und fest nach unten gedrückt wird, so dass die Platte gleichmäßig über die gesamte Oberfläche eingeprägt wird. Nichts wird schlimmer aussehen als ein kühner Eindruck an einer Stelle und ein schwacher an einer anderen; Daher ist es wichtig, darauf zu achten, dass es gleichmäßig gepresst wird, da eine zweite Anwendung einer Art von Platten nie an den gleichen Stellen angebracht werden wird .

MODERNISIERTES KLOSTER ODER ANTIK.

Dieser Stil erfordert, ob von Hand oder mit der Presse, Sorgfalt und Geduld seitens des Handwerkers , um die Werkzeuge schwarz zu machen, ohne das Leder zu verbrennen oder auf andere Weise zu beschädigen. Wir haben viel Zeit mit Experimenten verbracht, um zu der sichersten und vollkommensten Art zu gelangen, das gewünschte Ergebnis zu erzielen. Der Stil stammte aus der Buchbinderei von Mr. Hayday ; und ein Band, der in diesem Stil für einen Kenner in dieser Stadt angefertigt wurde und mit einer glänzenden schwarzen Bemalung versehen war, fiel vor einigen Jahren in unsere Hände, und wir machten uns sofort daran, den gleichen Effekt zu erzielen. Eine Zeit lang beschränkten sich unsere Bemühungen auf die Herstellung von Handwerkzeugen; und obwohl sie in der Wirkung minderwertig waren, wurden sie im Allgemeinen gut aufgenommen; aber zufrieden waren wir noch lange nicht. Wir probierten jede erdenkliche Substanz aus und machten das Leder und die Werkzeuge heiß und trocken oder nass und kalt, je nachdem, wie die Vernunft auf die eine oder andere Methode als die richtige Methode hindeutete. Wir werden nun die Ergebnisse unserer Arbeit mitteilen : Erstens ist das Material von größter Bedeutung; und die schönsten Effekte können nur bei englischem Kalb oder Marokko erzielt werden . Amerikanisches Kalbfleisch kommt für diesen Zweck überhaupt nicht in Frage, da das Marokko an der Oberfläche zu hart ist und der Körper nicht genügend Farbe enthält, als dass die Werkzeuge ihn zeichnen und durch Hitze an der Oberfläche befestigen könnten; aber einige Arten sind für diesen Zweck besser geeignet als andere. Um dies zu testen, führen Sie die Zungenspitze auf das Leder und stoßen Sie die Feuchtigkeit ab, wenn sie auf der Oberfläche liegt, ohne einzusinken. Wenn die Feuchtigkeit jedoch sofort in das Leder eindringt – je schneller, desto besser – kann der Arbeiter mit einigen Hoffnungen auf Erfolg fortfahren. Nachdem das Volumen abgedeckt und zum Fertigstellen bereit ist, waschen Sie es gleichmäßig mit klarem Wasser ab; und sobald das Wasser aufhört, auf der Oberfläche zu liegen, wenden Sie das mäßig erhitzte Werkzeug an; Dadurch wird die dunkle Farbe hervorgehoben . Anschließend noch einmal mit dem Werkzeug darüber fahren, um die Abdrücke klar und leuchtend zu machen. Es gibt jedoch einige Farben und bestimmte Hersteller, die nicht schwarz erscheinen; und wir waren lange davon überzeugt, dass etwas Farbstoff verwendet wurde. Wir schrieben an einen Freund in London, der uns das Material und die Art und Weise seiner Verwendung schickte. Das Material war gewöhnliche Druckertinte. Seine Mitteilung machen wir nun öffentlich. „Erstens sollte das Leder ziemlich feucht sein, und die verwendeten

Werkzeuge sollten ohne die Tinte des Druckers so heiß wie möglich sein. Dann noch einmal mit der Tinte des Druckers auf die Werkzeuge drücken. Die größeren Werkzeuge setzen wir wieder ohne Tinte ein.". Wenn die Tinte auf den Werkzeugen verwendet wird, sollte das Leder eher feucht und die Werkzeuge nicht sehr heiß sein. Wenn das Muster auf die beschriebene Weise bearbeitet wird, sollte es trocken bleiben und dann mit einer Bürste gebürstet werden, nicht sehr steif, was dem Werkzeug einen brillanten Glanz verleiht. Achten Sie bei der Verwendung von Druckertinte darauf, dass nicht zu viel auf die Werkzeuge gelangt.

Lassen Sie den jungen Handwerker nur die gegebenen Anweisungen befolgen, und mit ein wenig Geduld und Nachdenken wird er in der Lage sein, eine Arbeit zu verrichten, die dem jeweiligen Charakter entspricht und den Anstrengungen des besten Handwerkers völlig ebenbürtig ist, vorausgesetzt, dass die Werkzeuge korrekt und korrekt bearbeitet werden sogar.

POLIEREN.

Die Einzelheiten dieses Vorgangs, der unmittelbar nach der Bearbeitung der Goldornamente durchgeführt wird, wurden vorbehalten, um die gesamte ornamentale Abteilung zusammenzuhalten. Marokko, Roan, Seide und Samt sowie die blinden Ornamente auf allen Stoffen dürfen niemals der Wirkung des Polierers ausgesetzt werden. Für die beiden ersteren genügt ein kräftiges Reiben mit einem Stück rauem Kalbsleder, und der Samt oder die Seide müssen lediglich mit einer glatten Substanz oder mit Kautschuk gereinigt werden.

Es gibt zwei Polierer: einen für die Rückseite und die Bänder und einen für die Seiten. Das vor dem Auftragen des Goldes auf die Abdeckung aufgetragene Öl reicht aus, damit der Polierer leicht über die Oberfläche gleiten kann. Der Polierer muss erhitzt und auf einem Brett gut gereinigt werden und schnell und gleichmäßig über die Rückseite, die Seiten oder die Gelenke geführt werden, wobei besonders darauf zu achten ist, dass er nicht zu heiß ist, da sonst die Glasur verdreht würde weiß und das Werk optisch beschädigt, noch so kalt, dass es einen schlechten Glanz hätte.

Das vergoldete Buch muss zuerst auf der Rückseite poliert werden, indem man es mit der linken Hand nimmt, auf den Tisch legt und mit der rechten Hand poliert, indem man den glatten Teil des Polierers über die gesamte Fläche hin und her bewegt der Rücken. Dadurch wird nicht nur die Oberfläche poliert, sondern auch die durch die Vergoldungswerkzeuge im Leder entstandenen Vertiefungen geglättet, wodurch die Vergoldung an die Oberfläche gelangt. Der Polierer darf nur an solchen Stellen verwendet werden, an denen er glänzend werden soll, und es ist darauf zu achten, dass die Stellen, die matt bleiben sollen, nicht berührt werden.

Die Seiten werden in ähnlicher Weise poliert, indem man den Band auf den mit Filz bedeckten Tisch legt und das große Eisen schnell darüber führt, zuerst von der Vorderkante zur Rille und dann, indem man den Band in entgegengesetzter Weise von der Seite her dreht Schwanz bis zum Kopf.

Wenn die Verbindung poliert werden muss, wird das Buch mit dem Schwanz zu ihm vor den Arbeiter gelegt und das Eisen auf der Seite neben der Rille angebracht, um die gesamte Länge des Bretts zu polieren. Dann dreht er den Band um und bringt die Vorderkante zu sich heran, poliert die Seite der Vorderkante und vervollständigt das Ganze, indem er sich erneut dreht, indem er die Teile am Kopf und am Ende poliert.

Zusätzlich zum Polieren ist es wünschenswert, den Seiten eine größtmögliche Glätte zu verleihen, indem man sie zwischen polierte Dosen oder Hörner drückt. Diese werden auf jeder Seite des Buches gleichmäßig an der Rille angebracht, zwischen Pressbretter gelegt, in der Presse festgeschraubt und einige Zeit belassen.

FÄRBUNG.

Kalbsfelle in einheitlichen Farbtönen und auch gesprenkelt sind jetzt bei englischen Herstellern erhältlich; Dennoch sind sie vielerorts schwer zu bekommen. Deshalb stellen wir die chemischen Stoffe und Zutaten zur Verfügung, die für die optimale Umsetzung erforderlich sind. Marmorieren ist ein Prozess, der vom Bindemittel auf dem Einband ausgeführt werden muss und zusammen mit vielen anderen Revival-Stilen wieder in Mode kommt. Man geht davon aus, dass die Rezepte, die für die überlegenen Murmeln und Muster gegeben werden, diesen Zweig der Kunst im Allgemeinen auf eine höhere Stufe stellen, als ihm normalerweise zugestanden wird; und es wird zuversichtlich behauptet , dass sich keines von ihnen als Fehlschlag erweisen wird, wenn nur die Anweisungen beachtet werden. Bei der Beschreibung der am besten zu verwendenden Substanzen, der Art ihrer Zubereitung und der anzuwendenden Verfahren wurde nichts ausgelassen, was dazu beitragen kann, den Hüllen die ganze Eleganz und Pracht zu verleihen , die sie benötigen. Mit ihrer Hilfe kann der Handwerker, unterstützt durch etwas Geschmack, die Entwürfe nahezu bis ins Unendliche variieren; Aber es muss zugegeben werden, dass, wenn er sich nicht seiner Kunst widmet, keine bloßen Anweisungen oder zufälligen Vorteile ihn in die Lage versetzen werden, die komplizierteren oder heikleren Operationen erfolgreich durchzuführen, während mit der Begeisterung dafür alle Schwierigkeiten leicht überwunden werden können.

CHEMISCHE ZUBEREITUNGEN.

Unter dieser Überschrift sind *Königswasser* oder getötete Spirituosen, *Salpetersäure* , *Marmorierwasser* und zum Marmorieren zubereitetes *Glasur* enthalten.

KÖNIGSWASSER,

So genannt wegen seiner Fähigkeit, Gold aufzulösen, ist ein Gemisch aus Salpetersäure (Aquafortis) und Salzsäure (Salzgeist), dem durch Blockzinn, das es auflöst, seine brennenden Eigenschaften entzogen werden. Der Chemiker nennt sie *Nitro-Salzsäure* : Die Salzsäure enthält auch einen Teil Alkali, das dem Rot einen weinigen Farbton verleiht und wofür es hauptsächlich verwendet wird.

Die beiden Substanzen sollten von reinster Qualität sein, eine Konzentration von 33 Grad für die Salpetersäure und von 20 Grad für die Salzsäure. Sie müssen mit größter Vorsicht gemischt werden. Nachdem Sie eine durchsichtige Glasflasche mit ziemlich langem Hals bereitgestellt haben, die die doppelte Menge der zuzubereitenden Menge aufnehmen kann, stellen Sie sie mit der Öffnung nach oben auf ein Sandbett und gießen Sie einen *Teil* reine Salpetersäure und *drei* Teile Salzsäure hinein. Lassen Sie die ersten Dämpfe verdampfen und bedecken Sie dann die Öffnung mit einem kleinen Fläschchen, das den Dampf nicht zu sehr einschließen darf, da die Flasche sonst leicht platzen würde, das aber so viel wie möglich ohne Gefahr zurückhält. Von Blockzinn muss dann ein Achtel des Gewichts der Säure in kleinen Stücken nach und nach in die Flasche getropft werden, wobei die Öffnung mit der Phiole bedeckt wird. Die Säure greift die Dose sofort an und löst sie auf, wenn mit der gleichen Vorsicht eine zweite Portion hineingegeben werden muss, und so weiter, bis das Ganze aufgelöst ist. *Malakka-* Zinn eignet sich am besten, und wenn es rein ist, gibt es keine Sedimente; Da es jedoch nicht immer erhältlich ist, bleibt ein schwarzer Bodensatz zurück. Nachdem der Dampf aufgehört hat, muss die Säure in Flaschen gegossen und mit Glasstopfen verschlossen werden , um sie aufzubewahren. Bei der Verwendung wird ein Teil davon entnommen und mit *einem Viertel* seines Gewichts an destilliertem Wasser vermischt .

Bei manchen Handwerkern ist es üblich, diesen Vorgang in einem gewöhnlichen Trinkglas durchzuführen; Da jedoch der Dampf dadurch völlig zerstreut wird, verliert die Zusammensetzung einen beträchtlichen Teil ihrer besten Qualität, denn wenn man sie wie oben beschrieben in einer Flasche aufführt, wird man beobachten, dass der Dampf eine rote Färbung annimmt, die nicht entweicht, wenn die Der Flaschenhals muss ausreichend lang sein.

EIN ANDERER.

Einige Bindemittel wenden die folgende Methode an; Da es jedoch nicht die gleiche Schönheit und Klarheit der Farbe wie das oben angegebene hervorbringen kann , wird es nicht ratsam sein, es zu verwenden. Auch ersteres wird auf unbestimmte Zeit gleichermaßen wirksam sein, während dieses nicht länger als zwei oder drei Monate haltbar sein wird.

Sandstein zwei Unzen pulverisiertes *Salmiak* , sechs Unzen feines *Malakka-Zinn* , in Streifen oder Tropfen, zwölf Unzen destilliertes Wasser und zuletzt ein Pfund *Salpetersäure* mit 33 Grad. Lassen Sie das Ganze stehen, bis sich die Dose aufgelöst hat, und gießen Sie es dann wie oben beschrieben ab und füllen Sie es in Flaschen ab.

VITRIOL-WASSER.

Vitriol, das in reinem Zustand verkauft wird, eignet sich nicht zum Marmorieren oder Bestreuen, da es das Leder angreifen und zerstören würde. Es muss mindestens im Verhältnis von einer Unze Vitriol zu drei Unzen Wasser abgeschwächt werden.

Marmorierungswasser.

Bei vielen ist es üblich, das Wasser pur zu verwenden; Es wird sich jedoch herausstellen, dass ein paar Tropfen *Kalilauge* , die damit vermischt werden, eine bessere Wirkung erzielen und den Marmor deutlicher hervortreten lassen.

GLAIRE.

Geben Sie zwei Tropfen Weingeist zum Eiweiß von zwölf Eiern und schlagen Sie das Ganze gut auf, bis es völlig klar ist.

VORBEREITUNG DER FARBEN.

Die von den verschiedenen Bindemitteln verwendeten Zubereitungen sind sehr unterschiedlich , wie aus den für die gleichen Farben gegebenen Rezepten hervorgeht . Wir halten es für notwendig, diese aktenkundig zu machen, damit nichts, was mit dem Thema zusammenhängt, weggelassen werden sollte, vorausgesetzt, dass man sich auf jede Farbe verlassen kann die zufriedenstellendsten Ergebnisse zu erzielen. Es kann auch angebracht sein, zu beachten , dass das gesamte Holz und die anderen verwendeten Zutaten vorher pulverisiert oder in kleine Stücke zerkleinert werden sollten, damit die Farben viel besser extrahiert werden.

SCHWARZ.

1. Lösen Sie ein halbes Pfund grüne Copperas in zwei Litern Wasser auf. Das im Eisensulfat enthaltene Oxid verbindet sich mit der Gerbung des Leders und ergibt ein gutes Schwarz.

2. Kochen Sie in einem gusseisernen Topf einen Liter Essig mit einer Menge rostiger Nägel oder Stahlspäne, bis er auf ein Drittel reduziert ist, und entfernen Sie den Schaum, wenn er nach oben steigt. Diese Flüssigkeit

verbessert sich mit zunehmendem Alter. Um die Menge beizubehalten, kochen Sie mit mehr Essig auf.

3. Eine billigere Flüssigkeit kann hergestellt werden, indem man zwei Pints Bier und zwei Pints Wasser mit zwei Pfund altem Eisen und einem Pint Essig kocht, wie zuvor aufschäumt und zum Gebrauch in Flaschen abfüllt.

BRAUN.

1. Ein halbes Pfund gutes Dantzic- oder amerikanisches Kali, in einem Liter Regenwasser gelöst und in einer gut verkorkten Flasche aufbewahrt.

2. Salze oder Weinsteinöl im gleichen Verhältnis wie oben.

3. Aus den grünen Schalen von Walnüssen kann ein schönes Braun gewonnen werden. Um dies zuzubereiten, muss eine Menge der grünen Schalen der geernteten Nüsse in einem Mörser zerstoßen werden, um den Saft zu extrahieren, und dann in ein Gefäß gegeben werden, das eine ausreichende Menge Wasser aufnehmen kann. Nach dem Eingießen des Wassers sollte das Ganze häufig umgerührt und bei abgedecktem Gefäß einweichen gelassen werden. Anschließend muss die Flüssigkeit durch ein Sieb gegeben, der Saft gut ausgedrückt und mit etwas Kochsalz zum Gebrauch in Flaschen abgefüllt werden. Diese Flüssigkeit erzielt nach der Fermentation die besten Ergebnisse für gleichmäßige Farbtöne, da sie dazu neigt, das Leder weicher zu machen und nicht zu korrodieren.

BLAU.

, *Scott's Liquid Blue* zu verwenden , es ist jedoch notwendig, die Zubereitung der Farbe zu kennen . Die vielleicht beste und einfachste bekannte Lösung stammt von *Poerner* und lautet wie folgt : In 4 Unzen Schwefelsäure von 66 Grad mischt man nach und nach eine Unze fein gepulverten Indigo, um eine Art Brei zu bilden. Stellen Sie das Gefäß einige Stunden lang in ein anderes Gefäß mit kochendem Wasser und lassen Sie es dann abkühlen. Geben Sie anschließend eine kleine Portion gutes, trockenes und fein gemahlenes Kali hinzu, rühren Sie das Ganze gut um und lassen Sie es nach dem Abfüllen vierundzwanzig Stunden ruhen und verwenden Sie es nach Bedarf. Diese Farbe erscheint fast schwarz, kann aber durch Zugabe von Wasser in jeden beliebigen Farbton gebracht werden. Sollte nach der Verdünnung noch ein Teil übrig bleiben, muss dieser in eine separate Flasche gefüllt werden, denn wenn er mit dem ersten Präparat vermischt würde, würde das Ganze verderben.

2. Ein leichteres Blau lässt sich herstellen, indem man eine Unze pulverisiertes Indigo mit zwei Unzen Vitriolöl mischt, es vierundzwanzig Stunden lang stehen lässt und dann zwölf Unzen reines Wasser hinzufügt.

LILA.

Kochen Sie ein halbes Pint Archill oder Scheitholz mit Essig und Wasser, jeweils ein halbes Pint.

LILA.

Das Gleiche wie beim Purpur, jedoch mit der Zugabe von etwa zwei Esslöffeln Kali.

VIOLETT.

Ein halbes Pfund Holzspäne und eine Unze Brasilstaub wurden über einem guten Feuer in vier Pints Wasser gekocht, bis sie auf die Hälfte reduziert waren, und dann zum Klären stehengelassen. Geben Sie dann eine Unze Alaunpulver und zwei Körner Weinstein hinzu und kochen Sie es erneut, bis es sich aufgelöst hat. Diese Flüssigkeit muss warm verwendet werden.

KITZ.

In zwei Pints Wasser kochen Sie eine Unze Tan und eine gleiche Portion Nussgall, bis es auf einen Pint reduziert ist.

GELB.

1. Fügen Sie zu einer Unze guten, gebackenen Safrans, Kurkuma oder französischen Beeren eine Portion Wein oder *Königswasser hinzu* und lassen Sie die Mischung mazerieren. Diese Flüssigkeit wird kalt verwendet und kann bei Bedarf durch Zugabe von Wasser in jeden beliebigen Farbton variiert werden.

2. In zwei Pints Wasser 8 Unzen französische Beeren geben und auf die Hälfte kochen lassen. Geben Sie es dann durch ein Sieb oder feine Baumwolle, geben Sie eine kleine Menge Alaunpulver hinzu und kochen Sie es erneut, indem Sie es warm verwenden.

ORANGE.

In anderthalb Pints Kalilauge ein Viertel Pfund Fustic-Chips kochen, bis es auf die Hälfte reduziert ist; Geben Sie dann eine Unze gutes , gut geschlagenes *Annatto* und nach dem Kochen eine kleine Portion Alaun hinein und verwenden Sie es warm.

GRÜN.

1. Eine Mischung aus flüssigem Blau und Gelb eignet sich am besten für allgemeine Zwecke.

2. Lösen Sie in einer Flasche eine Unze Grünspan in einer Unze Weißweinessig auf und stellen Sie das Ganze vier oder fünf Tage lang vor ein Feuer, wobei Sie die Flasche häufig schütteln.

ROT.

Es gibt drei Arten von Rot, nämlich: gewöhnlich, fein und scharlachrot.

Gemeinsam. – 1. In einem Dosenkessel ein halbes Pfund Brasilholz, acht Körner Nussgallen, beide pulverisiert, und drei Pints Wasser kochen, bis das Ganze um ein Drittel reduziert ist. Fügen Sie dann pulverisiertes Alaun und Salmiak hinzu , je eine Unze, und wenn es aufgelöst ist, durch ein Sieb abseihen. Diese Flüssigkeit muss immer warm verwendet werden.

2. Kochen Sie ein viertel Pfund Parasilienstaub, zwei Unzen pulverisiertes Cochenille und etwas Alaun in zwei Pinten bestem Essig, bis ein leuchtendes Rot entsteht. Warm verwenden.

Bußgeld. – 1. In drei Litern Wasser ein halbes Pfund Paraguay und eine halbe Unze pulverisierte Nussgallen aufkochen. Geben Sie das Ganze durch einen feinen Wattebausch und erneuern Sie die Flüssigkeit auf dem Feuer, indem Sie eine Unze Alaunpulver und eine halbe Unze Salmiak hinzufügen . Lassen Sie das Ganze noch einmal aufkochen, fügen Sie dann je nach gewünschtem Farbton eine Portion *Königswasser hinzu und verwenden Sie es warm.*

, eine Portion Brasilholz in eine Tasse zu geben und das hinzuzugeben *Königswasser auftragen* und eine Viertelstunde stehen lassen, um die Farbe zu extrahieren .

Scharlach. — Zu einer Unze weißen Nussgallern und einer Unze Cochenille, beide fein pulverisiert, zwei Pints kochendes Wasser hinzufügen. Nach einiger Zeit kochen, eine halbe Unze *Königswasser hinzufügen* und warm verwenden.

Marmorierung.

Bevor wir mit der Beschreibung der Murmeln und anderer Motive auf den Deckeln fortfahren, die unter die allgemeine Überschrift „Marmorieren" fallen, ist es angebracht, einige Hinweise zu einigen wichtigen Dingen zu geben, die bei der Vorbereitung erforderlich sind. Da der Erfolg vieler Entwürfe von der Schnelligkeit abhängt, mit der sie ausgeführt werden, ist es wichtig, dass die Farben , Schwämme, Pinsel usw. werden zuvor in der besten Reihenfolge entsorgt, um möglichst schnell zugänglich zu sein. Es sollte auf die voraussichtlich benötigte Menge jeder Farbe geachtet werden , da viele davon nicht ein anderes Mal zur Verfügung stehen.

Die Bücher sollten alle vorher mit Kleister und Wasser unter Zugabe von etwas Perlmuttflüssigkeit gewaschen und trocknen gelassen werden. Danach müssen sie gleichmäßig überzogen und nach dem Trocknen auf die Marmorstäbe gelegt werden , wobei die Seiten der Bücher darüber hinausragen und die Blätter dazwischen hängen . Die Stäbe müssen oben auf einer Erhebung angebracht werden, damit das Wasser allmählich zum Boden der Bücher fließen kann. und wenn die Rückseiten glatt bleiben müssen, wird ein weiterer Stab oder ein Stück Brett, das entsprechend der Form der Rückseite gerillt ist, darauf gelegt. Um zu vermeiden, dass beim Streichen der Pinsel mit den Farben Schaum entsteht , ist es besser, die Enden der Borsten auf der Handfläche zu reiben, auf der etwas Öl aufgetragen wurde. Nachdem diese Vorarbeiten geklärt sind, beginnt der Marmorierungsvorgang, für den wir nun Anweisungen geben werden.

GEMEINSAMER MARMOR.

Das Buch wird auf die Stangen gelegt und mit einem groben Pinsel oder einem Bündel Federkielen in großen Tropfen auf das zum Marmorieren vorbereitete Wasser geworfen, bis sich die Tropfen vereinigen. Dann wird mit einem Pinsel, der mit der schwarzen Flüssigkeit gefüllt ist, auf die Drucknadel geklopft, wie zum Besprühen der Ränder angegeben, und durch gleichmäßiges Auftragen der Farbe auf den Einband eine Reihe feiner Streifen erzeugt. Anschließend muss die braune Flüssigkeit ebenfalls umgeschüttet werden. Wenn die Adern gut in das Leder eingedrungen sind, muss das Wasser abgewischt und das Buch zum Trocknen gelegt werden.

gefärbt wurde und man darauf eine Murmel herstellen möchte, muss zuerst das Braun und dann das Schwarz aufgetragen werden; Denn ohne diese Vorsichtsmaßnahme würde der Marmor aufgrund der Säure, die in den Farben enthalten ist, nicht schmelzen . Da diese Beobachtung auf alle anderen Designs anwendbar ist, ist es nicht erforderlich, sie noch einmal zu wiederholen.

EIN ANDERER.

Geben Sie den schwarzen Essig, dann den braunen Essig und zum Schluss einen Spritzer Vitriol-Wasser hinzu.

LILA MARMOR.

Färben Sie den Bezug zwei- oder dreimal mit heißer violetter Flüssigkeit und glänzen Sie ihn nach dem Trocknen . Anschließend mit Wasser aufgießen und mit starkem Vitriol-Wasser beträufeln, wodurch sich rote Adern bilden.

STEINMARMOR.

Nach dem Aufgießen das Wasser kräftig mit der schwarzen Flüssigkeit beträufeln; Dann träufeln Sie mit einem mit starkem Braun beladenen Schwamm die Farbe an drei oder vier Stellen auf den Rücken, so dass sie in einem breiten Strahl an beiden Seiten herunterlaufen kann, und bearbeiten Sie anschließend die Stellen, die das Braun nicht berührt hat, mit Vitriolwasser .

GRÜNER ACHAT.

Streuen Sie Schwarz in der neunfachen Menge Wasser in großen Tropfen über die gesamte Oberfläche der Abdeckung, und wenn sich die Tropfen vereinigen, tragen Sie in regelmäßigen Abständen die grüne Flüssigkeit auf die Rückseite auf, so dass sie auf die Bretter fließen und sich mit der Oberfläche vereinigen kann Schwarz.

BLAUER ACHAT.

Gehen Sie wie oben beschrieben vor, ersetzen Sie jedoch das Grün durch Blau, das je nach gewünschtem Farbton mit Wasser abgeschwächt wird.

FAIRER ACHAT.

Beginnen Sie damit, Schwarz in kleinen Tropfen in ausreichendem Abstand voneinander zu streuen; Anschließend gleichmäßig über große Tropfen schwaches Kali streuen.

AGATINE.

Gehen Sie wie beim grünen Achat vor und streuen Sie dann Scharlachrot über die gesamte Abdeckung. Zum Schluss Blau in kleinen Tropfen auftragen, verdünnt in der vierfachen Menge Wasser.

LEVANTER MARMOR.

Nach dem Wasser das Rückenbraun in breiten Streifen auftragen, wie für den *Stein angegeben* , und dann in gleicher Weise das *Königswasser* . Es stellt sich heraus, dass dieser Marmor dem Levante-Marmor sehr ähnlich ist.

Porphyr-Ader.

Geben Sie große Tropfen Schwarz hinzu, verdünnt in der doppelten Menge Wasser. Wenn die Farbe gut in das Leder eingedrungen ist, streuen Sie auf die gleiche Art und Weise braun gemischt mit Wasser darüber. Tragen Sie dann einen Spritzer Scharlachrot und anschließend große gelbe Flecken auf, wobei die Flüssigkeit fast kocht. Während sich diese Farben vereinen, tragen Sie schwaches Blau und dann *Königswasser auf* , das an den Seiten des Buches zusammenfließt und die Ader deutlich bildet.

ROTER PORPHYR.

Mit der achtfachen Menge Wasser sehr gleichmäßig und in kleinen Flecken mit Schwarz bestreuen. Trocknen lassen, reiben und glänzen . Geben Sie dann zwei oder drei Spritzer feines Rot und einen Spritzer Scharlach darauf und lassen Sie es erneut trocknen. Zum Schluss so gleichmäßig wie möglich Scharlach in kleine Flecken streuen.

GRÜNER PORPHYR.

Für dieses Design muss die Abdeckung dreimal hintereinander fein aufgestreut werden, wobei die Farbe zwischendurch trocknen und trocknen muss. Das Grün muss durch Anmischen mit Wasser auf den gewünschten Farbton gebracht werden . Um eine elegantere Ader zu erzeugen, streuen Sie zuerst schwaches Schwarz, dann Grün und nach dem Trocknen feines Rot darüber.

PORPHYR.

Diese Murmel, die das *Auge des Rebhuhns nachahmt* , wird durch Aufwerfen von Schwarz in der achtfachen Menge Wasser in kleinen Tropfen, aber so nah, dass sie gerade ineinander verlaufen, hergestellt. Wenn das Schwarz zu fließen beginnt, streuen Sie es darüber, gleichmäßig mit Wasser vermischtes Braun. Lassen Sie es trocknen, waschen Sie das Ganze mit einem Schwamm und tragen Sie vor dem erneuten Trocknen zwei oder drei Schichten feines Rot auf. Nach dem Trocknen und gründlichen Reiben gleichmäßig große Tropfen Königswasser auf die Oberfläche *streuen* .

EIN ANDERER.

Färben Sie die Abdeckung mit Rot, Gelb, Blau oder Grün und nach dem Trocknen mit Schwarz wie oben verdünnt; Lassen Sie dies ebenfalls trocknen und streuen Sie dann große oder kleine Tropfen Königswasser darüber. Das

Auge des Rebhuhns wird richtig geformt, indem Blau auf das geschwächte Schwarz gestreut wird und, wenn es trocken ist, mit dem getöteten Geist oder *Königswasser*.

FELSEN.

Geben Sie große Tropfen Schwarz hinzu, die wie für den Porphyr vorbereitet wurden, und, wenn es halb trocken ist, auf die gleiche Weise geschwächtes Kali. Wenn es wieder trocken ist, streuen Sie ebenso kleine scharlachrote Flecken und zum Schluss *Königswasser darüber* .

GRANIT.

Mischen Sie Schwarz mit etwa der fünfzigfachen Menge Wasser und streuen Sie es zu gleichen Teilen sehr fein darüber. Wiederholen Sie dies, während es fünf bis sechs Mal trocknet. Dann auf die gleiche Weise mit Braun bestreuen und nach gründlichem Verreiben leicht glänzen . Zum Schluss fein mit *Königswasser* bestreuen .

Baummarmor.

Diese Murmeln, die zuerst in Deutschland ausgeführt wurden und von wo aus sie nach England gelangten, werden durch Biegen der Bretter in der Mitte geformt, so dass Wasser und Farben in Form von Zweigen von der Hinter- und Vorderkante zur Mitte fließen von Bäumen. Diejenigen, die noch nie die Baummurmeln von Mr. Clarke aus London gesehen haben, können sich kaum eine Vorstellung von der Schönheit machen, für die dieser Stil empfänglich ist. Der Name wird auch solchen gegeben, die die Maserung des Holzes nachahmen.

NUSSBAUM.

Wird, wie beim gewöhnlichen Marmor, nur durch Einstreuen von Schwarz und Braun gebildet.

ZEDER.

Nach dem Bestreuen wie bei der Walnuss und vor dem vollständigen Trocknen tragen Sie leicht einen Schwamm auf, der große, in Orange getauchte Löcher auf verschiedenen Stellen des Einbands aufweist, um eine Beschreibung von Wolken zu erhalten. Tragen Sie anschließend das feine Rot mit einem ähnlichen Schwamm fast auf die gleichen Stellen auf und tragen Sie nach dem Trocknen zwei oder drei Schichten Gelb auf, wobei Sie darauf achten, dass jede Schicht gleichmäßig in das Leder eindringt.

MAHAGONI.

Die Vorgehensweise ist fast die gleiche wie bei der Walnuss, mit dem Unterschied, dass man das Schwarz kräftiger aufträgt und, wenn es vollkommen trocken ist, zwei oder drei gleichmäßige rote Schichten aufträgt.

KASTEN.

Um die im Karton enthaltenen Adern nachzuahmen, müssen die Bretter an fünf oder sechs verschiedenen Stellen und auf unterschiedliche Weise gebogen werden. Nachdem Sie das Buch zwischen die Stäbe gelegt haben, geben Sie kleine Tropfen Wasser hinzu und verfahren Sie wie bei der Walnuss. Nachdem es vollständig trocken ist , gießen Sie erneut Wasser in großen Tropfen hinein und streuen Sie kleine blaue Flecken darauf, die gleichmäßig mit Wasser verdünnt sind. und wenn es wieder trocken und gut gerieben ist, tragen Sie das Scharlachrot mit einem Schwamm auf, wie für die Zeder beschrieben. Zum Schluss nach dem Trocknen noch zwei bis drei Schichten Orange auftragen und schon ist das Design fertig.

TÄFELUNG.

Mit kräftigem Braun und Glanz einfärben und mit flachen Brettern zwischen die Stäbe legen. Tragen Sie in großen Flecken schwaches Schwarz auf, bräunen Sie es dann in gleicher Weise und bestreuen Sie es abschließend kräftig mit Vitriol-Wasser.

VIELFÄLTIG.

Marmorieren Sie wie bei der Walnuss, und legen Sie dann auf jedes Brett einen Kreis, ein Oval oder eine andere Figur und tragen Sie schwaches Schwarz auf die äußeren Teile auf. Wenn es trocken ist, geben Sie ihm eine gute rote Schicht, und nachdem Sie einige scharlachrote Stellen darüber geworfen haben, nehmen Sie die Figuren ab und waschen Sie die Teile, an denen die letztere Farbe verwendet wurde, gut aus. Zum Schluss tragen Sie mit einem Kamelhaarpinsel zwei Schichten Gelb oder eine andere Farbe auf das Oval auf.

MARMERIERUNG AUF PAPIER.

Die Seiten eines halbgebundenen Buches, das mit Papier bedeckt werden soll, können marmoriert werden, um dem Effekt zu entsprechen , der durch die gleichzeitige Einwirkung von Schwarz und Braun auf das Leder entsteht. Dies geschieht durch Bekleben der Seiten mit festem weißem Papier und Färben mit einer Mischung aus vier Unzen Nussgallen und einer kleinen Portion pulverisiertem Salmiak , die gut zusammengekocht wird, wodurch die Schwarz- und Brauntöne fast gleich denen von Leder werden.

STRÄUSEL.

Dies ist ein weiteres Ornament auf Buchumschlägen, das vielfältig gestaltet werden kann. Es werden einige der allgemeinsten Verwendungsmöglichkeiten aufgeführt, wobei davon ausgegangen wird, dass jede der Farben , die wie bei den Murmeln oben angeordnet oder auf die einheitlichen Farben gestreut werden , einen schönen Effekt erzielt. Die Bücher müssen mit Kleister überwaschen, aber nicht lackiert sein .

MUSKATNUSS.

Ganz fein mit Schwarz und dann mit Braun bestreuen. Wenn Sie einen feineren Effekt erzielen möchten, streuen Sie etwas Vitriol-Wasser darüber.

RING.

Geben Sie etwa einen Teelöffel Vitriol in eine Tasse Schwarz und streuen Sie es grob darüber. Wenn der Ring nicht stark genug ist, fügen Sie mehr Vitriol hinzu.

Schildpatt.

Waschen Sie den Bezug mit Gelb und bestreuen Sie ihn kräftig mit Schwarz. Nach dem Trocknen mit einem Schwamm wie zuvor beschrieben Tupfen in den Farben Blau, Rot und Schwarz auftragen, wobei jede Farbe trocknen gelassen wird, bevor die nächste aufgetragen wird.

Zum Abschluss der Beschreibung der Murmeln und Streusel kann angemerkt werden, dass der Handwerker mit ein wenig Geschmack die Designs auf über hundert verschiedene Muster variieren könnte; Außerdem sollte jede Farbe richtig in das Leder eindringen können, bevor eine andere verwendet wird. Scheiben oder Leerräume werden durch Platzieren von Quadraten usw. gebildet. An den Seiten ist eine Pappschicht angebracht, die verhindert, dass die Farben beim Aufstreuen das Leder berühren. Nach Fertigstellung des Entwurfs sollten die Bezüge mit einem Wolltuch oder dem Handballen gründlich abgerieben werden , um alle Farbreste zu entfernen , die auf der Oberfläche des Leders korrodieren.

EINHEITLICHE FARBEN.

Bevor mit dem Auftragen einer der Farben begonnen wird , müssen die Bücher gründlich und gleichmäßig mit Kleister gewaschen und vollständig getrocknet werden. Es ist auch zu beachten , dass das Schwarz bei allen nachfolgenden Färbe- , Glanz- und Poliervorgängen dunkler wird , sodass darauf geachtet werden muss, diese Flüssigkeit nicht zu stark zu verwenden

.

HELLBRAUN.

die Farbe vollkommen gleichmäßig ist , und waschen Sie ihn dann mit Braun, bis der gewünschte Farbton erreicht ist.

EIN ANDERER.

Eine kleine Menge Annatto mit der Kaliflüssigkeit vermischen und heiß verwenden. Dadurch entsteht ein schöner Farbton.

DUNKELBRAUN.

Färben Sie mit schwachem Schwarz, bis ein Schieferton entsteht, und tragen Sie dann das Braun je nach Geschmack drei- oder viermal auf.

Es könnten noch andere hinzugefügt werden, aber die Vorgehensweise ist die gleiche, nur die Farbmenge variiert je nach Farbton. Die *nussbraune Flüssigkeit* ergibt wunderschöne Farbtöne.

KORINTHISCHE TRAUBE.

Die Vorgehensweise ist die gleiche wie bei der letzten Farbe , es werden jedoch zwei oder drei Schichten *feines Rot aufgetragen* .

GEMEINSAME TRAUBE.

Gehen Sie wie beim letzten Mal vor und lassen Sie das Braun nach dem Schwarz weg.

BLAU.

Nachdem Sie vier oder fünf Schichten des mit Wasser verdünnten chemischen Blaus aufgetragen haben, waschen Sie es leicht mit abgeschwächtem Königswasser ab, um die grünen Reflexe zu entfernen, die durch die gelbe Tönung des Leders entstehen.

GRÜN.

Tragen Sie drei bis vier Schichten der grünen Flüssigkeit auf und verdünnen Sie sie je nach gewünschtem Farbton mit Wasser. Alle anderen in den Präparaten erwähnten Farben können auf diese Weise ausgeführt werden.

OLIVE.

Nachdem Sie eine Schieferfarbe erhalten haben , tragen Sie Gelb, gekocht mit einer kleinen Portion Blau, auf den Deckel auf und reiben Sie es gleichmäßig im heißen Zustand ein, um eine Gleichmäßigkeit sicherzustellen.

PERLGRAU.

Diese Farbe muss sorgfältig ausgeführt werden, damit sie vollkommen gleichmäßig und ohne Flecken ist. Mit einer äußerst schwachen schwarzen Flüssigkeit überfärben, bis ein blasses Grau entsteht . Je schwächer es ist, desto besser wird der Arbeiter Erfolg haben. Tragen Sie dann eine dünne Schicht feines Rot auf, gemischt mit einer großen Portion Wasser, so dass ein hellroter, kaum wahrnehmbarer Reflex entsteht.

SCHIEFER.

Verwenden Sie die schwarze Flüssigkeit etwas stärker als beim letzten Mal und lassen Sie die rote weg.

SCHWARZ.

Für allgemeine Zwecke kann das Schwarz in der für andere Farben übernommenen Weise geformt werden ; In vielen Fällen ist es jedoch notwendig, eine Farbe herzustellen , die wie Japan aussieht und mehr Arbeit und Aufmerksamkeit erfordert .

Waschen Sie das Buch mit Braun, bis ein dunkler Farbton entsteht. Tragen Sie dann mit einem Stück Wolltuch die mit Japan vermischte schwarze Flüssigkeit auf , wodurch ein schönes Schwarz entsteht. Diese Farbe sollte vor dem Glänzen eine gute Schicht Pergamentpapier erhalten. Oder es ist vielleicht besser, mit dem in einem anderen Teil der Arbeit gegebenen Firnis abzuschließen.

Nussgallen, Copperas und Gummi arabicum werden von vielen verwendet und sorgen nachweislich für eine gute und leuchtende Farbe .

GOLDMURMELN, LANDSCHAFTEN USW.

Diese Entwürfe sind, wenn sie richtig ausgeführt werden, die schönsten, die man sich vorstellen kann. Die erforderliche Arbeit und Sorgfalt müssen sie jedoch immer auf hochwertige Bindungen beschränken, für die ein hoher Preis verlangt wird, um den Arbeiter für die Zeit zu entschädigen, die erforderlich ist, um die richtige Wirkung zu erzielen. Die Nachahmung der Goldmurmeln ist keine leichte Aufgabe; aber eine Kenntnis der Malkunst und ein geschickter Umgang mit dem Pinsel werden es dem Künstler ermöglichen, die Figur des Marmors so naturgetreu nachzuahmen, dass sie kaum noch zu unterscheiden ist.

GOLDMARMOR.

Dieser Marmor, der im Gegensatz zu den darauffolgenden Steinen nicht die Fähigkeit zur Ausführung erfordert, ist die Erfindung von M. Berthé , Senior, Buchbinder von Paris, und kann auf jeder Art von einheitlichem Untergrund ausgeführt werden. Nehmen Sie ein Stück Stoff, dessen Größe größer ist als das Volumen, und falten Sie es gleichmäßig. Legen Sie es so gefaltet gleichmäßig auf ein Brett, öffnen Sie dann die andere Hälfte und decken Sie das Brett ab. Verteilen Sie auf der Hälfte nach links Blattgold in der Größe des Umschlags und lassen Sie so viel Platz übrig, wie die Rolle, die darauf bearbeitet werden soll, aufnehmen kann, was eine Einsparung von Gold bedeutet. Dann falten Sie das Tuch erneut über das Gold und drücken Sie mit der Hand darüber, ohne das Tuch zu bewegen, um das Gold in viele kleine Stücke zu teilen. Nachdem das Gold so vorbereitet ist, befeuchten Sie die Seite des Volumens mit Glasur , die zu gleichen Teilen mit Wasser vermischt ist, und legen Sie es auf das Tuch, indem Sie es mit der Hand fest andrücken. Achten Sie darauf, es nicht durcheinander zu bringen, drehen Sie den Band, das Tuch und das Brett um, nehmen Sie letzteres ab, ersetzen Sie es durch ein Blatt Papier und reiben Sie es vorsichtig darüber, um das gesamte Gold am Einband zu befestigen. Danach muss das Tuch entfernt werden, und das Gold wird ebenso fixiert sein; Zur weiteren Sicherheit auf ein Blatt Papier legen und mit der Handfläche gut verreiben.

Um eventuell vorhandenes Gold auf dem für die Vergoldungsrolle vorgesehenen Teil zu entfernen, befeuchten Sie das Ende des Daumens, formen mit dem Zeigefinger eine Art Quadrat auf der Kante des Bretts in der Größe der Rolle und reiben das Oberfläche der Abdeckung, wodurch diese mühelos gereinigt wird, bevor die Glasur trocken ist.

LAPIS-LAZULI.

Dieser Marmor ist von klarem Blau, mit Goldadern durchzogen und präsentiert ein Erscheinungsbild von höchster Pracht . Es wird wie folgt ausgeführt:

Legen Sie das Volumen wie zum Marmorieren zwischen Stäbe und zeichnen Sie mit einem Schwamm voller großer Löcher, der in chemisches Blau getaucht ist, gemischt mit dem Sechsfachen seines Volumens Wasser, in unregelmäßigen Abständen helle Punkte, ähnlich wie Wolken; Fügen Sie dann ein Viertel mehr Blau hinzu und machen Sie neue Wolken oder Flecken etwas dunkler. Wiederholen Sie diesen Vorgang sechs oder sieben Mal und fügen Sie jedes Mal mehr Blau hinzu . Alle diese Schichten bilden Flecken in der richtigen Abstufung, wie bei natürlichem Marmor; Und um besser zu funktionieren, wäre es besser, ein Modell zu haben, entweder aus Marmor selbst oder kunstvoll bemalt.

Die Goldadern, die erst aufgetragen werden dürfen, wenn das Buch vergoldet ist, und unmittelbar vor dem Polieren, werden mit Gold in der Schale geformt. Die Substanz, die dazu dient, den Einband des Buches festzuhalten und festzuhalten, wird aus Eiweiß und Weingeist zu gleichen Teilen und zwei Teilen Wasser zubereitet, alles gut verrührt und klar werden gelassen; Befeuchten Sie dann eine kleine Portion Goldpulver mit der Flüssigkeit, vermischen Sie sie mit dem Finger und verwenden Sie sie mit einem kleinen Kamelhaarstift. Geben Sie es an verschiedenen Stellen weiter, um das Modell nach dem Geschmack des Arbeiters nachzuahmen. Wenn Sie fertig sind, lassen Sie es vollständig trocknen und polieren Sie es mit dem kaum warmen Polierer.

Dies wird durch die Verwendung anderer wahrgenommen Farben , oder zwei oder drei zusammen, viele schöne Designs können auf die gleiche Weise ausgeführt werden.

LANDSCHAFTEN.

Viele schöne Motive können auf den Seiten von Büchern von einem Maler gestaltet werden; und obwohl der junge Handwerker besser unter die Kunst der Malerei fällt und wegen der Vermischung der Künste, die so häufig auf Bänden gezeigt werden, in denen die Kunst des Buchbinders durch die des Malers und Juweliers ersetzt wird, zu beanstanden ist, sollte dies der Fall sein zumindest den Prozess verstehen, durch den sie hergestellt werden. Das Volumen wird durch Pastenwaschen vorbereitet , um eine einheitliche Rehfarbe zu erhalten , die Muster leicht nachgezeichnet und anschließend entsprechend dem Muster gefärbt , wobei die Farben mit Wasser auf den richtigen Farbton gemischt werden. Die Farbtöne müssen an Stücken von Abfallleder ausprobiert werden, denn da es sich um Geisterfarben handelt , kann sie, wenn sie einmal aufgetragen wird, durch keine Kunst abgemildert werden, wenn sie zu stark ist; und eine besondere Leichtigkeit der Berührung wird notwendig sein, um Wirkung zu erzielen. Porträts usw. können auch auf diese Weise ausgeführt werden, und viele hervorragende Entwürfe wurden zeitweise von den besten Buchbindern Englands und Frankreichs ausgeführt. M. Didot, Buchhändler aus Paris, schenkte Ludwig XVIII. ein von ihm selbst veröffentlichtes Exemplar der „ *Henriade* ", das in diesem Stil äußerst elegant verziert war. Es wurde von *M. Lunier ausgeführt Bellier* , Buchbinder von Tours, und stellte auf der einen Seite ein Miniaturporträt von Heinrich IV. und auf der anderen ein ähnliches von Ludwig XVIII. aus, beides perfekte Ähnlichkeiten. Die größte Schwierigkeit bestand bei den Porträts, die zunächst auf sehr feuchtes Papier gedruckt und sofort auf den Einband aufgetragen wurden, auf den sie mit einer flachen Walze eingeprägt wurden. Als sie vollkommen trocken waren, wurden sie mit der gesamten Kunst, zu der der Buchbinder fähig war, gefärbt und die anderen Ziergemälde von Hand ausgeführt. Dieses Verfahren erfordert große Sorgfalt bei der Ausführung und ist auf jedes Design anwendbar, bei dem die Bindung den Aufwand rechtfertigt.

ÜBERTRAGTE LANDSCHAFTEN.

Die Kunst des Übertragens, die seit langem bei der Verzierung ausgefallener Gegenstände praktiziert wird , galt als ebenso praktikabel, um eine hochwertige Verzierung für die Seiten von Büchern zu erzielen. Aber der Lack, der für den Vorgang verwendet werden musste, machte die Erfindung nutzlos, da er durch die Wirkung des erhitzten Polierers weiß wurde oder abblätterte. Nach mehreren Versuchen wird angenommen, dass diese Schwierigkeit durch die Verwendung eines sehr einfachen und gebräuchlichen Artikels im Büro des Buchbinders überwunden werden kann , nämlich: *neuer Glanz* , gut zerschlagen. Die Vorgehensweise ist wie folgt:— Schneiden Sie den Druck, der übertragen werden soll, auf allen Seiten dicht am Design ab. Lassen Sie es im Glasur ziehen , bis es gut damit gesättigt ist. Während dieser Zeit das Buch zweimal glänzen lassen und es bei jedem Auftragen trocknen lassen. Nehmen Sie den Druck heraus, platzieren Sie ihn genau in der Mitte des Seitendeckels und reiben Sie ihn, indem Sie ein Stück Papier darüber legen, kräftig am Buch, damit er sehr fest haftet. Entfernen Sie das obere Papier und reiben Sie das Papier vorsichtig mit dem Finger ab, bis das gedruckte Design zu erscheinen beginnt. Befeuchten Sie den Finger mit *Glanz* , falls das Papier zu trocken werden sollte. Jetzt ist größte Aufmerksamkeit erforderlich, denn die geringste Nachlässigkeit beim Entfernen des noch verbliebenen Papiers kann das Design völlig zerstören und die gesamte vorherige Arbeit verloren gehen. Das Papier muss vorsichtig Stück für Stück entfernt werden, bis das Motiv nur noch im feuchten Zustand auf dem Leder erscheint. Nach dem Trocknen entsteht ein weißes Erscheinungsbild, das auf die kleinen Papierpartikel zurückzuführen ist, die an der Tinte haften. Diese werden jedoch durch das Glänzen der Seite vor der Fertigstellung ausreichend verdeckt . Der Umfang und die Vielfalt, in der diese Designs mit geringem Aufwand umgesetzt werden können, zusammen mit der Vollendung und Schönheit der Seiten von Büchern, machen das Thema besonders der Aufmerksamkeit des Zierhandwerkers würdig; aber er muss Ausdauer und Sorgfalt in einem herausragenden Maße besitzen, um es zur Perfektion zu bringen. Nachdem die Vergoldung oder andere Verzierung ausgeführt wurde, muss die Seite in der üblichen Weise fertiggestellt werden. Eine leichte Schicht des in einem späteren Teil der Arbeit beschriebenen Lacks sorgt in diesem Fall für ein hervorragendes Finish.

Die folgenden Anweisungen und die von Herrn Buchanan sind den Rundschreiben der Finishers' Friendly Association of London entnommen :

„ *Bilder auf Kalbsleder.* – Wir haben von einem Verfahren gehört, bei dem Drucke von dem Papier, auf dem sie gedruckt wurden, auf die Seiten von in Kalbsleder gebundenen Büchern übertragen werden; und in der heutigen Zeit, wo *Neuheit* so sehr gefragt ist, könnte es sich lohnen einige Friendly's warten, um seine Wirksamkeit zu testen. Die Seite muss sauber gewaschen werden, und der Druck wird im feuchten Zustand darauf gelegt, und nachdem man einige Zeit in der Scharfmacherpresse verblieben ist, heißt es, dass eine Kopie des Stichs gefunden wird auf der Wade.

„Mit der Zusendung eines von ihm vor zwanzig Jahren in Farbe ausgeführten Gemäldes korrigiert ein Friendly einen Fehler, den wir begangen haben, indem er *Drucke nennt* BILDER und schreibt: „Bei der Zubereitung wird das Kalb einfach mit dünnflüssigem Pastenwasser gewaschen ; Nach dem Trocknen eine oder zwei Schichten schwacher Weinsteinsalze auftragen.

Wenn es vollkommen trocken ist, können Sie mit jedem beliebigen Motiv fortfahren; Für den Umriss wird im Allgemeinen ein sehr schwaches Braun verwendet. Für alle Farben verwende ich zwei Becher unterschiedlicher Stärke, jeweils mit *Federkiel und Pinsel.* Das Grün besteht aus Scotts flüssigem Blau und französischen Beeren. Diese werden zerstoßen und von einem halben Pint bis zu einem Quartern gekocht , dann zum Kochen gebracht, und in diesem Zustand sollte eine Prise gebrannter Alaun hinzugefügt werden, um die Farbe zu fixieren . Der Schiefer besteht aus schwachem Kupfer; Rot wird aus brasilianischem Staub und Essig oder gekochten brasilianischen Chips und unter Zugabe einer Zinnlösung gewonnen. Die Bücher hatten im Allgemeinen doppelte Bänder – die Buchstabenstücke waren schokoladenfarben gefärbt , und die Zwischenräume zwischen den Bändern waren geschwärzt oder die Farben „ *mausfarben* “, da Marokko für das fleckige Kalb zu hell war . Ein Achteck oder Quadrat war braun , schieferfarben oder gesprenkelt und hatte in der Mitte einen hellen Grund. War das Thema meiner ausgefallenen, botanischen Arbeiten mit einer Pflanzengruppe an den Seiten, die, wenn sie poliert und in lackierte Dosen gepresst wurden, das hübscheste Aussehen hatten. Landschaften, Tiere, Insekten, Muscheln usw. werden alle durch die oben genannten Farben dauerhaft an der Wade fixiert .' Abschließend hofft er, dass „die Anweisungen klar genug sind, um einige angehende FFs dazu zu bewegen , diesen fast vergessenen Zweig der Endbearbeitungskunst zu üben ."

„ W. BUCHANAN. "

ZIERENDE SCHWARZE LINIEN.

Schwarze Linien in Strahlenform oder sich in Form von Rauten oder anderen Elementen schneidenden Seiten von Büchern, die bei guter Ausführung ein gutes Aussehen bieten, werden mit Stahl- oder Schwanenstiften gezogen, wobei die Spitzen auf die erforderliche Größe gebracht werden die Kühnheit der Linien. Als beste Lösung wird sich herausstellen , dass man schwarzen Essig mit einer Portion Gummi arabicum vermischt , um einen Teil der Wirkung der Säure zu neutralisieren und ihr eine stärkere Konsistenz zu verleihen. Was auch immer das Muster sein mag, es sollte mit dem Ordner leicht nachgezeichnet werden und das Design anschließend mit dem Stift markiert werden, wobei ein Lineal dabei hilft.

SCHWÄRZUNG DER QUADRATE.

Solange die Quadrate nicht gleichmäßig gefärbt sind , wird die Gesamtheit der oben beschriebenen Muster nicht den besten Effekt erzielen, wenn sie schlicht oder unterschiedlich gefärbt bleiben; Es ist daher notwendig, die Kanten und Quadrate des Bretts sowie die Kappe über dem Kopfband zu schwärzen. Dies geschieht mit einem Stück einer festen, weichen Substanz an den Rändern und mit einem Schwamm innerhalb des Volumens, ausreichend unterhalb des Teils, den die Vorsatzpapiere bedecken. Abschließend sollten die Bezüge gut abgewaschen und trocknen gelassen werden.

BANDS UND TITELSTÜCKE.

Bei flachen Rückseiten ist es notwendig, die für die Bänder vorgesehene Stelle mit Vergoldung zu markieren. Zu diesem Zweck sollte der Ordner Muster in verschiedenen Formen und Größen haben, die aus dünnem Karton ausgeschnitten sind, etwas länger und doppelt so breit wie die Bände, damit sie an den Seiten fest gehalten werden können, während die Bänder auf der Rückseite markiert sind durch die im Muster ausgeschnittenen Öffnungen. Es ist üblich, am unteren Ende der Rückseite ein doppeltes Band anzubringen, und daher muss dies im Muster berücksichtigt werden. Der verlängerte Teil muss bündig mit der Kante der Bretter am Ende des Bandes platziert werden und die Bänder müssen markiert werden mit dem Ordner. Durch diesen Plan wird die Gesamtheit der Streifen in den Buchreihen eine parallele Linie darstellen, und der schlechte Effekt, der durch die Ungleichheiten entsteht, die sich aus der Abmessung der Entfernungen und dem Vertrauen auf die Sicht ergeben, wird vermieden. Es ergibt sich auch eine große Zeitersparnis , da die einmal erstellten Muster sehr lange halten.

Auf den ausgefallenen Farben und Streuseln werden üblicherweise Marokko -Schriftzüge angebracht . Zu diesem Zweck wird das Marokko , oder Rotschimmel, wenn es sich um eine gewöhnliche Arbeit handelt, der Länge nach entsprechend dem Abstand zwischen den Bändern aufgeschnitten, und der Streifen wird quer über den Rücken gelegt, um die Breite zu messen, und dann abgeschnitten. Dann muss es, auf der Fleischseite leicht angefeuchtet, so dünn und gleichmäßig wie möglich geschnitten und die Kanten gleichmäßig nach unten geneigt werden, um es genau auf die Größe des Quadrats zu bringen, das es einnehmen soll. Sollte die Rückseite zwei Teile erfordern, nämlich ein weiteres für das Volumen oder den Inhalt, kann es angebracht sein, die Farbe zu variieren . Diese Titelstücke werden gleichmäßig aufgeklebt, eine Portion Kleister mit dem Finger darüber gerieben und dann durch Abreiben der Ränder mit der Mappe fest und gleichmäßig befestigt, wobei der Kleister mit einem sauberen Schwamm gut abgewaschen werden muss. Wenn es um Sparsamkeit geht, können die für den Titel vorgesehenen Quadrate mit Braun oder Schwarz abgedunkelt werden, wodurch die Beschriftung sehr gut zur Geltung kommt.

Eingelegte Ornamente.

Um einigen Einbänden aus Pergament, Kalbsleder oder Marokko einen zusätzlichen Grad an Pracht zu verleihen, ist es manchmal erforderlich, Verzierungen auf den Einbänden in einer anderen Farbe auszuführen ; und da es sich um eine wichtige Manipulation handelt, muss der junge Arbeiter sie verstehen . Lassen Sie das Muster blind auf das Volumen einarbeiten und achten Sie darauf, dass es gut eingeprägt wird. Pare Marokko der gewünschten Farbe gleichmäßig und dünn auftragen. Legen Sie es im feuchten Zustand auf den Teil des Musters, der eingelegt werden soll, und drücken Sie mit den Fingern darauf. Der Umriss der Figur wird durch das Marokko sichtbar . Dann lege es auf den Schälstein; und mit den gleichen Hohleisen, mit denen das Muster ausgeführt wurde, fahren Sie mit dem Ausschneiden des Marokkos fort . Die für diese Art von Arbeit verwendeten Hohleisen sollten aus Stahl sein.

Die gleichen Anweisungen gelten für ausgefallene Titel mit flacher Rückseite.

Nachdem die Stücke richtig ausgeschnitten wurden, beginnt der Handwerker damit, sie gleichmäßig einzukleben und sie an ihrem Platz auf dem Volumen auszurichten.

Wenn das Buch trocken und vorbereitet ist, ist es bereit für die Vergoldung, und wenn es mit dem Goldornament bedeckt ist, sind die Nähte des Leders bei guter Ausführung nicht mehr wahrnehmbar. Die Rillen müssen am Rand des Marokkos bearbeitet werden .

Diese Art von Verzierung wird am Kalb häufiger ausgeführt als an jedem anderen Stoff.

FARBEN.

Im Zusammenhang mit eingelegten Ornamenten geben wir einige Hinweise, die dem Handwerker bei der Farbwahl helfen sollen . Ein großer Teil des erzeugten Effekts resultiert aus den Beziehungen, die die Farben zueinander haben. Eine gut ausgeführte Arbeit kann durch die unüberlegte Farbauswahl verdorben werden . Wenn der Veredler die Lehren, die die Natur über die Verteilung der Farben lehrt, nicht kennt , kann er nicht erwarten, einem Kenner zu gefallen, dessen Geschmack durch das Studium der Farbharmonien korrigiert und verfeinert wurde .

NUMERISCHE PROPORTIONEN HOMOGENER FARBEN.

Gelb , 3. *Rot* , 5. *Blau* , 8.

SEKUNDÄRE.

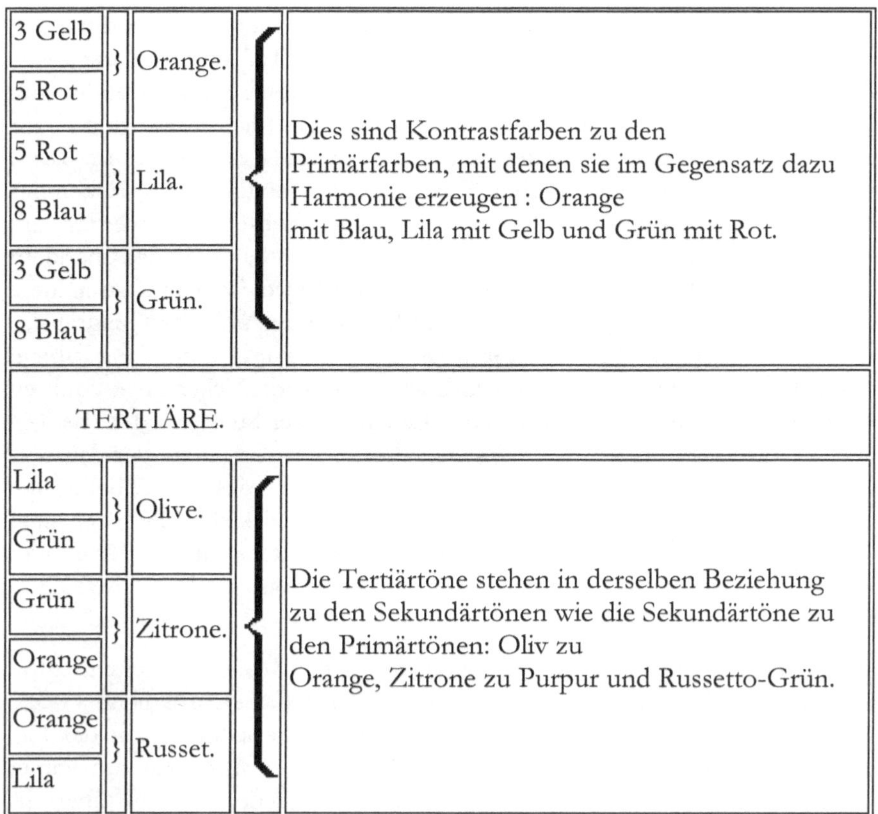

3 Gelb 5 Rot	} Orange.	Dies sind Kontrastfarben zu den Primärfarben, mit denen sie im Gegensatz dazu Harmonie erzeugen : Orange mit Blau, Lila mit Gelb und Grün mit Rot.
5 Rot 8 Blau	} Lila.	
3 Gelb 8 Blau	} Grün.	

TERTIÄRE.

Lila Grün	} Olive.	Die Tertiärtöne stehen in derselben Beziehung zu den Sekundärtönen wie die Sekundärtöne zu den Primärtönen: Oliv zu Orange, Zitrone zu Purpur und Russetto-Grün.
Grün Orange	} Zitrone.	
Orange Lila	} Russet.	

Gelb wird auf der einen Seite von Orange und auf der anderen von Grün melodiert; Blau durch Grün und Lila und Rot durch Lila und Orange.

KLEBEN DER VORSATZBLÄTTER, VERBINDUNGEN USW.

Der Band wird auf den Tisch oder die Presse gelegt, mit dem Kopf zum Arbeiter gerichtet und der oberen Platte geöffnet, der Schutz oder das falsche Vorsatzpapier muss entfernt werden und alle anderen Substanzen müssen aus der Verbindung mit dem Ordner entfernt werden. Das auf die Tafel zu klebende Papier wird an jedem Ende so zugeschnitten, dass es den gleichen Rand wie an der Vorderkante aufweist, und gleichmäßig darüber geklebt. Anschließend wird es vorsichtig auf das Brett gelegt. Um die Position anzupassen, sollte ein Stück weißes Papier darauf gelegt und das Ganze mit der flachen Hand gleichmäßig gerieben werden. Anschließend mit dem Folder die Fuge perfekt rechtwinklig reiben. Anschließend kann der Band bei geöffneter Platine umgedreht werden und auf der anderen Seite auf die gleiche Weise vorgegangen werden.

Wenn im Inneren des Einbandes ein Goldrand oder eine Blindprägung angebracht werden soll, ist es wichtig, dass kein Teil des Vorsatzpapiers diesen verdeckt. Um dies zu vermeiden, muss am Kopf, Schwanz und an der Vorderkante ein Streifen abgeschnitten werden, der proportional zur zusätzlichen Breite des Randes über dem Quadrat ist. Wenn im Band Marokko- Verbindungen angebracht wurden, müssen die beiden Ecken des Teils, der an den Brettern befestigt werden soll, abgeschnitten werden, um zu verhindern, dass sie über dem Vorsatzpapier sichtbar sind, das überklebt werden soll und die Kante verunstalten würde Dabei ist darauf zu achten, dass so viel Leder übrig bleibt, dass der für die Fuge und das Quadrat des Bretts vorgesehene Teil vollkommen bedeckt wird, damit man beim Aufkleben des Papiers nicht den Eindruck hat, dass die Ecken abgeschnitten wurden. Schneiden Sie die Kante des Leders an der Stelle, an der das Teil abgeschnitten wurde, auf einem kleinen Brett oder Ordner ab, der darunter liegt. Kleben Sie anschließend die Fuge auf die Kante des Bretts, befestigen Sie sie sauber mit Daumen, Finger und Ordner und kleben Sie nach dem Trocknen das auf die richtige Größe zugeschnittene marmorierte oder farbige Papier darauf. Für die beste Arbeitsklasse wird die Marokko- Verbindung vom Finisher nach dem Einband des Buches in den Band gelegt.

Wenn die Enden aus Seide bestehen, muss die Seide ausreichend groß belassen werden, um die Kanten über ein auf die erforderliche Größe zugeschnittenes Stück Papier zu drehen. Dies sollte jedoch nicht der Fall sein, um den Glanz und die Fülle der Seide zu bewahren auf das Papier geklebt werden, auf das es gelegt wird, es sei denn, es wird über die Papierkante gedreht. Das Papier wird dann leicht überklebt und auf dem Brett ausgerichtet. Diese Methode verhindert auch, dass die Seide ausfranst oder einen gezackten Rand aufweist. In allen Fällen jedoch, in denen der Rand unterhalb der Höhe der Ränder des Bandes vergoldet oder anderweitig verziert ist, dürfen die Enden erst nach Abschluss dieses Vorgangs festgeklebt werden , da Glanz und Öl leicht Flecken hinterlassen könnten. und eine schlechte Wirkung haben.

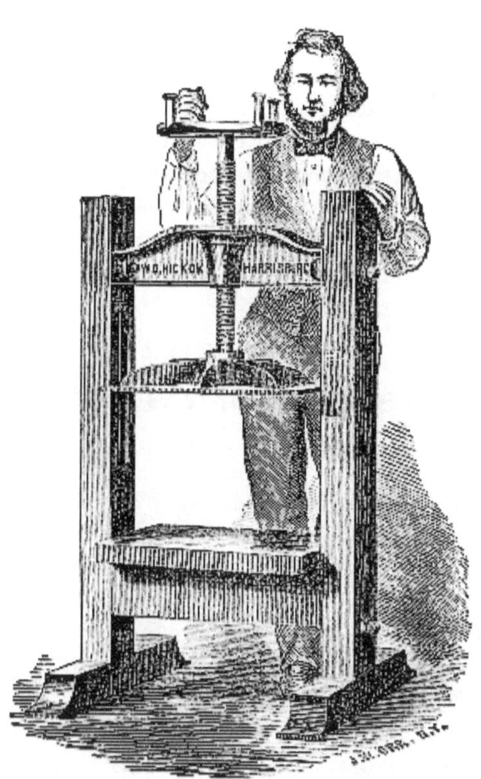

STEHEN-PRESSE.

Bei minderwertigen Einbänden, bei denen die Vorsatzblätter unbedruckt bleiben und die letzten beiden Blätter lediglich zusammengeklebt werden , müssen die Enden lediglich zusammengeklebt und befestigt werden, indem der Band zwischen die Bretter gelegt und sofort in der Standpresse festgeschraubt wird Es muss herausgenommen und die Bretter geöffnet werden, um die Fugen freizugeben. Nahezu jede Art von Arbeit, mit Ausnahme von Samt und türkischem Marokko , muss nach dem Aufkleben der Vorsatzpapiere der Wirkung der Standpresse unterzogen werden und dann vollkommen trocken werden, indem die Bretter offen gelassen werden. Unsere Illustration stammt von einer Standpresse, hergestellt von WO Hickok, Harrisburg, Pennsylvania.

In allen Abteilungen, insbesondere aber in der Endbearbeitung, ist Sauberkeit von größter Bedeutung. Es kommt nicht darauf an, wie anmutig das Design sein mag, wie perfekt die Werkzeuge funktionieren; Alles kann durch einen schmutzig aussehenden Band verdorben werden. Achten Sie daher darauf , dass alles an Ihnen sauber ist : Tassen, Schwämme und Bürsten. Lassen Sie Ihre Größe, Paste und Glanz sauber sein; Ihre Öl-Baumwolle ist das Gleiche. Tragen Sie das Gold erst auf, wenn das Präparat trocken ist. Achten Sie nach der Bearbeitung Ihrer Werkzeuge sorgfältig darauf, das Gold zu entfernen, sodass keine Teile oder Flecken zurückbleiben, die nicht entfernt werden sollten, da diese wie Schmutz aussehen. Achten Sie besonders bei der Kälberarbeit auf Fett und andere Dinge , die Schmutz verursachen können das Leder . Im Sommer muss besonders darauf geachtet werden, die Arbeit vor Fliegen zu schützen, insbesondere nachdem man den Rücken trainiert hat. Die kleinen Schädlinge fressen stellenweise die Glasur ab und verleihen dem Buch ein unansehnliches Aussehen.

LACK,

WIE IM BUCHBINDEN VERWENDET.

Das erste Werk des berühmten *Tingry* wird auf folgende Weise hergestellt:

Geben Sie in ein Gefäß sechs Unzen Mastix in Tropfenform, drei Unzen fein gemahlenen Sandarac, vier Unzen grob zerbrochenes Glas, das durch ein Sieb vom Staub getrennt wurde, und zweiunddreißig Unzen Weinbrand von etwa vierzig Grad. Stellen Sie das Gefäß auf Stroh in ein anderes, mit kaltem Wasser gefülltes Gefäß. Legen Sie es auf das Feuer und lassen Sie es kochen. Rühren Sie dabei die Substanzen mit einem Stock um, damit sich die Harze nicht vereinigen. Wenn das Ganze gut vermischt erscheint, geben Sie drei Unzen Terpentin hinzu und kochen Sie es eine weitere halbe Stunde lang. Dann muss das Ganze herausgenommen und gerührt werden, bis der Lack und das Wasser, in das es gegeben wird, abgekühlt sind. Filtern Sie es am nächsten Tag durch eine feine Watte, damit es den größtmöglichen Grad an Klarheit erhält, und verkorken Sie es gut in einer Flasche.

Das andere Rezept stammt von *Mons. F. Mairet* aus *Châtillon sur Seine* und kann ähnlich wie oben zubereitet werden. Die Zutaten sind: drei Pints Spirituosenwein von sechsunddreißig bis vierzig Grad, acht Unzen Sandarac, zwei Unzen Mastix in Tropfen, acht Unzen Schellack und zwei Unzen venezianisches Terpentin.

Der Lack wird zunächst mit einem Kamelhaarpinsel möglichst dünn auf die Buchrückseite aufgetragen. Wenn es fast trocken ist, wird es mit einem Ball aus feiner weißer Baumwolle poliert, der mit Wolle gefüllt ist und mit einer kleinen Menge Olivenöl eingerieben wurde, damit er frei gleiten kann. Es muss zunächst leicht gerieben werden, und je schneller der Lack trocknet und warm wird, desto stärker. Die Seiten werden in gleicher Weise nacheinander poliert.

Der Lack wird aufgetragen, nachdem das Volumen mit dem Eisen poliert wurde, um den Glanz zu bewahren und das Volumen vor den schädlichen

Auswirkungen zu schützen, die durch das Fressen der Glasur durch Fliegen entstehen können . Der heute allgemein verwendete Fertigartikel wird mit einem weichen Schwamm aufgetragen, der leicht über die Volumina geführt wird, nachdem eine kleine Menge Lack auf den Schwamm aufgetragen wurde.

STEMPELN.

Für die Vergoldung der Seiten und sogar der Rückseiten von Verlagswerken oder auch für andere Arbeiten, bei denen mit geringem Aufwand eine Menge Vergoldung gewünscht wird, wird die Prägepresse in Beschlag genommen und mit für diesen Zweck zugeschnittenen Werkzeugen, sogenannten Blöcken oder Stempel, das Design ist seitlich eingeprägt. Diese Stempel können aus sehr kleinen Stücken bestehen, und wenn man mehrere Stück davon hat, können die erzeugten Muster nahezu unbegrenzt sein. Die Stempel werden auf einer Eisen- oder Messingplatte, einer so genannten Rück- oder Grundplatte, befestigt, auf die ein Stück festes Papier geklebt wurde. Lassen Sie dann den Handwerker auf der Platte die genaue Größe der zu stempelnden Seite markieren und diese gleichmäßig mit dem Zirkel markieren, um die Stempel auszurichten. Schlagen Sie dann in die Mitte und zeichnen Sie von der Mitte aus Linien auf das Papier , um es in Quadrate oder in einen bestimmten Teil zu unterteilen und so die Freiheit für die Auswahl des Ausgangspunkts des Entwurfs zu gewährleisten. Denn es muss offensichtlich sein, dass seine Muster ein hohes Maß an Gleichmäßigkeit aufweisen, wenn ein Arbeiter alle seine Muster am selben Punkt beginnt, ungeachtet dessen, dass er über eine Vielzahl von Werkzeugen verfügt. Lassen Sie das Papier gleichmäßig über die Oberfläche kleben und beginnen Sie mit der Bildung des Musters, indem Sie die Stempel so auf der Platte anordnen, dass das Muster sichtbar ist. Bei der Gestaltung von Stempelmustern kann man viel Geschmack an den Tag legen; aber da das Publikum im Allgemeinen eine Menge vergoldeter Lebkuchenarbeiten verlangte, wurde dieser Zweig nur wenig gepflegt; Die vorherrschende Meinung unter Stempeln ist, dass es egal ist, was auf die Seite gelegt wird, damit sie gut mit Gold bedeckt ist. Verleger stellen fest, dass die am meisten kitschig vergoldeten Bücher am schnellsten entsorgt werden; Daher wird alles einem farbenfrohen Äußeren geopfert. Es bleibt zu hoffen, dass die Kunst von dieser degradierten Ornamentik befreit wird. Stampfer selbst können etwas zur Reinigung und Korrektur des öffentlichen Geschmacks beitragen, indem sie die bedeutungslosen Sammlungen meiden, die wirr und oft zusammengepfercht auf den Seiten liegen. Alle Bemerkungen zu Stil, Design und Werkzeugkombination in der Handveredler-Abteilung gelten in gleicher Weise auch für Stempelarbeiten; und obwohl die bei letzteren verwendeten Stempel nicht so plastisch sind wie bei der Handarbeit, werden dennoch großartige Ergebnisse erzielt; Denn ungeachtet der Überlegenheit der Handarbeit in Bezug auf künstlerischen Ausdruck und Beständigkeit wird die Druckarbeit immer eine herausragende Stellung in der Kunst einnehmen und mit geringem Aufwand beeindruckende Ergebnisse hervorbringen. Nachdem das Muster geformt ist, nehmen Sie etwas Paste, berühren Sie die Unterseite jedes Stempels und platzieren Sie ihn in der genauen Position . Nachdem dies erledigt ist und die Paste hart geworden ist, legen Sie den so entstandenen Stempel oder das Muster auf die Seite des Volumens und achten Sie darauf, dass vorne, hinten und an den Enden der gleiche Rand entsteht. Legen Sie dann das Brett oder die Seite, auf der der Stempel platziert wird, auf die Platte oder das Bett der Prägepresse und lassen Sie das Volumen vor der Platte hängen, die dann in die Mitte der oberen Platte bewegt wird, so dass die Klammern entstehen berührt die Platte gleichzeitig an beiden Kanten; Ziehen Sie dann den Hebel, um einen leichten Druck auf die Platte auszuüben, damit diese und die Seite an ihrem richtigen Platz bleiben. Dann die Führungen an Vorderkante und Kopf bzw. linker Seite anpassen und festschrauben; wirf den Hebel zurück, nimm das Buch heraus; Überprüfen Sie eventuelle Unregelmäßigkeiten am Rand des Musters und korrigieren Sie sie, indem Sie die Führungen verschieben. Wenn der Stempel vollkommen quadratisch ist, legen Sie eine weiche Pappe unter den Stempel, ziehen Sie die Presse herunter und erhitzen Sie ihn. Dadurch härten die Stempel bzw. der Kleister und der Kleber in kurzer Zeit aus, so dass sie beim Stempeln nicht abfallen – ein großes Ärgernis. Die Prägearbeit erfordert nicht so viel Körper und Vorbereitung, wie wenn sie von Hand vergoldet würde. Marokko kann durch bloßes Waschen mit Urin bearbeitet werden; Es ist jedoch sicherer, eine Schicht Leim oder Glasur und Wasser im Verhältnis von einem der ersteren zu drei der letzteren zu verwenden. Gemasertes Schaf oder, wie es genannt wird, Nachahmung von Marokko , erfordert mehr Körper, um gut vergoldet zu werden. Nachdem die Bücher zum Auflegen bereit sind, wird das Blattgold auf dem Kissen auf die erforderliche Größe zugeschnitten, oder, wenn das Volumen groß ist und der Stempel seine oberflächliche Ausdehnung abdeckt, kann das Blatt vom Goldbuch abgehoben werden Mittels eines mit Watte oder Watte bedeckten Blocks, der sofort auf die Seite gelegt wird. Nachdem ein geölter Lappen leicht über die Oberfläche des Leders gestrichen wurde, damit das Gold haften bleibt, bis es unter die Presse gelegt wird, prüfen Sie, ob die Presse für diesen Zweck ausreichend erhitzt ist. Mit ein wenig Erfahrung lässt sich die in der Regel benötigte Wärmemenge schnell ermitteln. Lederarbeiten erfordern zum Stempeln kein so heißes Werkzeug wie für Handarbeiten, während Stoff- oder Musselinarbeiten einen kurzen, schnellen Strich erfordern und die Presse heißer sein muss als für Leder. In den meisten Buchbindereien wird die Prägepresse durch Einleiten von Dampf oder Gas durch zu diesem Zweck perforierte Rohre erhitzt; Einige verwenden jedoch immer noch

Heizgeräte, die nach dem Erhitzen in einem Ofen in den Löchern der oberen Platte platziert werden. Nachdem die Presse richtig aufgeheizt ist, klappen Sie den Hebel zurück; Nehmen Sie die Pappe unter dem Stempel hervor; regulieren Sie den für den Stempel erforderlichen Druck; Legen Sie dann die zu stempelnde Seite auf die Grundplatte und halten Sie sie mit der linken Hand fest an den Führungen fest, während Sie mit der rechten Hand den Hebel schnell nach vorne ziehen. Dadurch werden die Knebel gerade und es entsteht ein scharfer Abdruck des Stempels auf dem Leder. sofort den Hebel zurückwerfen; Nehmen Sie die Seite heraus und reiben Sie mit einem Lappen das überschüssige Gold ab. Wiederholen Sie den Vorgang auf der anderen Seite, es sei denn, der Stempel hat eine aufrechte Form; Dann muss der Stempel in der Presse gedreht werden, bevor die andere Seite bearbeitet werden kann. Auf die gleiche Weise werden Einbände oder Einbände gefertigt, die vor dem Aufkleben der Bücher gestempelt werden, wobei die Rückseiten vor dem Aufkleben ebenfalls gestempelt werden. Der vorhergehende Schnitt einer Prägepresse zum Vergolden von leichten Arbeiten , Beschriftungen usw. ist von der bewährtesten Konstruktion, während er für große, schwere Arbeiten, entweder vergoldet oder blind gestempelt (geprägt, wie es fälschlicherweise genannt wird) und für Für Stoffarbeiten im Allgemeinen ist die Radpresse am besten geeignet. Es kann entweder von Hand oder mit Kraft gearbeitet werden. Das Schwungrad kann weiter rotieren, während der Arbeiter mit der Beschickung der Presse beschäftigt ist. Der Hebel wird für leichte Arbeiten verwendet. Es ist zu erkennen, dass die obere Platte dieser Presse, an der der Stempel befestigt ist, stationär ist, was große Vorteile bei der Anordnung von Rohren zum Erhitzen mit Gas und auch zum Abführen von Rauch und nicht verbrauchtem Gas bietet, die sonst in die Presse entweichen würden Zimmer. Diese Pressen werden von I. Adams & Co., Boston hergestellt.

Beschriftungs- und Vergoldungspresse, Nr. 1.

PRÄGEPRESSE, Nr. 2.

Eine Beschreibung der verschiedenen Prozesse, mit denen durch Stempeln die reichhaltige Wirkung von Intarsienarbeiten erzielt werden kann, finden Sie unter den Rubriken „Illuminated Binding" und „Intarsienornamente". Für die Arbeit der Verleger ist es ein wirtschaftlicher Punkt, einen Stahlschneider zu haben, der das Muster mit einem Schlag ausschneidet. Für diese Art von Arbeiten wird anstelle von Leder farbiges deutsches Papier zum Einlegen verwendet.

Mit Hilfe von Stahlschneidern und der Stanzpresse werden dünne Platten ausgeschnitten und auf die Volumen aufgeklebt; und nachdem sie bedeckt sind, werden sie mit Gold gestempelt und mit Mustern versehen, die der Figur des Schneiders entsprechen. Dies kann nur bei einer großen Anzahl von Bänden angewendet werden, obwohl einzelne Bände mit erhöhtem Aufwand von Hand ausgeschnitten werden können.

Das modernisierte gotische Design (Tafel IX.) ist für eine Seitenplatte vorgesehen, die entweder in Gold oder blank gearbeitet werden kann. Das leicht geblümte Muster (Tafel Das Muster auf Tafel XI. ist für Druckarbeiten und zum Blankostempeln gedacht. Der Kontrast von leichter und schwerer Arbeit erzeugt einen feinen Effekt und eignet sich gut für einen Seitenstempel, insbesondere für Stoffarbeiten.

9.

Modernisierte Gotik.

10.

Modernes Blumendesign.

11.

Tafel XII. ist ein anmutiges Design aus einem „Hint" von Mr. Leighton. Es eignet sich für einen Seitenstempel, der in Gold gearbeitet werden kann; und damit schließen unsere Designillustrationen.

12.

Um eine Schwierigkeit zu vermeiden, die der junge Fertiger bei seinen ersten Entwurfsversuchen haben wird, lassen Sie ihn ein hochwertiges, geleimtes Papier auswählen, es auf die erforderliche Größe zuschneiden, es dann sorgfältig in vier Teile falten und sein Muster fett auf einen davon zeichnen Die vier Ecken mit einem Bleistift markieren. Anschließend befeuchten Sie die gegenüberliegende Ecke leicht, falten den gezeichneten Teil so, dass er mit der feuchten Oberfläche in Kontakt kommt, und reiben ihn auf der Rückseite, um die Umrisse der Zeichnung zu übertragen. Wenn es deutlich genug zu sehen ist, zeichnen Sie es sorgfältig mit dem Bleistift nach und wiederholen Sie den Vorgang an den anderen Ecken, bis das Muster vollständig ist. Diese Methode gewährleistet Genauigkeit und Schnelligkeit.

Bei der Bearbeitung eines Musters mit Rillen oder Schnittlinien wird das gleiche Prinzip angewendet, um das Muster an den vier Ecken genau gleich zu reproduzieren und Zeit zu sparen. In diesem Fall wird das Papier gefaltet und ein Abdruck des Werkzeugs reicht für beide Seiten des Musters aus.

Lassen Sie den jungen Finisher doch Liebe für seine Kunst empfinden, sich mit den besten Exemplaren vertraut machen und sich entschließen, sich zu übertreffen; und schließlich werden seine Leistungen geschätzt, seine Fähigkeit, die besten Situationen zu meistern, und er wird als Künstler anerkannt .

SCHNEIDEMASCHINEN.

Zum Ausschneiden von Papier, Broschüren und Büchern „aus Brettern" wurde eine Reihe von Maschinen erfunden, die in vielen Buchbindereien eingesetzt werden, insbesondere dort, wo große Mengen „Stoffarbeiten" gebunden werden. Es wurde festgestellt, dass sie für diese Art von Arbeit sehr gut geeignet sind. Einige von ihnen arbeiten geschickt genug, um Bücher für Einbandarbeiten zu schneiden, die für Goldschnitte vorgesehen sind, wenn sie nicht abgekratzt werden sollen . Für erstklassige Arbeit, das Schneiden „in Brettern", wurde nichts entdeckt, was die altmodische Methode des Schneidens mit Pflug und Presse ersetzen könnte.

PATENTPAPIER- UND BUCHSCHNEIDER.

Der obige Schnitt einer dieser Maschinen aus der Manufaktur I. Adams &
Co., Boston, soll dazu dienen, einen allgemeinen Eindruck von ihrem
Aussehen zu vermitteln; und die Namen der Hersteller sind eine
ausreichende Garantie für die mechanische Perfektion seiner Details.

ÜBERSETZUNG VON DATEN.

Bei vielen alten Büchern sind die Daten auf eine Art und Weise gedruckt, die
den Verfasser verwundert, wenn von ihm verlangt wird, sie zu datieren, da
sie zu dünn sind, als dass sie wie auf der Titelseite angebracht wären. Der
folgende Schlüssel wird hier angegeben, da er in solchen Fällen nützlich sein
kann : – C . 100; I Ɔ , oder D , 500; C I Ɔ oder M , 1000; Ich ƆƆ , 5000; CM³
I ƆƆ , 10.000; I ƆƆƆ , 50.000, CCC I ƆƆƆ , 100.000. Also, C I Ɔ , I Ɔ ,
CLXXXVIII –1688. Bei diesem Thema ist es vielleicht nicht unangemessen,
auf die Datierung einiger in Frankreich gedruckter Bücher während der
Republik dieses Landes hinzuweisen. Also „An. XIII. " – 1805, das war das
dreizehnte Jahr der Republik, die 1792 begann.

WIEDERHERSTELLEN DER BÄNDE ALTER BÜCHER.

Alte Einbände sehen oft schlecht aus, weil das Leder trocken und rissig geworden ist oder die Lederoberfläche stellenweise abgerieben ist. Um dies zu vermeiden, nehmen Sie eine kleine Menge Paste und reiben Sie sie vorsichtig mit dem Finger auf die Stellen , die sie benötigen. Nachdem es getrocknet ist, waschen Sie das Volumen sorgfältig mit einer dünnen Leimlösung ab. Nach dem Trocknen kann das Volumen lackiert und anschließend mit einem Tuch, in das ein paar Tropfen süßes Öl getropft wurden, abgerieben werden.

LIEFERN VON UNVOLLKOMMENHEITEN IN ALTEN BÜCHERN.

Es kommt häufig vor, dass bei einem wertvollen und seltenen Werk ein Blatt eingerissen ist oder fehlt. Um es liefern zu können, muss zunächst eine perfekte Kopie als Modell zur Verfügung gestellt werden. Besorgen Sie sich dann Papier in der gleichen Farbe wie das zu reparierende Blatt und schneiden Sie es sorgfältig zu, sodass es mit dem abgerissenen Teil übereinstimmt. Nachdem das Stück sauber ausgerichtet wurde, bestreichen Sie es und das Blatt entlang der Ränder ganz leicht mit einer Paste aus Reismehl; Legen Sie dann ein Stück Seidenpapier auf beide Seiten des Blattes und glätten Sie es vorsichtig mit der Falte. Schließen Sie dann das Volumen und lassen Sie es stehen, bis es vollständig trocken ist. Entfernen Sie dann das Seidenpapier. Sie werden feststellen, dass die an der Verbindungsstelle haftenden Teile stark genug sind, um das Stück am Buchblatt zu befestigen. Die Buchstaben können dann von der perfekten Kopie kopiert und auf das eingefügte Stück übertragen werden. Das allgemeine Erscheinungsbild hängt von der gezeigten Fähigkeit ab, eine erfolgreiche Nachahmung des Originals zu erzielen.

HINWEISE

FÜR BUCHSAMMLER.

Schreiben Sie niemals Ihren Namen auf die Titelseite eines Buches.

Lassen Sie Ihre Bücher so groß wie möglich zuschneiden, um die Unversehrtheit des Randes zu wahren.

Übernehmen Sie nicht für alle Ihre Bücher eine einheitliche Bindungsart.

Lassen Sie die Einbände Ihrer Bücher charakteristisch für den Inhalt und den Wert des Werkes sein.

Beauftragen Sie Türkei Marokko für große Werke oder für Bücher, die Sie ständig verwenden. Es ist das haltbarste Material, das für Bindungen verwendet wird, mit Ausnahme von Levant- Marokko , das sehr teuer ist.

Englisch gefärbtes Kalbsleder ergibt einen schönen Bezug und lässt sich besser mit Vollvergoldung versehen als Marokko . Letzteres sieht, wenn es zu reichhaltig ist, leicht kitschig aus.

Lassen Sie die Haltbarkeit und Sauberkeit Ihrer Bindungen zu den Hauptvoraussetzungen werden. Verzieren Sie mit Bedacht und sparsam, statt nachlässig oder protzig.

Poesie und Predigten sind nicht gleich zu behandeln, weder in der Farbe noch in der Art der verwendeten Verzierungen.

Der Wert einer Bibliothek wird durch die Menge an Wissen und Geschmack gesteigert, die in den Einbänden zum Ausdruck kommt.

Russisches Leder bietet keinen Schutz vor Würmern und reißt schnell an der Nahtstelle.

Ungeschnittene Bücher erzielen einen höheren Preis als beschnittene.

Um ein Buch gut zu binden, sollte es nach jedem Vorgang ausreichend Zeit zum Trocknen haben.

Wenn Sie einen Band aus dem Ordner erhalten, platzieren Sie ihn so auf Ihrem Regal, dass die angrenzenden Bände ihn fest anliegen und ihn geschlossen halten. oder, wenn Sie es auf Ihren Tisch legen, legen Sie andere Bände darauf, um zu verhindern, dass sich die Bretter verziehen, und verwenden Sie es eine Zeit lang nicht in der Nähe des Feuers.

Fassen Sie die Blätter beim Öffnen eines Bandes nicht fest mit Ihren Händen an. Sie könnten sich dadurch das Rückgrat brechen. Wenn das Buch hinten zu eng ist , legen Sie es auf eine ebene Fläche und öffnen Sie es, indem Sie jeweils ein paar Blätter nehmen und leicht auf die geöffneten Blätter drücken . Gehen Sie dabei vom Anfang bis zum Ende vor, bis die erforderliche Freiheit erreicht ist erhalten wird.

Schneiden Sie die Blätter Ihrer ungeschnittenen Bücher mit einem Papiermesser oder einem Falzmesser so auf, dass die Kanten glatt und gleichmäßig sind. andernfalls muss das Buch beim Binden gekürzt werden.

Binden Sie kein neu gedrucktes Buch. Es besteht die Gefahr, dass es beim Pressen aufbricht.

Zerstören Sie niemals die Originalbindung eines alten Bandes, wenn die Bindung in einem akzeptablen Zustand ist. Ein altes Buch sollte nicht neu gebunden werden, es sei denn, dies ist für seine Erhaltung unerlässlich; und dann sollte es, soweit möglich, eine Restaurierung sein.

Bewahren Sie alte Schriften und Autogramme sorgfältig auf Vorsatzblättern auf, es sei denn, sie sind trivial. Es ist ein Akt der Höflichkeit gegenüber dem früheren Besitzer eines Buches, sein Exlibris auf dem Buchdeckel anzubringen.

Eventuell vorhandene Leerblätter in alten Bänden sollten nicht entfernt werden. Der Bastard- oder Halbtitel sollte immer erhalten bleiben.

Ordnen Sie alle länglichen Platten so an , dass die Inschrift darunter vom Ende bis zum Kopf des Bandes zu lesen ist.

Binden Sie niemals eine große Karte mit einem kleinen Volumen. Es neigt dazu, wegzureißen; und wenn man auf die Lautstärke drückt, hinterlässt es unziemliche Spuren. Karten und Pläne sollten auf leere Blätter geklebt werden, so dass sie frei vom Band liegen, sodass der Leser den Plan und den Text zusammen lesen kann.

Es ist eine falsche Sparsamkeit, mehrere Bände zusammenzufassen, insbesondere wenn sie unterschiedlicher Größe sind und sich mit unterschiedlichen Themen befassen.

Halten Sie Ihre Bücher trocken, aber nicht zu warm. Gas ist in einer Bibliothek schädlich, insbesondere für die Vergoldung der Bücher.

Stellen Sie Bücher mit ungeschnittenem Deckel nicht dort ab, wo Staub darauf fallen könnte. Es dringt zwischen die Blätter ein und beschädigt das Innere der Bände.

Stellen Sie keine Bücher mit Verschlüssen oder geschnitzten Seiten auf die Regale. Sie markieren und kratzen ihre Nachbarn .

Falten Sie beim Lesen oder Umblättern eines Buches niemals die Ecken nach unten und machen Sie sich niemals die Finger nass.

Lesen Sie kein Buch bei Tisch. Krümel dringen leicht in die Blattrückfalte ein.

Bücher sind nicht für Kartenständer oder für Behälter mit botanischen Exemplaren gedacht.

Lassen Sie niemals ein Buch mit der Vorderseite nach unten aufgeschlagen liegen, unter dem Vorwand, den Platz zu behalten. Wenn es lange in diesem Zustand bleibt , wird es wahrscheinlich später an dieser Stelle aufspringen.

Ziehen Sie Bücher niemals an den Kopfbändern aus dem Regal und lassen Sie sie nicht lange auf der Vorderkante stehen.

Bücher sollten nicht vor dem Feuer geröstet oder in Sitzkissen umgewandelt werden.

Tränken Sie einen Lappen mit Kampfer und wischen Sie nach dem Trocknen gelegentlich damit den Staub von Ihren Büchern ab, dann werden Sie sich nicht mehr über Bücherwürmer ärgern.

Behandeln Sie Bücher sanft; denn „Bücher sind gute Freunde. Wir profitieren von ihrem Rat, und sie verlangen keine Geständnisse.“

Technische Begriffe,
die beim Buchbinden
verwendet werden

.

Durchgehend . — Wenn ein Band genäht wird und der Faden von Kesselstich zu Kesselstich oder von einem Ende zum anderen in jedem Blatt verläuft, spricht man von einem durchgehenden Nähen.

Sternchen. — Ein Zeichen, das von den Druckern unten auf der Titelseite der gedruckten Duplikatblätter verwendet wird, um die Stelle der entwerteten Blätter anzugeben.

Trägerplatten . — Werden zum Unterstützen oder Formen der Verbindung verwendet. Sie bestehen aus sehr hartem Holz oder sind mit Eisen beschlagen und an der Kante, die die Rille bilden soll, dicker als an der Kante, die zur Vorderkante geht, so dass die ganze Kraft der Legepresse auf die Kante gerichtet werden kann zurück.

Backing- Hammer. — Der Hammer, der zum Backing und Abrunden verwendet wird: Er hat eine breite, flache Schlagfläche, ähnlich einem Schuhmacherhammer.

Bänder. — Die Schnüre, auf die die Blätter eines Bandes genäht werden. Wenn das Buch flexibel genäht wird, erscheinen die Bänder auf der Rückseite. Wenn die Rückseite so gesägt wird, dass das Garn hineinpasst, entsteht das Aussehen von erhabenen Bändern, indem schmale Lederstreifen über die Rückseite geklebt werden , bevor das Volumen abgedeckt wird.

Band- Treiber. — Ein Werkzeug, das beim Weiterleiten verwendet wird, um Unregelmäßigkeiten in den Bändern flexibler Rücken zu korrigieren.

Perle. — Die kleine Rolle, die durch den Knoten des Stirnbandes gebildet wird.

Beschnittzugabe: Wenn ein Buch in den Druck eingeschnitten wird, spricht man von Beschnittzugabe.

Abgeschrägt Bretter: Sehr schwere Bretter für die Seiten, die an den Kanten abgeschrägt sind .

Blindgeprägt . – Wenn die Werkzeuge in das Leder eingeprägt sind, ohne vergoldet zu sein, spricht man von blinden oder blanken Werkzeugen.

Bretter: Es gibt verschiedene Arten, z. B. Pressen, Unterlegen, Schneiden, Polieren, Vergolden usw. Die für Seitenverkleidungen verwendeten Pappen werden als Bretter bezeichnet. Die Bretter, die zum Schneiden von Büchern verwendet werden „Out of Boards" werden Steamboat-Boards genannt. Für Fertigarbeiten werden verzinnte Bretter verwendet; während zum Pressen von Stoffarbeiten Messing- oder eisengebundene Bretter verwendet werden.

Bodkin oder Stich- Ahle. – Eine starke Spitze aus Eisen oder Stahl, die an einem Holzgriff befestigt ist, um die Löcher in den Brettern zu formen, die zum Einfädeln der Bänder erforderlich sind. Wird auch zum Nachzeichnen der Schnittlinien für die Vorderkante verwendet.

Bole. – Ein Präparat, das zum Vergolden von Kanten verwendet wird.

Bolzen. – Die Falte am Kopf und an der Vorderkante der Blätter. Außerdem die kleine Stange mit einer Schraube, mit der das Messer am Pflug befestigt wird.

Bossen: Messingplatten, die an den Seiten der Bände angebracht sind, um sie zu schützen.

Zerbrochen . – Wenn Platten umgedreht und in geringem Abstand von der Hinterkante gefaltet werden, bevor sie so platziert werden, dass sie sich im Band leicht drehen lassen, spricht man von zerbrochenen Platten. Der gleiche Vorgang wird manchmal auf das gesamte Volumen angewendet.

Polieren: Der Effekt, der durch das Auftragen des Poliermittels auf die Kanten entsteht.

Polierer: Sind Achat- oder Blutsteinstücke, die an Griffen befestigt sind.

Storniert. – Blätter mit Fehlern, die herausgeschnitten und durch korrigierte Seiten ersetzt werden müssen.

Mützen. – Der Lederbezug des Stirnbandes. Gilt auch für Papierumschläge, die zum Schutz der Kanten beim Abdecken und Fertigstellen des Bandes dienen.

Fall- Arbeit. – Arbeit, bei der die Bretter abgedeckt und gestempelt werden. Anschließend wird das Volumen auf die Rückseite geklebt und eingeklebt.

Schlagwort . – Ein Wort, das in frühgedruckten Büchern am Ende der Seite vorkommt und das auf der folgenden Seite das erste ist. Wird heute zur Bezeichnung des ersten und letzten Wortes in einer Enzyklopädie oder einem anderen Nachschlagewerk verwendet.

Zentrierwerkzeuge : Sind einzelne, aufrechte oder unabhängige Werkzeuge, die vom Fertiger für die Mitte der Platten verwendet werden.

Ausmisten : Entfernen des Altpapiers und Abschneiden von überschüssigem Leder auf der Innenseite, Vorbereitung für das Ankleben des Futterpapiers.

Sortieren: Untersuchen der Unterschriften nach der Zusammenstellung des Bandes, um festzustellen, ob sie korrekt sind und in numerischer Reihenfolge aufgeführt sind.

Ecken: Die dreieckigen Messingwerkzeuge, die zum Fertigstellen von Rückseiten und Seiten verwendet werden. Die vergoldeten Ornamente, die auf Samtbüchern verwendet werden. Außerdem ist das Leder an den Ecken halbgebundener Bücher geklebt.

Rillenmesser: Das Werkzeug, das zum Markieren jeder Seite der Bänder verwendet wird und im Allgemeinen aus Stahl besteht.

Zugeschnitten: Wenn ein Buch zu stark gekürzt wurde, spricht man von einem Zuschnitt.

Dentelle. – Eine fein gearbeitete Bordüre, die an Spitzenarbeit erinnert.

Kantengerollt . – Wenn die Kanten der Bretter gerollt sind. Es kann entweder in Gold oder blind sein.

Geprägt: Wenn eine Platte auf den Einband geprägt wird, um eine erhabene Figur oder ein erhabenes Design darzustellen, spricht man von einer Prägung. Manche bezeichnen diese Art von Arbeit fälschlicherweise als Arabeske.

Endpapiere : Das an jedem Ende des Bandes angebrachte Papier, von dem ein Teil entfernt wird, wenn das Futterpapier auf die Bretter geklebt wird. Auch Altpapiere genannt.

Filet: Das bei der Endbearbeitung verwendete zylindrische Ornament, auf dem einfache Linien eingraviert sind.

Endbearbeitung: Ist die Abteilung, die die Bände erhält, nachdem sie in Leder eingearbeitet wurden, und sie nach Bedarf verziert. Wer in dieser Branche arbeitet, wird Finisher genannt.

Finisher- Presse. – Ist das Gleiche wie eine Legepresse, nur viel kleiner.

Flexibel. – Wenn ein Buch an erhabenen Bändern genäht wird und der Faden vollständig um jedes Band herumgeführt wird.

Folder. – Hierbei handelt es sich um ein flaches Stück Knochen oder Elfenbein, das zum Falten der Blätter und für viele andere Manipulationen verwendet wird. Wird auch auf eine Frau angewendet, die mit dem Falten von Laken beschäftigt ist.

Vorderkante : Die Vorderkante des Buches.

Fundamentplatte : Eine Platte aus Eisen oder Messing, auf der Seitenstempel angebracht sind.

Weiterleitung: Ist der Zweig, der die Bücher nach dem Nähen aufnimmt und weiterbefördert, bis sie in Leder verpackt und für den Weiterverarbeiter bereit sind. Wer in dieser Branche arbeitet, wird Spediteur genannt.

Vollständig gebunden. – Wenn die Seiten eines Bandes vollständig mit Leder bedeckt sind, spricht man von einem Vollbund.

Sammeln. – Der Vorgang des Ordnens der Blätter entsprechend den Unterschriften.

Messgerät: Wird bei der Spedition verwendet, um die richtige Größe des Volumens zu ermitteln und es auf den Brettern zum Quadrieren zu markieren.

Vergoldet: Wird bei der Endbearbeitung sowohl auf die Kanten als auch auf die Ornamente aufgetragen.

Glaire . – Das Eiweiß der Eier.

Reibe. — Ein Eiseninstrument, das der Spediteur zum Reiben der Rückseiten nach dem Waschen mit Paste verwendet.

Hohleisen. — Ein beim Endbearbeiten verwendetes Werkzeug, dessen Fläche eine Linie ist, die das Segment eines Kreises bildet.

Schutzvorrichtungen: Papierstreifen, die in den Rücken von Büchern eingefügt werden und zum Einlegen von Platten dienen, um zu verhindern, dass das Buch im gefüllten Zustand uneben ist; auch die Streifen, auf denen Platten montiert sind.

Führungen: Die Rille, in der sich der Pflug auf der Fläche der Schneidpresse bewegt.

Halbgebunden . — Wenn ein Band auf der Rückseite und an den Ecken mit Leder bedeckt ist und die Seiten mit Papier oder Stoff bedeckt sind.

Von Hand geschriebene Buchstaben : Ausgeschnittene und an Griffen befestigte Buchstaben, deren Lautstärke beim Beschriften einzeln angepasst wird.

Kopf und Schwanz. — Die Ober- und Unterseite eines Buches.

Stirnband. — Das Seiden- oder Baumwollornament ist an den Enden gearbeitet, um den Rücken gleichmäßig mit den Quadraten zu machen.

Unvollkommenheiten. — Blätter, die abgelehnt wurden, weil sie in gewisser Hinsicht unvollkommen waren und für die Vervollständigung der Arbeit andere erforderlich sind.

In Brettern. — Wenn ein Volumen geschnitten wird, nachdem die Kleisterbretter zur Bildung der Seiten angebracht wurden, spricht man von „in Brettern geschnitten". Der Begriff wird auch auf eine Bindungsart angewendet, bei der die Bretter lediglich mit Papier bedeckt sind.

Einschub: Die Seiten werden beim Falzen abgeschnitten und in die Mitte des Blattes gelegt.

Inside Tins. — So genannt, weil es in die Bretter gelegt wird, wenn das Volumen in die Standpresse gegeben wird.

Verbindungen: Die Vorsprünge, die in der Unterlage gebildet wurden, um die Bretter aufzunehmen; Wird auch auf die Innenseite aufgetragen, wenn das Volumen abgedeckt ist.

Begründung: Die Beachtung, dass die Seiten eines Bandes übereinstimmen und durchgehend parallel sind, um einen geraden und gleichen Rand zu gewährleisten.

Kesselstich . —Der Stich, den der Näher am Kopf und am Ende eines Buches macht; angeblich eine Verfälschung von Kettenstich.

Schlüssel: Die kleinen Instrumente, mit denen die Bänder an der Nähpresse befestigt werden.

Knocking-Down Iron. — So genannt, weil die Slips beim Einschnüren darauf geschlagen werden, so dass sie nicht sichtbar sind, wenn das Buch zugedeckt wird.

Eingeschnürt: Wenn die Bretter am Volumen befestigt werden, indem die Bänder durch Löcher in den Brettern geführt werden, spricht man von „eingeschnürt".

Beschriftungsblock . — Ein Stück Holz, dessen Oberseite abgerundet ist und auf dem Seitenschilder beschriftet sind.

Beschriftungsfeld . — Das Feld, in dem die Schrift zur Vorbereitung der Beschriftung befestigt wird.

Futterpapier. —Das farbige oder marmorierte Papier an jedem Ende des Bandes.

Marmorierer . — Der Arbeiter, der die Kanten von Büchern usw. marmoriert.

Gehrung : Wenn sich die Endlinien im rechten Winkel schneiden und fortgesetzt werden, ohne sich gegenseitig zu überschneiden, spricht man von Gehrung .

Aus Brettern. — Wenn ein Volumen geschnitten wird, bevor die Bretter angebracht werden, spricht man von „aus Brettern".

Versäubern. — Ein Nähvorgang, bei dem die Arbeit aus einzelnen Blättern oder Platten besteht.

Palette. —Bezeichnung für die Werkzeuge, die zum Vergolden der Bänder verwendet werden und manchmal auf dem Beschriftungsfeld angebracht werden.

Tafel. — Der Raum zwischen den Bändern; Wird auch auf abgeschrägte und versenkte Seiten angewendet.

Tapezieren : Abdecken der Kanten nach dem Vergolden, um sie zu schützen, während der Band abgedeckt und fertiggestellt wird.

Schälen. – Reduzieren der Lederkanten durch Bildung einer allmählichen Schräge.

Pastewash : Eine dünne Verdünnung der Paste in Wasser.

Bleistift. – Eine kleine Bürste aus Kamelhaar.

Gestückelt. – Wenn sich auf dem Raum zwischen den Bändern, auf dem der Schriftzug angebracht ist, ein Stück Leder befindet, das sich von der Rückseite unterscheidet, spricht man von gestückeltem oder betiteltem Leder.

Pflug. – Das Instrument, das zum Schneiden der Kanten von Büchern und Pappkartons verwendet wird.

Punkte: Vom Drucker gemachte Löcher in den Blättern; Sie dienen als Führung beim Falten.

Polierer. – Ein Stahlgerät, das bei der Endbearbeitung verwendet wird.

Pressen. – Es gibt verschiedene Arten von Pressen, nämlich: Legen oder Schneiden, Stehen, Prägen, Prägen, Vergolden und Veredeln.

Rechen. – Ein Instrument, das beim Weiterleiten verwendet wird, um die Rückseiten zu härten, während sie in der Standpresse mit Paste gewaschen werden.

Geraspelt. – Die scharfe Kante von den Brettern entfernt.

Registrieren. – Das in einem Band platzierte Band für eine Markierung; außerdem eine am Ende früher gedruckter Werke angebrachte Unterschriftenliste für die Verwendung des Einbandes.

Rollen: Die zylindrischen Ornamente, die bei der Endbearbeitung verwendet werden.

Hochlaufen . – Wenn der Rücken vom Kopf bis zum Schwanz eine Hohlkehle aufweist, ohne an jedem Band eine Gehrung zu haben , spricht man von Hochlaufen.

Läufer. – Das vordere Brett, das zum Schneiden von Kanten usw. verwendet wird.

Näher: Die Person, die die Laken auf der Nähpresse zusammennäht – im Allgemeinen eine Frau.

Offset . – Bezeichnet die Übertragung der Tinte auf die gegenüberliegende Seite.

Kopf aufsetzen : Bedeckt das Stirnband sauber mit dem Leder, so dass eine Art Kappe entsteht.

Rasier- Wanne. – Das von den Rändern eines Bandes abgeschnittene Papier wird als Späne bezeichnet. Der Behälter, in den sie fallen, während der Spediteur die Kanten schneidet, wird Scherwanne genannt.

Unterschrift: Der Buchstabe oder die Zahl unter der Fußzeile der ersten Seite jedes Blattes, um die Reihenfolge der Anordnung im Band anzugeben; manchmal auf das Blatt selbst aufgetragen.

Größe: Ein Präparat zur Veredelung und Vergoldung, das im Allgemeinen aus Pergament hergestellt wird.

Slips. – Die Garnstücke, die über das Volumen hinausragen, nachdem es genäht wurde.

Quadrate: Die Teile des Bretts, die über die Kanten hinausragen.

Stechen: Der Vorgang, die Bretter mit einer Nadel zu durchstechen, damit die Streifen hindurchpassen; auch das Durchstechen von Broschüren zum Zwecke des Nähens.

Stempel: Die Messingwerkzeuge, die bei der Endbearbeitung verwendet werden, um dem Leder eine Figur einzuprägen; Sie zeichnen sich durch Handstempel und Stempel für die Presse aus.

Start: Wenn eines der Blätter hinten nicht richtig befestigt ist, ragen sie beim Öffnen des Bandes über die anderen hinaus und beginnen zu beginnen.

Steamboating . – Ausschneiden von Büchern aus Brettern, wobei gleichzeitig eine Reihe ausgeschnitten wird.

Heften: Der Vorgang, bei dem der Faden durch eine Broschüre geführt wird, um die Blätter aneinander zu befestigen.

Anschläge : Sind kleine kreisförmige Werkzeuge, die dazu dienen, eine Verrundung anzuhalten, wenn sie sich im rechten

Winkel schneidet, um Zeit beim Gehrungsschneiden zu sparen
.

Titel. — Der Raum zwischen den Bändern, auf dem der Schriftzug platziert wird.

Werkzeuge: Wird insbesondere auf Handstempel und Werkzeuge angewendet, die bei der Endbearbeitung verwendet werden.

Trindle . — Ein Streifen aus dünnem Holz oder Eisen.

Aufdrehen : Der Vorgang, bei dem die Vorderkanten so abgeschnitten werden, dass das Rund aus der Rückseite herausgeschleudert wird, bis die Kante abgeschnitten ist.

Zubinden : Das Zubinden eines Bandes nach dem Aufziehen des Einbandes, damit das Leder an den Seiten der Bänder haftet. auch zum Einstellen des Kopfes.

Schlagen. — Der Prozess des Übersäumens von Tellern.

Zeuge. — Wenn ein Band so geschnitten wird, dass es nicht so klein geschnitten wurde wie einige der Blätter, beweisen ihre ungeschnittenen Kanten dies und werden Zeuge und manchmal auch Beweis genannt.

Falten. — Die unebenen Oberflächen in einem Volumen, die durch unsachgemäßes Pressen oder durch Feuchtigkeit, aber auch durch unsachgemäße Unterlage verursacht werden.